능가사자기

능가사자기

정각淨覺 著
박건주 譯註

운주사

역자 개정판 서문

『능가사자기 역주』가 첫 출간(2001.6)된 지 만 10년이 되었다. 이미 3년여 전에 품절이 되어 필자에게 책을 구하고 싶다는 연락이 종종 오곤 하였다. 곧바로 재판의 출간을 서둘렀어야 했는데 이리저리 미루다 이제야 겨우 출간하게 되었다.

재판을 출간하는 김에 수정 보완을 하게 되었다. 필자로서는 퍽 다행스러운 일이다.

근래 초기 선종의 선법인 능가선에 대한 관심이 높아지면서 필자가 역주한 『능가경』(2009)도 재간되었고, 필자의 『중국초기선종 능가선법연구』(2007)도 학술원 우수학술도서로 선정되어 많이 보급되었다. 이로써 초기 선종의 선법이 다시 큰 빛을 발하게 되길 기원한다.

2011년 11월 5일
원조 박건주 찬삼보

역자 초판 서문[1]

초기 선종이 주로 『능가경楞伽經』의 심요心要에 의지하여 수지修持하고 심인상전心印相傳한 종宗이었기에 그 선사들을 능가사楞伽師라 칭하고, 그 선법을 능가선楞伽禪, 그리고 그 종을 능가종楞伽宗이라 칭한다. 이와 관련한 몇몇 기록이 단편적으로 전하여 왔으나 선종 후대에는 거의 망각되었다. 약 1세기 전 돈황에서 초기 선종의 본모습을 전해주는 매우 중요한 자료들이 발견되었다. 그 가운데 일부 주요 자료를 들면 『전법보기傳法寶記』·『능가사자기』·『역대법보기歷代法寶記』, 『이입사행론장권자二入四行論長卷子』(『달마론』)·『남천축국보리달마선사관문南天竺國菩提達摩禪師觀門』·『수심요론修心要論』·『무심론無心論』·『절관론絶觀論』·『대승무생방편문大乘無生方便門』·『대승오방편大乘五方便』·『남양화상돈교해탈선문직료성단어』·『보리달마남종정시비론』·『남양화상문답잡징의』·『증심론證心論』·『대승북종론』·『대승개심현성돈오진종론』·『요성구了性句』 등이다. 모두 대략 7세기에서 8세기 사이에 저술되었다. 초기 선종의 선법이 후대에 상당 부분 퇴색하고 변질하였다. 이러한 자료를 통해 본래의 선법(능가선)과 전통을 되찾는 것은 매우 중요한 과업이다.

한국에서는 이러한 자료의 소개와 해설이 일본이나 중국에 비해 상당히 늦었다. 다행히 1990년에 양기봉楊氣峯 선생이 늦게나마 이

---

[1] 종전의 서문을 약간 수정 보완함.

가운데 『전법보기』와 『능가사자기』 및 『역대법보기』를 유전성산柳田聖山의 역주본(『初期の禪史Ⅰ·Ⅱ』, 東京: 築摩書房, 1971; 1979)을 국역하여 소개하였다(『초기선종사Ⅰ·Ⅱ』, 김영사, 1990). 역자가 약 10여년 전에 『능가사자기』를 처음 접하게 된 것도 바로 이 책에 의해서였으니 양 선생님께 먼저 감사의 말씀을 드린다.

역자는 1997년에 7권본 『능가경』인 『대승입능가경』을 역주하여 『여래심지如來心地의 요문要門』이란 제명으로 출간하였고, 이어서 초기 선종의 여러 자료를 번역 출간하고자 하였다. 그리하여 이미 국역된 세 가지 자료 외에 몇 종류를 번역 중에 있었는데, 지난해(2000년) 여름 전남 곡성의 성륜사聖輪寺에 계시는 청화淸華큰스님께서 앞의 『능가사자기』 국역이 만족스럽지 못하니 새로 번역해보라는 말씀을 하셨다. 역자도 그전부터 동감하던 바여서 다른 작업을 제쳐두고 이 번역에 임하게 되었다.

본 역주는 앞의 유전성산의 역주본에 실린 원문을 저본底本으로 하였다. 단지 저자 정각의 서문인 『능가사자기서』는 유전성산의 후저後著 『初期禪宗史書の硏究』(경도, 법장관, 2000)에 실린 서문을 저본으로 하였으되, 여기에는 근래 새로 발견된 맨 앞의 한 단락이 빠져 있어 이 부분은 앞의 역주본에서 전재하여 실었다.

유전성산의 본문 해석에 따를 수 없는 부분이 상당히 많았다. 그러나 유전성산의 역주본에서 특히 상세한 주석은 대단한 노작으로 본 역주에서 큰 도움을 받았고, 이 부분은 상당 부분 그대로 또는 수정 보완하거나 줄여서 채록한 곳이 많다. 단지 그 주석에서 따를 수 없는 해설이나 번잡할 정도로 지나친 분량의 내용과 긴요하지 않은 부분은 채록하지 않았다. 그 외로 필요한 사항은 새로 주注를 첨가하였다.

그리고 유전성산의 역주본과 그 국역본에 『능가사자기』와 함께 수록된 『전법보기』의 내용은 단순한 일화 형식의 전기인 까닭에, 이를 수록하는 대신 보다 중요한 내용이 담긴 『출삼장기집出三藏記集』과 『속고승전』에 실린 몇 분의 초기 능가사 전기를 번역 수록하였다.

청화큰스님께서는 가지고 계시던 유전성산의 역주본을 주시고자 몸소 무안 혜운사까지 다녀오시는 노고를 아끼지 않으셨고, 나중에는 격려금도 주시었다. 지리산 백장암의 영관스님께서는 새로 나온 유전성산의 신서를 멀리 일본에 주문하시어 전해주셨다. 실로 고마운 마음 금할 수 없다. 이 모두 정법의 천양闡揚을 위한 회심會心의 거사擧事라 할 것이다.

근래 많은 어려움을 겪고 있는 출판계의 사정에도 불구하고 본서의 출간을 맡아 힘써 준 운주사 식구들에게 감사드린다.

   이 무상無上의 법문 펼쳐 주시고 전하여 주신
   불보살님과 조사를 비롯한 여러분께
   찬탄과 깊은 감사 드리오며
   이 법문 한량없이 홍포되고
   수지실행자 모두 원과圓果 성취하길
   기원하나이다.
   나무아미타불!

2001. 6.
元照 박건주 讚三寶

역자 개정판 서문 · 5

역자 초판 서문 · 7

제1장 『능가사자기』

1. 『능가사자기』해제　15

　1) 저술의 취지와 본서의 가치　15

　2) 본서의 주요 내용　22

　3) 『능가사자기』의 저자와 저술 시기　45

　4) 『능가사자기』의 사본寫本 종류와 교합정리校合整理　53

2. 『능가사자기』역주　57

능가사자기 서楞伽師資記序　57

능가사자기 본문楞伽師資記 本文　74

　1) 구나발타라삼장　74

　2) 보리달마삼장　88

　3) 혜가대사　98

　4) 승찬대사　109

　5) 도신대사　117

　6) 홍인대사　155

　7) 신수대사　169

　8) 보적 · 경현 · 의복 · 혜복　181

제2장 『출삼장기집』과 『속고승전』의 능가사 전기

1. 『출삼장기집』 · 187
    1) 『출삼장기집』 해제 · 188
    2) 『출삼장기집』 제14 구나발타라전傳 · 190
2. 『속고승전』의 능가사 전기 · 203
    1) 『속고승전』 해제 · 203
    2) 달마대사의 전법제자 혜가선사 · 205
    3) 달마대사의 제자 승부 · 219
    4) 혜가의 재전再傳제자 법충선사 · 225
    5) 『속고승전』 습선육지여習禪六之餘 석도신전 · 239

부록 I   초기 선종(능가종) 승계도承系圖 · 245
부록 II   위진남북조 수隋·당唐 연표 · 248
부록 III 주요 지명 위치도 · 251

찾아보기 · 253

제1장 『능가사자기』

1. 『능가사자기』 해제

1) 저술의 취지와 본서의 가치

『능가사자기楞伽師資記』는 약 1세기 전 돈황에서 새로 발견된 초기 선종 사서史書 가운데 하나이다. 지은이는 육조六祖 북종北宗 신수神秀와 현색玄賾 양사兩師의 제자인 정각(淨覺, 683~750?)이다(후술).

『능가사자기』는『능가경楞伽經』의 선지禪旨에 의지하여 심인상전心印相傳한 초기 선종의 사자(師資: 스승과 제자) 전승의 계보를 밝히고, 그분들의 전기와 함께 어록을 수록한 책이다. 본서는 함께 발견된 여타의 선종 사서에 비해 초기 선사(능가사楞伽師)들이 설한 선법의 요지를 가장 많이 수록한 책이다. 본서에는 능가선법楞伽禪法을 명시明示하여 후대에 정법을 제대로 전하고자 한 저자의 깊은 뜻이 담겨 있다. 특히 본서는 선종이 본래『능가경』의 심요心要를 바탕으로 수선修禪하는 '능가종楞伽宗'이었다는 사실을 가장 극명하게 입증해주는 자료라는 점에서 매우 중요하다.

초기 선종과 『능가경』과의 관계를 말해주는 자료 가운데 일부를 인용한다.

달마대사는 이조二祖 혜가慧可대사에게 『능가경』을 전하며 다음과 같이 말하였다.

"내가 보건대 중국에 오직 이 경이 있을 뿐이다. 인자仁者가 이에 의지하여 행한다면 스스로 증득하여 세상을 제도할 수 있을 것이니라."[『속고승전』 권제16 僧可(惠可)傳]

"이 『능가경』 4권을 너에게 부촉한다. 이 경은 '여래심지如來心地의 요문要門'이며, 모든 중생을 개시오입開示悟入하게 할 것이니라." [『능가아발다라보경(능가경 4권본)』의 蔣之奇 서문]

또 소동파(소식)는 『능가아발다라보경』(『능가경』 4권본) 서문에서[2]

"달마조사가 이조二祖에게 부촉하여 설하길 '중국에 있는 경교經敎 가운데 오직 『능가경』 4권이 인심印心할 수 있게 할 것이다'고 한 이래 조조상전祖祖相傳하여 심법心法으로 삼았다."

고 하였다. 혜가는 그의 제자 나那선사와 혜만慧滿 등에게 항상 『능가경』을 지니고 심요心要로 삼으라고 당부하였다.[3] 혜가의 제자 성盛선사에

---

2 『능가아발다라보경』에는 蔣之奇와 蘇東坡 兩人의 서문이 함께 실려 있다. 『대정장』 권제16.
3 위와 같음.

게 『능가경』을 가르침 받은 법충法沖의 전기를 기술한 『속고승전』 권25 법충전에서 저자 도선道宣은 다음과 같이 기술하였다.

"그 경(능가경)은 본래 (남조, 劉)송대(419~477년)의 구나발타라 삼장이 번역하고 혜관慧觀이 받아 기록한 것이다. 까닭에 그 문리가 지극히 잘되어 있고, 행질行質이 서로 일관되어 있다. 오로지 염혜念惠하고 수행을 언어에 두지 않는다. 후에 달마선사가 남북에 전하였다. 망언(忘言: 말을 잊음, 言語道斷)·망념(忘念: 생각을 잊음, 心行處滅)·무득(無得: 얻을 바 없음, 不可得)의 정관正觀을 종宗으로 한다. 후에 중원에서 행해지게 되었다."

또 동전同傳에 의하면 혜가의 제자 10인이 각기 『능가경』에 대한 주소注疏를 저술하였다(후술). 또 오조五祖 홍인弘忍대사의 제자 신수神秀의 비명碑銘에[4]

"(玉泉)사의 동쪽으로 7리에 땅은 평탄하고 산은 웅장한 곳이 있었는데 이를 보고 설하길, '이곳이 바로 능가楞伽의 고봉고봉孤峰이다.'고 하였다."

"『능가경』을 봉지奉持하고 심요心要로 삼았다."

고 하였다. 마조도일(馬祖道一, 709~788)은 대중들에게 자주 이르길,

---

[4] 張說이 지은 『荊州玉泉寺大通禪師碑銘』을 말함. 柳田聖山, 『初期禪宗史書の研究』 第6卷(京都, 法藏館, 2000)에 부록으로 수록됨.

"너희는 지금 각자의 자심自心이 불佛이며, 이 심心이 곧 불심佛心임을 믿으라. 이 까닭에 달마대사가 남천축국으로부터 오셔서 상승上乘의 일심지법一心之法을 전하여 너희를 개오開悟케 하고자 한 것이니라. 또 (달마대사께서) 자주『능가경』의 글을 인용하심으로써 중생 심지心地를 인印하셨으니(衆生心地가 곧 佛心임을 증거하셨으니) 너희가 전도顚倒되어 이 일심一心의 법이 각각 누구에게나 있는 것임을 스스로 믿지 못할까 염려한 까닭이다. 까닭에『능가경』에서 이르길, '불어佛語는 마음을 근본으로 하며, 무문無門을 법문法門으로 한다.'고 하였느니라."[5]

고 하였다.

이제까지 초기 선종이 주로『능가경』의 요의要義에 의거한 것이었음을 이들 자료만으로도 충분히 알 수 있으나, 후대 선종의 변질과 시대적 여건으로 이 사실이 충분히 숙지熟知되지 못한 채로 1천 년의 세월이 흘렀다. 본서는 기존에 전하여온 이들 자료 외에 보다 구체적이고 명확하게 그 선법의 요지와 전법의 계통을 명시함으로써 초기 선종의 본모습을 다시 올바로 인지할 수 있게 하였다. 본서에 의하여 달마대사도 좌선하는 대중을 위해『능가경』을 해설한『능가요의楞伽要義』1권을 저술하였음을 알게 되었다. 본서의 저자 정각淨覺은 스승 현색이 지은『능가(불)인법지楞伽(佛)人法志』를 많이 인용하고 있다.『능가인법지』와『능가사자기』의 재발견으로 초기 선종이 능가종이고 그 선법이

---

[5] 『조당집祖堂集』제13 馬祖. "汝今各信自心是佛, 此心卽是佛心. 是故達磨大師從南天竺國來, 傳上乘一心之法, 令汝開悟. 又數引楞伽經文, 以印衆生心地, 恐(본문은 悉) 汝顚倒不自信, 此一心之法, 各各有之. 故楞伽經云, '佛語心爲宗, 無門爲法門.'"

능가선법이었음이 다시 천명되었다.

저자는 본서를 통하여 능가종의 계보와 능가선법의 요지를 명시하여 그 전통이 계승되도록 하였다. 혹자는 본 저술의 취지를 전자(계보의 明示)에 더 두고 강조하고 있으나, 실은 후자(능가선법의 요지 明示)에 더 큰 뜻이 있었다고 본다. 계보가 중시되고, 또 중요하게 기능하던 시기는 더 후대의 일이었다.

『속고승전』감통편[6] 법충전에 의하면 혜가의 제자 내지 재전제자로 찬粲선사·혜惠선사·성盛선사·나노사那老師·단端선사·장장사長藏師·진眞법사·옥玉법사·선사(善師:『능가경초』4권)·풍豊선사(『능가경소』5권)·명명선사(『능가경소』5권)·호명사(胡明師:『능가경소』5권)·대총사(大聰師:『능가경소』5권)·도음사(道蔭師:『능가경초』4권)·충沖법사(『능가경소』5권)·안岸법사(『능가경소』5권)·총寵법사(『능가경소』8권)·대명사(大明師:『능가경소』10권)·천천선사(『능가경소』5권)·상덕尙德율사(『입능가소』10권) 등이 있다.

이들 능가사들을 각기 이은 제자들의 계보가 있게 된다. 제자들 간에 우열은 있을 수 있으나 항상 어느 계보가 우수한 것은 아니다. 4조 도신道信대사는 입적 때에 "누구에게 부촉付囑하지 않으십니까?" 하고 묻는 질문에 답하였다.

"이제까지 부촉付囑한 것이 적지 않았다."[7]

---

[6] 『대정장』에 수록된『속고승전』은 권제21 이하의 卷數 표기가 실제 순서와는 어긋나게 되어 있어 권수를 인용하지 아니하고『속고승전』의 분류 편명만을 기재한다.

[7] 『속고승전』習禪六之餘 道信傳.

그러하거늘 어느 쪽이 꼭 정계正系이고 방계傍系이고를 따질 수 있을까. 또 후대의 제자들이 자신에 이르기까지의 계보를 만들 때 자신의 직계 외의 사항은 소략하게 다루거나 방기放棄하게 되는데 이 또한 자연스러운 일이다. 단지 당말唐末 이후에 주로 남종 계통에서 나온 사서에는 상당 부분 의도적인 조작이 있었으나 『능가사자기』가 저술되던 때에는 아직 그러한 분위기나 세태는 아니었다. 선종에서 정正·방傍의 계파문제가 크게 대두되어 소란을 떨게 된 것은 육조혜능의 제자 하택신회荷澤神會가 개원 22년(734) 활대(滑臺: 지금의 하남성 활현) 대운사大雲寺에서 이른바 '활대滑臺의 종론宗論'을 펼친 이후의 일이다. 즉 본서의 저자 정각이 입적하기(750?) 10여 년 전의 일이었다. 그리고 『능가사자기』를 저술한 연대는 후술하는 바와 같이 대략 개원 7~8년경(719, 720년)으로 추정된다.[8] 또한 본서의 내용에는 하택신회의 주장에 대한 언급이나 반박하는 글이 전혀 보이지 않는다. 따라서 『능가사자기』에서의 계보는 단지 자신에게까지 이른 성스러운 가르침의 맥을 기술한 것일 뿐이다. 그리고 본서에서 조사들의 약전略傳은 다른 사서에 비해 대단히 간략하게 기술되고 있으며, 반면에 어록이나 법요는 매우 많은 분량을 싣고 있는 데서 능가선법의 요체를 가능한 한 빠짐없이 기술하여 전하고자 한 저자의 뜻이 잘 드러나 있다. 아울러 제목에서부터 스승인 현색玄賾의 『능가(불)인법지楞伽(佛)人法志』의 뜻을 잇고 『능가경』을 소의所依로 하는 전법傳法의 맥을 드러내고 있다는 점을 유의해야 할 것이다.

본서에서 명시한 능가선법의 전승 계보는 다음과 같다.

---

[8] 柳田聖山, 『初期禪宗史書の硏究』 제6권(京都, 法藏舘, 2000), 90쪽. 以下 『硏究』로 약칭함.

① 구나발타라求那跋陀羅 — ② 보리달마菩提達摩 — ③ 혜가惠可·도육道育 — ④ 승찬僧粲 — ⑤ 도신道信 — ⑥ 홍인弘忍 — ⑦ 신수神秀·(현색玄賾)·(자주지선資州智詵)·(유주부劉主簿)·(화주혜장華州惠藏)·(수주현약隨州玄約)·(숭산노안嵩山老安)·(노주법여潞州法如)·(소주혜능韶州慧能)·(양주고려승지덕揚州高麗僧智德)·(월주의방越州義方) — ⑧ 숭산보적嵩山普寂·숭산경현嵩山敬賢·장안의복長安義福·남전혜복藍田惠福·(정각淨覺)

이 가운데 ( )안의 인물은 본서에 약전과 어록을 갖춘 독립된 장으로 편성되어 있지 아니하고 짤막하게 언급된 분들이다. 단지 저자의 스승인 현색에 대해서는 저자의 자서自序에 상당히 자세하게 소개하고 있다. 저자는 말미에서 구나발타라로부터 당조에 이르기까지 8대 24인이 도과道果를 성취하였다고 하였는데, 그 24인은 본서에 언급된 상기의 분들을 말한 것으로 보인다(저자인 정각 포함).[9]

본서는 이른바 초기 선종기를 가리키는 '순선純禪시대' 선법의 요체와 그를 통해 증도한 분들의 계통을 명시하고 있어, 후대인들이 정법을 이해하고 그 전법의 계통에 대한 바른 역사인식을 견지하는 데 대단히 중요한 자료이다. 저술된 얼마 후부터 거의 1천 년간 본서는 망실亡失되어 잊혀져왔다. 늦게나마 1세기 진에 세상에 다시 드러나게 되었으니 실로 다행스런 일이 아닐 수 없다. 본서가 망각되어 있는 동안 사실을 왜곡한 엉뚱한 주장이 글과 말로 도속道俗을 오도誤導하였다. 이제 본서를 통하여 초기 선종 본래의 선법을 터득하고, 전법의 역사를

---

[9] 24인 가운데 淨覺을 제외한 23인의 이름이 본서에 올라 있다. 나머지 1인은 아마 저자 자신을 칭한 것으로 짐작된다.

올바로 알도록 노력해야 할 것이다. 본서의 분량은 많지 않으나 이 두 가지 사항을 충분히 꿰뚫을 수 있게 해준다.

돈황에서 발견된 초기 선종의 새 자료들 가운데『전법보기傳法寶記』는『능가사자기』보다 그 저술연대가 약간 빠르지만 그 내용은 초기 선사들의 행적이나 일화를 간략히 기술한 것이고 법문이나 어록 부분은 거의 없다. 그리고『역대법보기歷代法寶記』는『능가사자기』보다 대략 1세기 가까이 늦게 나왔다. 홍인弘忍대사의 십대제자 가운데 일인인 자주지선資州智詵으로부터 처적處寂 — 무상無相 — 무주無住로 이어진, 소위 사천 검남계劍南系의 계보서라 할 수 있는 것인데, 그 내용 또한 신라新羅 출신의 정중사淨衆寺 무상(無相, 694~762)과 성도成都 대력大曆 보당사保唐寺 무주(無住, 714~774)에 치중되어 있고, 그 이전 초기 선사들에 대한 부분은『전법보기』와 마찬가지로 간략한 행적과 일화만 소개하고 있는 정도에 그치고 있다. 따라서 초조에서 육조 내지는 칠조七祖까지의 초기 조사들의 선법을 가장 상세하게 전하고 있는 것이 곧 이『능가사자기』인 셈이다.

2) 본서의 주요 내용

본서는『능가경』을 중국에 처음 전래하고 역출한 구나발타라삼장을 첫 번째로 올려 그 전기와 법문(어록)을 싣고 있다.

제1 구나발타라삼장

구나발타라삼장求那跋陀羅三藏에 대한 약전略傳은『출삼장기집出三藏

記集』이나『고승전』의 내용을 인용한 것이라 하겠다.[10] 어록 부분은 비교적 풍부한 내용인데 위의 두 책에 전혀 보이지 않아서 현재로서는 어떠한 자료에 의한 것인지 알 수 없다. 정각의 스승인 현색玄賾이 저술한『능가인법지楞伽人法志』에 수록된 것이었을 가능성도 있다.『능가인법지』는 전하지 않으나 그 일부 내용이 본『능가사자기』에 인용되어 있다.

본서는 후대의 선종 등사류燈史類와는 달리 구나발타라삼장을 맨 앞에 올려 초조初祖로 모시는 뜻을 보이고 있다. 구나발타라삼장은 4권본『능가경』인『능가아발다라보경』을 인도에서 가져와 남조南朝 유송劉宋의 원가元嘉 12년(435)에 번역하였다.『능가경』은 이 밖에 그 이전에 담무참(曇無讖, 385~433)이 번역한 것이 있었으나 오래 전에 망실되었고, 보리유지菩提流支가 북위 연창 2년(513)에 번역한 10권본인『입능가경入楞伽經』과 당 측천무후則天武后의 청에 의해 실차난타實叉難陀가 새 범본을 가져와 구역본舊譯本들을 함께 참조하여 중종 장안 4년(704)에 번역 완료한 7권본인『대승입능가경大乘入楞伽經』이[11] 있다. 담무참의 역본이 이전에 망실되었기 때문에 실제로 널리 읽히게 된 것은 구나발타라의 역본이 처음이라 하겠고, 달마대사가 혜가에게 전한『능가경』이 바로 구나발타라의 역본이다. 구나발타라 삼장을 초조로 올린 것은 추술하는 바와 같이 그의 신비에 의한 것이기도 하지만, 이 점 또한 관련된다고 할 수 있을 것이다.

---

10 『出三藏記集』에 수록된 구나발타라삼장의 전기를 본서에 부록으로 번역하여 실었다.
11 『大乘入楞伽經』은 역자가 역주하여『如來心地의 要門』(능가산방, 1997)이란 제목으로 출간하였고, 2010년 1월 이를 수정 보완하여『능가경 역주』(운주사)란 이름으로 再刊하였다.

구나발타라삼장과 달마대사가 중국에서 만났다거나 법을 전승하였을 가능성은 있는 것일까. 구나발타라가 중국에 있었던 기간은 유송 원가元嘉 12년(435) 도래渡來로부터 태시泰始 4년(468) 입적할 때까지이다. 달마대사는 도래 시점이 불분명하고 여러 설이 있으나 가장 빠른 시점은 『속고승전』 권제16 보리달마전에 "처음 (劉)송의 땅 남월(광주)에 도달하고, 말엽에 북으로 건너가 북위에 이르렀다."고 한 기사인데, 이에 의거한다면 유송劉宋이 멸망하는 479년(구나발타라 입적 후 11년) 이전에 중국에 왔다는 것이 되어, 구나발타라 생존시에 유송에 함께 있었을 가능성이 전혀 없지는 않다. 그러나 두 분의 만남을 말해주는 자료는 보이지 않는다. 달마대사의 만년晩年에 보리유지가 번역한 10권본 『능가경』이 역출되어 있었으나 달마대사는 구나발타라가 번역한 『4권본』을 혜가에게 전하였다. 그것은 『10권본』의 번역에 문제가 많이 있었기 때문이다. 당의 현수법장賢首法藏은 일찍이 이 『10권본』을 다음과 같이 비평하였다.

"문장과 여러 품은 비록 갖추어졌다고 하지만 성의聖意가 드러나기 어렵게 되어 있을 뿐 아니라, 가자加字와 혼문混文으로 뜻을 파악하는 데 헤매게 만들거나 잘못 이해하게 만든다."[12]

사실 『4권본』은 여타의 본에 비해 「라바나왕권청품」과 「다라니품」 및 뒤의 게송품이 없을 뿐 문의는 『10권본』에 비해 훨씬 명료하다. 구나발타라삼장을 초조로 올린 것은 『4권본』을 중국에 전한 분이라

---

[12] 『入楞伽心玄義』(『대정장』 권39), 430쪽.

는 점 외에도 보다 중요한 이유가 있었다고 생각된다. 왜냐하면『능가사 자기』구나발타라삼장의 장에서 그의 어록이 기술되어 있는데, 그 요지가 바로 본서에 등장하는 초기 선사들의 선법과 일맥상통하고 있기 때문이다. 구나발타라삼장의 선법의 요지는 대체로 다음과 같다.

첫째, 『능가경』의 '제불諸佛의 심心이 제일第一이다.'[13]에 의거한다. 제불의 심心이란 심心이 일어남이 없는 자리이다. 이 법은 삼승(소승·2승·보살승)을 초월하며, 보살십지菩薩十地를 넘어 불과처佛果處를 구경(궁극)으로 하나니, 단지 묵심默心하여 스스로 깨달아 알뿐이다. 무심無心으로 양신養神하고, 무념無念으로 안신安身하며, 한거閑居 정좌淨坐하여 본本을 지키고 진眞에 돌아간다. 이 법은 비장秘藏되어 있고 말로 드러낼 수 없다.

둘째, 성불하고자 하건대 먼저 안심安心하는 것을 배워야 한다. 대승을 구하는 자로서 만약 먼저 안심을 배우지 않는다면 반드시 잘못될 것이다. 최상의 안심은 곧 심心과 리理가 평등함이니 이를 '불심佛心'이라 한다.

셋째, 어언문자語言文字 공부에 치우치지 말아야 한다.

넷째, 염념念念히 끊임없이 염불하여 적연寂然 무념無念하게 되면 청정을 증득한다. 그러나 후술하는 바와 같이 '염불은 염불심念佛心'이고 '마음이 일어남이 없는 그 자리가 바로 이것(諸佛의 心)이다.'고 하였고, 무상無相이 불심佛心이니, 곧 무념無念 무심無心이 염불念佛(心)

---

[13] 『능가아발다라보경』 권제1의 게송에 나오는 구절이다. 대혜보살이 법문을 청하면서 "위없는 世間解(佛)이시여! 설하신 저 게송을 듣자오니, 대승의 모든 해탈문 가운데 諸佛心이 第一이옵니다(大乘諸度門 諸佛心第一)."고 하였다.

이라고 하였다. 또한 그는 무심無心으로 양신養神하고, 무념無念으로 안신安身하여 진眞에 돌아간다 하였다.

다섯째, 사물을 가리켜 질문하는 것으로 가르침을 삼는다〔指事問義, 指事以問〕. 스승 따라 배우되, 깨달음은 스승으로 말미암지 않는다. 무릇 사람에게 지혜를 가르치되 아직까지 법을 설한 바가 없다. 사물에 나아가(사물을 가리켜) 험증驗證하니, 나뭇잎을 가리키며 '이것이 어떤 물건인가?'라고 설한다.

이상의 다섯 가지 요지는 이후 초기 능가선사들의 법문과 선법에 거의 그대로 반복되거나 상통되고 있다. 그 실례는 이어지는 여러 선사들의 어록에서 드러나게 될 것이다.

요컨대, 정각이 구나발타라삼장을 중국 능가선의 초조로 삼은 것은 『능가경』을 번역 소개하였다는 사실뿐 아니라 보다 중요한 것은 그의 선법이 바로 이후 능가선의 그것과 일맥상통하기 때문이라 할 것이다.

구나발타라삼장은 본 어록에서 『능가경』·『제법무행경諸法無行經』·『대품반야경』·『화엄경』·『사익경思益經』을 인용하고 있다. 이후의 여러 선사들의 어록 또한 마찬가지로 여러 경전이 인용되고 있다. 문자어언에 치우치지 말라는 것은 경전을 통한 교의 공부를 해서는 안 된다는 뜻은 아니다. 문자어언에 가로막혀 사념이나 관념만 증장시킬 수 있기 때문에 이를 경계하여 한 말이다. 문자어언에서 교敎의 의義를 제대로 파악하면 곧 마음수행의 길잡이가 된다. 교와 선을 직결시켜 실행하지 못하면 그 교는 단지 문자어언일 뿐이다. 그런데 문자어언에만 파묻히다 보면 자꾸 그 명상名相에 끌리게 되어 분별을 떠난 무념무상에 이르기 어렵다. 그래서 그 의(義: 뜻)를 파악하였으면 바로 그 법상法相

을 버려야 한다는 것이다. 그래서 본서 혜가의 장에서 혜가가 이르길,

"또 (경을) 읽는 이는 잠시 보고 나서는 곧바로 버려야 하나니, 만약 버리지 않으면 문자 공부하는 것과 같게 되어버린다. (버리지 않는다면) 곧 흐르는 물을 끓여 얼음을 구하고, 탕물을 끓여 눈(雪)을 구하는 것과 무엇이 다르겠는가. 이 까닭에 모든 부처님께서 설법을 하셨다 하고, 혹은 설하지 않았다고 하는 것이다."

라 하였다. 사실 그 교법의 의의義 자체가 법상을 버리게 하고 있다. 이렇게 되지 않으면 의의義를 아직 올바로 통달하지 못한 것이다. 여러 대승경전과 선사들의 법어에서 이러한 점을 누누이 강조하고 있다. 이 점은 최상승선(능가선)을 이해하는 데 매우 중요한 사항이다. 몇 분 선사들의 전기에 '저술을 하지 않았다[不出文記]'는 기술이 종종 보이는데, 이분들이 교학을 수학하지 않아서가 아니라 나름대로 뜻이 있어 그러한 면모를 보임이다. 글을 쓰는 것도 뜻이 있고, 때에 따라 그러한 행을 아니 함도 뜻이 있다.

다음은 제2 보리달마菩提達摩삼장의 장이다

먼저 『약변대승입도사행略弁大乘入道四行, 제자담림서弟子曇林序』〔(달마대사가) 대승의 도에 들어가는 四行에 대해 간략히 설한 법문에 대해 제자 曇林이 序한 글〕를 인용하여 대사의 약전을 싣고, 『속고승전』 권제16 승가(혜가)전을 인용하여 혜가에게 『능가경』 4권본을 선한 사실을 기술하고 있다. 본서는 이어서 달마대사의 법문 『이입사행론二入四行論』을 『속고승전』 권제16 보리달마전에서 옮겨 싣고 있다. 이입

二入은 이입理入과 행입行入을 말하고, 사행四行은 네 가지 행입行入, 즉 보원행報寃行·수연행隨緣行·무소구행無所求行·칭법행稱法行을 말한다. 이입理入이란 교敎에 개시開示된 이법(理法, 이치)에 의거하여 가르침의 근본 뜻(宗義)을 이해하여 들어가는 것을 말하고, 행입行入은 그 이해한 이법에 따라 여리如理하게 행함을 설한다. 그런데 이 인용문은 『이입사행론』의 일부이고 그 밖에 더 많은 내용이 있었다는 것은 본서에 "이 사행四行은 달마선사의 친설이며, 그 나머지 부분은 제자 담림曇林이 사師의 언행을 기록하여 1권으로 집성하였다."고 한 데서 알 수 있다. 『속고승전』과 본서에 인용된 분량은 1권에도 훨씬 못 미친다.

또한 돈황에서 발견된 9종의 필사본 『달마론』(『보리달마四行論』) 또는 『이입사행론장권자二入四行論長卷子』에는 십여 배나 더 많은 분량의 내용이 뒷부분에 이어지고 있다.[14] 이 가운데는 여러 선사들의 대화가 함께 들어 있어 온전한 달마대사의 친설 부분만 『속고승전』이나 『능가사자기』는 인용한 것이라 하겠다. 이 『이입사행론』의 뒷부분은 초기 선사들의 생생한 문답식 대화로 되어 있어 능가선을 이해하는 데 매우 중요한 자료인데도 불구하고 아직 소개 해설되지 않은 듯하다. 여러 필사본을 조합照合하여 하루빨리 정리 해설된 소개서가 나와야 할

---

14 『돈황선종문헌집성』 卷上(新華書店北京發行所, 1998. 5). 『이입사행론장권자』는 근래 학자들이 붙인 이름이고, 『달마론』으로 된 本이 있기 때문에 『달마론』으로 칭함이 옳다. 현재까지 사본 9종과 刊本 2종(조선 1464년 간행의 天順本, 1907년 간행의 『禪門撮要』本)이 전한다. 이 11종의 자료는 모두 完本이 아닌데 총합하면 모두 120節 정도 된다. 『달마론』 1권이라 한 本이 있기 때문에 완본은 120절에서 크게 벗어나지는 않을 것이다. 『선문촬요』에 수록된 『보리달마사행론』으로 題한 本은 67절까지만 있다.

것이다.[15] 이어 달마대사 또한 지사문의(指事問義: 사물을 가리키며 뜻을 물음)한 실례를 몇 가지 들고 있다. 후대의 선종 선사들이 두드러지게 행하던 문답과 전법의 양식이 이미 구나발타라삼장과 달마대사 이래 행해지던 것이었음을 말해주고 있다. 단지 후대에 시풍詩風의 은유와 비유에 치우쳤던 것과는 그 내용이 전혀 다르다(후술).

다음은 제3 혜가惠可선사이다

『속고승전』권16 승가(혜가)전에서 전기 부분만 한두 줄 간략히 인용한 것 외에는[16] 모두 혜가의 법문을 싣고 있다. 『능가경』과 『화엄경』・『십지경十地經』・『법화경』 등을 인용하면서 설하고 있는데 그 요지는 다음과 같다. 무엇을 구하고자 억지로 행함이 없이 묵연默然 정좌淨坐하면, 일광日光이 구름 걷히면 저절로 본연의 모습을 보이듯이 성취된다는 것, 경전을 보고 나서는 곧바로 버려야 한다는 것, 깨우침은 부처님이 해주는 것이 아니라 스스로 발심하고 궁행 노력하여 얻어진다는 것을 말하였다. 또 좌선을 해야 공효功效 있게 된다는 것을 강조하였다.

> "시방十方의 모든 부처님 가운데 만약 한 분이라도 좌선에 의하지 아니하고 성불한 분이 있다는 것은 도저히 있을 수 없는 일이다."

좌선의 공을 강조하는 것은 여러 선사들이 공통으로 강조하는 사항이다. 이를테면 4조 도신대사도 이르길,

---

[15] 필자가 현재 역주 해설 작업을 진행 중이다. 수개월 후쯤 출간될 수 있을 것이다.
[16] 단 일부 字句에 異同이 있다. 이를테면 『속고승전』은 달마대사를 40세에 만났다 하였으나, 본서는 14세에 만난 것으로 되어 있는 것 등이다.

"노력하여 부지런히 좌선하라. 좌선이 근본이다."[17]

고 하였다.

다음은 제4 승찬僧粲선사이다

『속고승전』에는 승찬선사의 전기가 없다. 단지 권25 법충전에 "혜가선사의 후로 찬선사粲禪師, 혜선사惠禪師…… 가 있다."고 한 데서 그 이름이 보인다. 그는 거의 은둔생활로 일생을 보냈기 때문에 당시에는 거의 알려지지 않았던 것 같다.

『능가사자기』에서도 그의 전기에 대한 기술은 간략하다. 문기文記를 내지 않았다는 것과 제자 도신道信을 인가하며 설한 법어, 서주舒州 완공사에서 손으로 나뭇가지를 붙잡고 입적入寂하였다는 것을 기술하고 있다. 이어서 북주北周의 혜명惠命이 지은 『상현부詳玄賦』에 대한 승찬선사의 주석을 인용하고 있다. 주석에서는 『화엄경』의 법계연기法界緣起와 『대지도론大智度論』 및 『금광명최승왕경金光明最勝王經』이 인용되고 있다. 이들 기사의 출처는 알 수 없으나 현전하는 여타의 자료에는 보이지 않기 때문에 『능가인법지』에서 인용한 것이 아닌가 한다. 한편 본서에는 기재되어 있지 않으나 『속고승전』 권21 도신전에는 승찬선사가 나부산羅浮山으로 가면서 제자 도신에게 따라오지 말라 하고, 머무르게 되면 반드시 법을 크게 펴는 이익이 있을 것이다 하였는데[18] 나중에 도신과 홍인의 동산법문東山法門이 크게 퍼져 선종이 하나의 큰 집단으로 성립된 것을 보면 그가 당부한 뜻을 알 수 있다. 동산법문을

---

17 『傳法寶記』
18 『전법보기』에도 거의 같은 글이 전한다.

크게 폈던 기주蘄州 황매현黃梅縣의 쌍봉산은 승찬선사가 거처하였던 사공산과 완공산에서 멀지 않은 곳이다.[19]

다음은 제5 도신道信선사이다

본서 전체 분량의 절반이 도신선사의 장이다. 도신선사의 이른바 동산법문에서부터 선종이 하나의 큰 집단으로서 성립된 셈이다. 본서는 『속고승전』 권21 도신전에 기재된 상당히 자세한 행적의 내용을 인용하지 아니하고, 몇 줄의 출신 소개의 글 외에는 모두 도신의 저술인 『입도안심요방편법문入道安心要方便法門』의 내용을 그대로 옮겨 실었다. 도신의 행적에 대한 기술이 간략한 것은 『속고승전』에 이미 상세한 기술이 있었기 때문에 생략했다고 보아야 하지 않을까 한다. 또 한편으로는 여기에 인용된 『입도안심요방편법문』은 실로 능가선의 요지를 비교적 자세하게 드러낸 법문이기 때문에 그 중요한 부분을 모두 인용 수록하는 데 치중한 때문이라고 생각한다.

『속고승전』 권21 도신전은 승찬이 도신에게 전법하였다는 말은 명기하고 있지 않으나 도신이 어느 스승 밑에서 7세부터 수업하다가, 어디에서 왔는지 알 수 없는 두 스님이 서주舒州 완공산에 와서 선업禪業을 닦고 있다는 말을 듣고 가서 가르침을 받게 되었다 하고 있다. 『전법보기』에는 "개황(581~600) 중에 (도신이) 완공산에 가서 승찬선사에게 귀의하여 정심精心하고 부지런히 수행을 원만히 갖추고 지혜를 비추어 이르지 못하는 것이 없었다."고 하였다. 본서에도 승찬선사가 완공산에 머물고 이곳에서 입적하였다 하였으니 완공산에 왔던 두

---

19 潘桂明, 『中國禪宗思想歷程』(今日中國出版社, 북경, 1992,), 40쪽.

스님 가운데 한 분이 승찬선사였다는 것은 확실하며,[20] 따라서 승찬에서 도신에로의 전법 계보도 명확해진다.

본서에 인용된 도신의 저술인 『입도안심요방편법문』에는 『능가경』・『문수설반야경』・『보현관경』・『화엄경』・『법화경』・『대품반야경』・『무량의경』・『금강경』・『열반경』・『무량수경』・『법구경』・『천친론』・『유교경』・『유마경』 등 실로 많은 경전이 인용되어 있다. 먼저 이 법문의 요의와 의거한 경전의 핵심구절을 다음과 같이 설하고 있다.

"나의 이 법요는 『능가경』에서 말한 '제불諸佛의 심심心'이 제일第一이다'[21]고 한 법문에 의거하며, 또한 『문수설반야경』[22]의 '일행삼매一行三昧'에 의거한다. 즉 불심佛心을 염송함이 불佛이고, 망妄을 염송함이 범부이다."

여기에 든 『능가경』은 4권본인 『능가아발다라보경』이고, 인용구절은 권1의 게송에 나오는 구절이다. 대혜보살이 법문을 청하면서,

"위없는 세간해(世間解: 佛)시여! 설하신 저 게송을 듣자오니, 대승의 모든 해탈문 가운데 제불심諸佛心이 제일이옵니다.[大乘諸度門

---

20 『전법보기』에 의하면 다른 한 분은 定禪師였다.
21 『능가아발다라보경』 권제1의 게송에 나오는 구절. 앞의 注 해설 참조.
22 『문수설반야경』은 梁 曼陀羅仙이 번역한 『文殊舍利所說摩訶般若波羅蜜經』(2권본)과 梁의 僧伽婆羅가 번역한 『文殊舍利所說般若波羅蜜經』(1권본)의 2종이 있다. 『대반야바라밀경』의 제7會 만수실리분에 해당한다. 2권본은 고려대장경 제10권에, 1권본은 고려대장경 제11권에 수록되어 있으며, 兩本 모두 『대정장』 제8권에 수록되어 있다.

諸佛心第一]"

고 하였다. 도신은 '이 불심佛心을 염念하면 바로 불佛이다'고 하였다. 그러나 불심이 무엇인지를 먼저 알아야 하고, 어떻게 염念한다는 것인지를 올바로 알아야 한다. 그리고 일행삼매란 오로지 간단間斷 없이 여리如理하게 이어지는 행이다. 도신의 이 법요는 이후 선종이 염불을 겸수하거나 통수通修하게 된 배경이 되었다고 할 수 있다. 단지 여기서 말하는 본 법문의 뒤에 설한 바와 같이 "염불念佛은 염불심念佛心"이며 법계法界가 일상一相이듯 불佛도 일불一佛이니 그 불심佛心은 무상無相이다. 일상一相 또는 일불一佛이란 그 밖의 상相이 없고 불佛 외에는 다른 것이 없다는 것이니, 법계라는 상相이나 그 불佛이라는 상相을 취할 수 없다. 능(能: 주관, 인식주체)과 소(所: 객관, 대상, 경계)가 따로 있으면 이미 불佛이 아니니, 불佛이란 인식의 대상이나 관觀의 대상이 될 수 없다. 그래서 염불심念佛心은 곧 무상無相의 불심佛心을 염念함이니 무엇을 취할 바가 없음이다. 이러한 행은 대승반야의 기본 교의인 공空·무상無相·무원無願의 삼해탈을 먼저 이해하지 않으면 안 된다. 그래서 『문수설반야경』에서는 일행삼매를 설명하면서,

"마땅히 먼저 반야바라밀을 듣고 설한대로 수학하여야 하나니, 그러한 후에야 능히 일행삼매一行三昧에 들어간다."

고 하였다. 그리고

"일행삼매에 들어가 법계에 그대로 합치하여, 물러섬이 없고, 무너

짐도 없으며, 사의思議함도 없고, 걸림 없는 무상無相에 처할 수 있느니라."

고 하였으니, 염불심念佛心이란 곧 사의思議함도 없고, 걸림 없는 무상無相의 행이다. 또 『대품반야경』에서는

"염念하는 바 없음, 이를 이름하여 염불이라 한다."

고 하였다. 이어 도신선사는

"식識은 형상이 없으며, 불佛도 형상이 없다. 만약 이 도리를 안다면 곧 안심安心이 이루어진다."

"항상 불佛(心)을 염念하여 대상에 끌리는 마음이 일어나지 아니하면 상相이 끊어져 무상無相하고, 평등하여 불이不二하다. 이 경지에 들어 나아가면 불佛(心)을 염念하는 마음도 사라지고 다시는 (앞의 법을) 꼭 의거해야 할 필요가 없게 된다."

고 하였다. 즉 처음부터 무상無相이 되는 것이 아니니, 염념불심念念佛心의 일행삼매를 하도록 한 것이다. 그래서 『문수설반야경』에도 불佛의 명호를 외우며 일불一佛에 염념念念히 이어가는 행을 설하고 있다. 그러나 처음부터 염불念佛은 곧 염불심念佛心이며, 불심佛心은 무상無相임을 알고 행하여야 한다. 그래서 반야바라밀을 먼저 알아야 한다고 한 것이다. 후대에는 이러한 점이 소홀히 되어 선종에서조차 염불심念佛

心의 뜻이 제대로 전해지지 않은 것이 사실이다.

도신은 염불행에 대해 설하길,

"만약 마음이 본래 불생불멸不生不滅이며, 구경으로 청정함을 안다면 곧 이것이 청정한 불국토라 다시 서방(西方: 극락세계)을 향한 수행을 할 필요가 없다."

고 하였고,

"부처님께서 둔근(鈍根: 둔한 근기)의 중생을 위해 서방을 향하도록 한 것이지 이근인(利根人: 날카로운 뛰어난 근기)을 위해 설한 것이 아니다."

고 하였다. 즉 극락왕생을 위한 염불과 무상無相의 염불佛心을 염념하는 것은 구분된다.

이어서 도신선사는 이르길, 이 무상無相의 심心이 바로 여래·진실법성의 신身이며, 정법正法·불성佛性·제법실상諸法實相·실제實際·정토淨土·보리菩提·금강삼매·본각·열반신이라 이름하여, 이름은 비록 한량없으나 모두 다 똑같이 또한 능관(能觀: 주관, 인식의 주체)과 소관(所觀: 객관, 인식의 대상)이 없다는 뜻이라고 하였다. 능能과 소所가 본래 따로 없다는 교의는 『능가경』에서 가장 뚜렷하고 자세히 설파하고 있다. 능能과 소所가 본래 따로 없이시 일심一心이라 한다. 그런데 무명無明의 바람이 홀연히 불어와 일심一心이 동동하게 되면서(業相) 기동起動한 자리가 견분(見分: 보는 자리)이 되니 동시에 상분(相分:

보이는 대상의 자리)이 있게 되어버렸다. 여기서부터 능(能: 주관)과 소(所: 객관, 대상, 경계)로 나누어진 식識이 끊임없이 전변하며 이어지니 바로 꿈을 꾸고 있는 것과 같다. 왜 꿈과 같은가 하면 꿈속에서 울고불고 하는 나와 이를 지켜보는 나가 있어 내가 둘인 것과 같기 때문이다. 견분과 상분도 이와 같아 본래 둘이 아닌데 둘로 나뉘어져 있는 듯이 된 것이다. 어떠한 상相이든 상相이 있다 하면 거기에는 이미 능能과 소所로 이분二分되어 있음을 알아야 한다. 그래서 능能과 소所가 따로 없게 될 때 바로 무상無相을 증득한다. 그래서 실상實相·보리菩提·본각本覺 등으로 이름은 다르나 그 바탕은 바로 능能과 소所가 따로 없는 자리인 것이다. 도신의 법요는 바로 이 『능가경』의 요의要義를 바탕으로 여러 경전을 통관하며 인용하고 있다. 여기에 능가선의 요지와 전법傳法의 맥이 보이고 있다고 하겠다.

또 도신은 『무량의경』의

"또 무량의無量義는 일법一法으로부터 생하니 그 일법이란 곧 무상無相이다. 무상無相은 상相이 아니니, 이름하여 실상이라 한다."

를 인용하고,

"즉 (모든 相이) 절멸되어 청정함이 바로 이것(無相)이다. 이는 진실한 가르침이나니, (수행 지침의) 증거가 됨이다."

고 하였다. 무상無相이 바로 수행의 지침이요 요체이다. 그렇다면 좌선시에 식심識心이 처음 감지될 때 어떻게 해야 무상無相인가. 이에 대해 도신은 바로 이어서 다음과 같이 자세히 설파하고 있다.

"좌선할 때에 식심識心이 처음 움직이며 면면히 흘러감에 응당 깨어 있고, 그 오고감에 따라 항상 이를 모두 각지覺知하되, 금강의 지혜로 (염착되는 것을) 꾸짖는다. (이렇게 하여) 초목이 따로 지知하는 바가 없는 것과 같이, 지知함이 없다는 것을 지知함이 되어야 이름하여 일체지一切智라 이름한다. 이것이 보살의 일상一相법문이다."

즉 그 식심識心이 흘러가는 대로 각지覺知하되 거기에 염착(染着: 물들어 집착함, 영향 받음)되지 아니하고 단지 "지知함이 없다는 것을 지知하라"고 하였다. 그 식심識心을 대상으로 지知하지 아니하고, 그 대상에 흔들리지 아니하고 물들지 아니하며 머무르지 아니한 채로 그냥 깨어 있는 것이다. 그 대상을 향함이 없어야 하고, 궁극에는 그러한 심식이 일어남이 없어야 한다(心不起). 그러나 아차 하면 대상인 식심識心에 물들게 되고 흔들리게 된다. 그래서 『대반야경』에 설한 바와 같이 먼저 심식이 본래 지知함이 없고, 견見함이 없으며, 분별함도 없음을 뚜렷이 알아야(了知) 한다. 자심에서 이러함을 분명히 알면 작의(作意: 생각을 일으킴)함이 없이 지연히 그 뜻이 이루어져 간다. 금강의 지혜로 염착되는 습기習氣를 부수는 것이다. 무상無相이고 일상一相이니 따로 지知할 바가 없다. 초목과 마찬가지로 수상행식受想行識의 심식도 지知하는 바가 없음을 분명히 알아야 한다. 도신은 또 이르길,

"수도하여 진공眞空을 얻은 자는 공空과 불공不空을 견見함이 없으

며, 어떠한 견見도 없다."

고 하였다. 무상無相이니 어떠한 견見도 없어야 한다. 본서의 저자 정각은 본 서문에서,

"여如가 본래 무지無知인지라 지知함이 있다면 여如가 아니다."

"적멸함 가운데 일물一物도 짓는 바가 없는 것, 이것이 바로 보리(菩提: 覺)의 도이다."

고 하였다. '적멸함 가운데 일물一物도 짓는 바가 없는 것', 이것이 삼해탈 중의 무원(無願: 無作)이다. 그리고 적멸(寂滅: 열반)은 곧 대상으로 지知하는 바 없는 것이다. 본래가 무상無相이고 일상一相이어서 본래가 적멸이고 무생無生이다. 능能과 소所가 따로 없다는 측면에서 일심一心이라 한 것이라면, 지知하는 바 없이 지知한다라는[23] 측면에서 본각本覺이라 하였다. 그래서 『무량의경』에

"한량없는 의義이기에 설법 또한 한량없다."

고 하였다.
 이러함을 온전히 알았다면 수행은 당연히 다음과 같이 되어야 한다. 즉 도신은 다음과 같이 설한다.

---

23 知하는 바가 없는 知를 범부의 分別知와 구별하여 眞知 또는 靈知라 한다. 그리고 眞知(靈知)가 곧 本覺이다.

"또한 염불하지도 않으며, 또한 마음을 잡으려고도 하지 아니하고, 또한 마음을 보려고도 하지 아니하며, 또한 마음을 분별하지도 아니하며, 또한 사유하지도 아니하고, 또한 관행하지도 아니하고, 또한 산란하지도 아니하며, 단지 바로 임운任運할 뿐이다."

이 임운행任運行은 후대의 선사들이 자주 반복해서 설하고 있는 명구名句이며, 최상승선의 요체이다. 그러나 앞에서 설한 이법理法을 명료하게 알고 해야, 이렇게 하지 않을 수 없음을 알고 하는 것이 되어 헛길이나 잘못된 길로 빠지지 않게 되며, 막힘과 장애가 없이 원만한 행을 이어갈 수 있다. 그래서 도신은 또 다음과 같이 말하였다.

"수학修學하는 데 유의해야 할 사항은 반드시 심로心路가 명정明淨해야 하며, 법상(法相: 교법)을 뚜렷이 분명하게 알아야 하고, 그러한 후에야 마땅히 남을 이끄는 스승이 될 수 있다."

하였다. 또한 도신은 수학인에 4종의 차등을 두어 해解의 중요성을 설한다.

"수학하는 자에게 4종인이 있음을 알 수 있으니, 행行이 있고 해解가 있으며 증證함이 있는 상상인上上人, 행이 없고 해解가 있으며 증證함이 있는 중상인中上人, 행이 있고 해解가 있으며 증證함이 없는 중하인中下人, 행이 있고 해解는 없으며 증證함도 없는 하하인下下人이다."

이 분류에서 해解가 없으며 증證함이 있는 예는 없다. 가장 낮은 하하인下下人이 행행行은 있어도 해解가 없고 증證도 없다는 것을 잘 알아야 할 것이다. 그리고

> "도를 배우는 법은 반드시 해解와 행行이 상부相扶해야 하는 것이다. 먼저 마음의 근원과 모든 체용體用을 알고, 이리理를 관觀하여 명정明淨해지고, 뚜렷하고 분명하여 미혹이 없게 된 연후에야 공업功業을 이룰 수 있다."

고 한 지민智敏선사의 말을 인용하며 해解의 중요성을 강조하고 있다. 전술한 바와 같이 대승의 해解는 삼해탈을 명료하게 아는 것이다. 도신은 이르길,

> "색(色: 물질)이 텅 비어 고요하여(空寂) 색色을 감지하지 않으니 색色이 곧 그대로 공空이고, 공空이니 곧 무상無相이며, 무상無相이니 곧 무작(無作: 無願)이다. 이것이 해탈로 들어가는 문이니 이를 수학하는 이들은 해탈할 수 있다. 여러 근(根: 감각기관)의 예를 이와 같이 들어 설명하였거니와, 다시 반복하여 설하나니, 육근(六根: 眼·耳·鼻·舌·身·意)이 공空함을 항상 염念하면 고요함에 이르러 듣거나 보는 것이 없게 되리라."

고 하였다.
그리고 증득은 해解만 가지고는 안 된다. 그래서 수일불이守一不移의 부동행不動行, 즉 선정禪定의 실수實修와 성취가 이루어지지 않으면

안 된다는 것도 함께 강조한다.

또한 상념이 일어날 때에 어떻게 하고, 처음 수학하는 이가 어떻게 좌선을 시작하는가에 대한 구체적인 방법을 설하고 있다.

도신의 법요는 이렇게 입문에서부터 대승의 최상승선을 통한 구경의 성취에 이르기까지의 길을 명료하게 제시하고 있다.

다음은 제6 홍인弘忍선사이다

여기서는 앞의 몇 구절을 제외하고는 모두 저자의 스승 현색이 저술한 『능가(불)인법지』를 옮겨 싣고 있다. 『속고승전』에는 홍인의 전기가 없고, 도신전의 말미에 도신이 임종시에 제자 홍인에게 탑을 만들게 하였다는 것과 3년 후에 제자 홍인 등이 탑을 열어 보았다는 기사가 있다. 수많은 제자를 대표하여 홍인의 이름이 기재되고 있다. 거의 동시대에 나온 『전법보기傳法寶記』에도 홍인의 전기가 있으나 약력을 간략히 기술한 것일 뿐 법요나 어록은 싣고 있지 않다.[24] 반면에 본서의 전기는 많은 분량은 아니나 전자보다 훨씬 많은 내용이며 특히 법요와 어록도 싣고 있어 홍인에 대한 가장 중요한 자료이다.[25]

홍인은 제자 현색에게 『능가경』을 직접 가르쳤으며, 또한 간략한 법요와 어록에서 인용하고 있는 경은 『중론中論』을 제외하고는 모두 『능가경』이다. 홍인에서부터 처음으로 간편한 『금강경』을 위주로 전수하고, 혜능이 『금강경』 독송을 듣고 깨우쳤다는 고사 등이 선종에서 조차 『능가경』을 멀리하게 된 계기가 되었다고 하는 견해가 있는데,[26]

---

24 『전법보기』는 초기 선사들의 출신과 행적 및 일화를 소개한 것으로 그분들의 법요나 어록은 싣고 있지 않다.
25 이 밖에 3백 년 정도 후에 나온 『宋高僧傳』 권8에 弘忍의 전기가 있다.

『능가사자기』에 의하면 홍인弘忍과 그 제자의 시대까지는 아직『능가경』을 위주로 하였음을 알 수 있다. 현색에게『능가경』을 가르치면서 홍인은

"이 경은 오직 마음으로 증득하여 깨달아 아는 것이어서 글로 해설하는 것으로써 능히 이해할 수 있는 것이 아니다."

고 하였다. 또한 신수神秀와『능가경』의 요의에 대해 문답 토론하였고, 신수가『능가경』을 통해 많은 이익을 얻고 있음을 인정하고 있다.

본 전傳은 또 홍인 이후 많은 분란을 일으킨 종통宗統과 정正·방계傍系의 문제에 결정적인 해결을 해줄 수 있는 매우 중요한 사실을 전하고 있다. 홍인은 입적에 임하여 다음과 같이 명언하였다.

"내 일생 동안 수많은 사람을 가르쳤으나 뛰어난 이들은 모두 죽고, 나의 도를 후대에 전할 사람은 단지 열 명이 될 뿐이다. 내가 신수와 더불어『능가경』에 대해 논하였는데 이理를 말함이 통쾌하여 반드시 많은 이익을 얻었음을 알 수 있다. 자주지선資州智詵과 백송산유주부白松山劉主簿는 문성(文性: 문필, 문장, 문학의 재능)을 겸비하고 있다. 화주혜장華州惠藏과 수주현약隨州玄約은 상념하는 것이 보이지 않는다. 숭산노안(嵩山老安: 惠安)은 도행이 깊다. 노주법여潞州法如와 소주혜능韶州慧能과 양주고려승지덕揚州高麗僧智德, 이들은 모두 사람의 스승이 될 수 있으나 단지 일방一

26『능가아발다라보경』의 蔣之奇 서문.

方의 인물이다. 월주의방越州義方은 곧잘 강설을 잘한다."

또 현색에게 말하였다.

"너는 선과 교를 겸행하며 자신을 잘 보애하고, 내가 열반한 후에 너와 신수가 불일佛日이 다시 찬란히 빛나 마음의 등불이 거듭 비추어지도록 힘쓰라."

홍인대사가 혜능을 가리켜 '사람의 스승이 될 수 있으나 단지 일방一方의 인물이다.'고 하였으니 혜능에게만 특별히 최고의 제자로서 인가하거나 의발衣鉢을 전수하여 후계자로 정한 것은 아니었다고 볼 수밖에 없다. 오히려 신수가 생존해 있던 제자 가운데 대표이고, 현색과 함께 스승의 큰 기대를 받고 있다. 어느 한 제자에게만 특별히 의발을 전하여 인가된 전인傳人으로 삼는 것은 있을 수 있는 일이고, 증득의 깊고 얕음에는 차등이 있을 수 있는 것이지만, 득도하여 법을 부촉付囑할 만한 제자는 여러 명이 될 수 있다. 앞의 도신의 장에서도 언급한 바와 같이 도신도 법을 부촉한 것이 적지 않았다고 하였다. 신수의 제자인 정각(淨覺: 정각은 신수와 현색 두 스승에게서 가르침을 받았다. 후술) 또한 본서의 신수장에서 "(이 열 분들이) 모두 홍인선사의 뒤를 계승하였다."고 하였다. 즉 자신의 직접 스승인 신수가 사실 제자의 대표였으나 법을 이은 분을 자신의 스승에만 한정하지 않고 있다. 이것이 올바른 자세이다. 나중에 혜능의 일부 제자들이 오직 자신의 스승만을 유일한 전법자로 치켜세우며 논란을 벌인 것은 불교사상 크게 잘못된 일 가운데 하나이다.

돈頓과 점漸의 문제도 마찬가지여서 홍인의 대표 제자인 신수가 돈법頓法을 체득하지 못하였을 리 없다.[27] 본서 신수의 장에서 『능가인법지』를 인용하여 이르길, 신수는 "묵조默照와 언어도단(言語道斷: 말의 길이 끊어짐)·심행처멸(心行處滅: 마음 갈 곳이 멸함)의 법을 전등傳燈하였다."고 하였다. 언어도단·심행처멸을 체득한 이를 어찌 돈법을 모르는 이라 할 수 있겠는가. 능가선의 요의는 어디까지나 돈법이다. 그러나 도신의 법요에서도 보이듯이 돈법에 바로 들지 못하는 이들을 위해서는 점수漸修의 법을 제시하지 않을 수 없고, 시절에 따라서는 점수를 위주로 이끌지 않을 수 없는 경우가 있다. 어느 한때의 일시적인 법문만 가지고 그분을 평가하여 돈법도 몰랐다고 단정할 수는 없는 것이다. 석가모니부처님도 점수漸修의 법을 무척 많이 설하셨는데, 그렇다고 석가모니부처님이 돈법을 몰랐다고 할 수 있겠는가. 후대에 많은 오해를 일으킨 『육조단경』의 앞부분 고사故事는 실로 유치하게 사실을 왜곡하여 조작한 것이다. 『육조단경』에서 혜능이 송頌한 '보리(菩提: 覺)에 본래 나무(樹: 이것이다 하고 치켜세울 수 있는 것, 體, 自性)가 없다〔菩提本無樹〕'고 한 뜻을 능가선의 요체를 체득한 신수가 어찌 몰랐겠는가. 앞의 도신의 법문을 이해하였다면 보리菩提도 어디에 따로 세울 수 있는 체體가 없는 것이어서 얻을 바가 없다는 것을 알 것이다. 『육조단경』에 기재된 혜능의 법요도 앞의 여러 선사들의 선법을 벗어나

---

27 북종에서도 頓法을 활발히 펼쳤음은 신수의 재전제자인 마하연선사가 티베트에 가서 돈법으로 인도승의 漸法과 對論을 펼쳤고('라사의 宗論', '티베트 종론'), 돈황 출토의 여러 북종선 법문에 돈법이 명료하게 제시되고 있으며(박건주 역주, 『북종선 법문: 돈황문헌 역주 2』, 씨아이알, 2009), 본 『능가사자기』의 신수, 현색, 정각의 법요에서도 충분히 알 수 있다.

지 않는다.

 홍인 또한 사물을 가리키며 문답하는 것〔指事以問〕을 자주 하였다. 그 실례를 본서는 몇 가지 들고 있다.

다음은 제7 신수神秀대사이다

본 장은 거의 모두『능가인법지』를 인용한 글로 채워져 있다. 행적行蹟에 대한 기사는 신수가 측천무후와 중종中宗 및 예종의 삼대에 걸친 제사帝師이었던 까닭에 측천무후와의 대화라든가 신수의 입적入寂에 중종이 유덕遺德을 칭송한 글 등 황제와 연관된 사항이 대부분이다. 신수의 법문에는『보살영락본업경』·『열반경』·『문수설반야경』이 인용되고 있다. 아울러 사물을 가리켜 질문한 사례 몇 가지를 수록하였다.

다음은 제8 숭산보적선사嵩山普寂禪師·숭산경현선사嵩山敬賢禪師·장안의복선사長安義福禪師·남전혜복선사藍田惠福禪師이다

이 분들은 모두 신수의 제자이고, 본서의 저자인 정각과는 동문 형제이다. 본 장에서는 이들이 신수의 가르침을 받고 성취하여 법을 크게 편 것을 칭송하고 있다.

3)『능가사자기』의 저자와 저술 시기

· 저자

『능가사자기』의 저자는 정각(淨覺, 683~750?)이다. 그의 전기傳記 자료로는 그 자신이 쓴「능가사자기자서自序」와 그의 저서인『주반야바라밀다심경注般若波羅蜜多心經』에 부서附書된 이지비李知非의「약서

略序」 및 시인 왕유(王維, 700~761)가[28] 지은 「대당대안국사고대덕정각사비명大唐大安國寺故大德淨覺師碑銘」[29]이 있다.

정각淨覺의 속성은 위씨韋氏로 중종中宗의 황후였던 위후韋后의 제弟이다. 위후는 중종을 시해하고 집권 전횡하였으나 얼마 후 예종(睿宗: 中宗의 弟)의 자子였던 융기(隆基: 후의 玄宗)에 의해 살해되었다. 정각의 부모도 이전에 측천무후則天武后의 혁명 과정에서 죽었다. 그런데 그의 출가 시기는 황후의 제弟로서 한참 영광을 누릴 수 있었던 때였다. 비명碑銘은 그의 출가 사정을 다음과 같이 전하고 있다.

"중종 때에 후궁이 정사政事에 간여하니 여관女官의 정치개입이 점차 성盛하게 되어, 권력의 실세가 은밀히 옮겨졌다. 그 친척들이 함께 작위爵位를 나누고, 친속의 적籍에 올라 있지 않은 이들까지도 또한 공경고관公卿高官의 자리를 차지하게 되었다. 하물며 (황후의 弟인) 천륜의 사이인지라 장차 제후에 봉하기로 결의하고 상방령尙方令에게[30] 인印을 빨리 주조하도록 재촉하고, 상서尙書에게 명하여 책봉문서冊封文書를 준비하도록 하였다. 다음날 아침에 오토개국五土開國의[31] 책봉의식을 거행하고, 명후일明後日에는 네 필의 말이 끄는 수레를 타고 황제에게 가서 알현하기로 정하였다. 선사(출가

---

28 王維의 母는 30여 년간 神秀禪師의 제자인 普寂禪師(651~739)에게 參學하였고, 그도 慧能의 제자 荷澤神會에게 參學하였다. 그는 또한 神會의 의뢰로 『六祖能禪師碑銘』(『全唐文』 327)도 지었다.
29 『全唐文』 327.
30 황궁 직속으로 수공업 제조를 총괄하는 직책이다.
31 王侯에 봉할 때의 의식.

전의 淨覺)가 탄식하며 말하였다.
'예전에 나의 큰 스승(석가세존)께서는 일찍이 보리菩提를 위해 왕위를 버리셨다. 지금 소자小子인 나는 (황후의) 은택으로 후侯가 되었으니 이 얼마나 인仁의 자리에서 먼 것인가. (출가를) 실행하는 것이 곧 옳은 일이다.'
하고, 옷을 찢어 버리고 몰래 급히 나와 은둔하였다. 걸식으로 끼니를 이으며 겸행兼行하다가[32] 회주懷州 태행산太行山에 들어가 삭발하고 구족계具足戒를 받았다."

즉 정각은 위씨韋氏의 권세가 가장 화려할 때 출가하였다. 그의 출생은 홍도원년(弘道元年, 683)으로 비정比定되고 있다.[33]

처음 태행산에 입산한 후의 주요 사적에 대해 앞에 든「약서略序」는 다음과 같이 말하고 있다.

"(淨覺)선사께서는 23세 되는 신룡원년(705)에서부터 회주懷州 태행산에 계시게 되었으니, (이전에) 승조僧稠선사(480~560)가 석장錫杖으로 호랑이가 서로 싸우는 것을 멈추게 한 곳에서 수도하고, 이 산에 머무르면서『주금강반야리경注金剛般若理鏡』1권을[34] 저술하였다. 그래서 그곳의 영천靈泉을 반야천般若泉이라 이름아

---

32 兼行은 理와 行, 敎와 禪, 定과 慧, 自利와 利他를 함께 실천하는 것을 설한다.
33 앞에 든 李知非의『略序』에 의하면 신룡원년(705년), 23세 때 회주 태행산에 있었기 때문에 逆算하면 弘道元年에 해당한다. 柳田聖山,『初期の禪史Ⅰ』(東京, 築摩書房, 1971; 1979) 88쪽 참조.
34 현재 전하지 않는 不明의 書이다.

게 되었다. …… 승조僧稠선사가 열반한 후 수백 년 동안 아무도 머무르는 사람이 없는 가운데 영천은 고갈되고 잣나무는 고목이 되었는데, 대당大唐의 정각선사가 고현古賢의 유적에 찾아오시어 선우禪宇를 다시 수리하고 청소하길 3일이 못 되어 마른 천泉에서 물이 솟구치고, 마른 잣나무가 다시 무성하게 되었다."

이 기사에 의하면 정각은 평소에 승조(僧稠, 481~560)를 존숭하였던 듯하다. 승조僧稠는 북조말기에 당시 최고의 선사로 추앙받았던 선사다. 그의 스승 불타발타佛陀跋陀는 설하길, "중국에서 선학禪學의 최고는 바로 너다."[35]고 하였고, 양대兩大제자인 도방道房과 승조僧稠에 대해 "자신(불타선사)이 중국에서 교화를 행한 이래 오직 이 양현兩賢이 득도하였다."고[36] 하였다. 도선道宣은 승조계僧稠系와 달마계達摩系의 양로兩路에 대해 "저 이종二宗을 보건대 이는 곧 승乘의 이궤二軌이다."[37]고 하였다. 즉 승조와 달마의 두 종宗이 당시 불법佛法의 양대兩大 궤범軌範이라는 말이다.[38]

그러나 그가 승조의 법을 얼마나 어떻게 배우고 익혔는가에 대해서는

---

35 『속고승전』 권제16 習禪篇初 僧稠傳.
36 『속고승전』 권제16 習禪篇初 佛陀禪師傳.
37 "觀彼二宗 卽乘之二軌也."(『속고승전』 권20 習禪五 僧徹(傳). 道宣이 習禪篇에 올라 있는 선사들의 선법을 총평하는 긴 글을 지어 말한 내용 가운데 들어 있는 구절이다. 습선편은 習禪六之餘에서 끝나고 있는데 그 두 장 앞인 習禪五의 말미에 이 총평("論曰……")이 붙어 있는 것은 아마 뒤의 習禪六과 六之餘는 나중에 증보하였기 때문일 것이다.
38 달마와 僧稠의 선법에 대한 비교 해설은 박건주, 『중국초기선종 능가선법 연구』(운주사, 2007) 제7장 「능가선과 승조선과 定學」 참조.

알려져 있지 않다. 다만 처음에 승조僧稠를 앙모하였던 것으로 짐작된다. 그는 바로 그즈음 신수神秀와 현색玄賾을 만나면서 일대 전기轉機를 맞이하게 된다.『능가사자기』자서自序에서

"이미 대족원년(大足元年: 측천무후 재위 18년, 701년)에 동도(東都: 낙양)에서 대통화상大通和上 휘諱 수(秀: 神秀)³⁹대사를 만나 선법을 전수받고 개시開示에 오입悟入하여 약간 깨우친 바가 있었다."

하고 있어 출가 전에 이미 동도에 들어온 신수선사를 뵙고 선법을 전수 받은 바 있었다.

또 자서自序에

"(현색대사께서는) 대당 중종 효화孝和황제 경룡 2년(708)에 황제의 명으로 서경(장안)에 들어오시고, 곧 동도(낙양)에서 크게 선법을 열었다. 정각은 곧바로 대사께 귀의하여 일심一心으로 받들어 가르침을 따랐다. 양경(장안과 낙양)을 오고가며 법석에 동참하며 뵙길 10여 년에 이르러 심지心地가 드러나며 구하던 바를 마치고 요달了達하게 되었다."

라 하였다. 홍인선사의 제자 현색玄賾선사를 708년부터 10여 년간 수종隨從하며 사사師事하고 있다. 따라서 그의 선법의 바탕은 신수와 현색玄賾의 가르침에 따른 것이었고, 이에 의거하여 요달了達하였음을

---

39 이해는 神秀가 아직 大通의 호를 받기 전인데 大通이라 칭한 것은 입적한 후 제자가 존칭한 것이다.

알 수 있다. 제사帝師로 있던 신수대사가 706년에 입적한 까닭에 뒤이어 궁성에 들어와 뒤를 이은 현색玄賾에게 사사師事한 것이다.

그가 701년에 신수神秀의 선법을 배우고 있고, 출가한 후 돌아다니다 705년에 태행산에 왔다고 하였으므로 그의 출가 연대는 702년에서 704년 사이가 될 것이다. 그리고 태행산에 온 지 3년 후인 708년부터는 10여 년 동안 현색玄賾을 수종하고 있다. 그리고 그가 『능가사자기』를 저술한 곳이 태행산 영천곡靈泉谷으로 되어 있다.

그는 출가한 후 교학을 집중적으로 배운 것 같지는 않다. 그런데 그는 이미 출가한 지 얼마 안 되는 23세 때에 『금강반야리경金剛般若理鏡』을 저술하였고, 현색을 사사師事한 지 10여 년 만에 '심지心地가 드러나며 구하던 바를 마치고 요달하게 되었다.'고 한 성취를 이루었으며, 『능가사자기』 자서自序의 짧은 글에서 『기신론』・『능가경』・『법구경』・『유마경』・『법화경』・『열반무명론涅槃無名論』・『방광경放光經』 등을 인용하고 있는 것을 보면, 출가 전의 젊은 나이에 이미 교학을 넓고 깊이 이해하고 있었음을 알 수 있다.

정각은 이후 어느 때부터인가 경조(京兆: 長安)의 대안국사大安國寺 주지住持로 있었다.[40] 이 대안국사는 예종睿宗이 경운원년(710년)에 즉위 이전에 지내던 구택舊宅을 사찰로 만든 것으로 대찰大刹이었다.[41] 그가 이곳의 주지를 맡게 된 것은 아무래도 황실과의 세연世緣이 작용하

---

40 李知非의 「略序」에 그를 '大唐京兆大安國寺淨覺'이라 칭하였고, 王維도 그의 碑銘을 『唐大安國寺故大德淨覺師碑銘』이라 하고 있다.

41 大安國寺의 창건과 연혁에 대해서는 『唐會要』 제48, 『長安志』 제8, 『寺塔記』 등이 있다.[柳田聖山, 『初期禪宗史書の研究』 제6권(京都, 法藏館, 2000.1), 98쪽의 注⑩⑪ 참조]

였을 것이다. 「비명碑銘」에 이르길,

"외가外家의 공주들이 무릎 꿇고 의복을 봉헌奉獻하였고, 고관들은 뒷걸음으로 걸어 나가며 경의를 표하였으며, 무설無說의 가르침을 걸乞하고, 도의 성취에 대한 가르침을 청하였다."

고 하였다. 경사(京師: 장안)의 황실과 공경고관들로부터 큰 존경을 받았음을 알 수 있다. 또한 그에게 승당입실升堂入室한 제자들이 70인이 넘었다고 한다(「碑銘」). 「비명」은 그의 수도행에 대해 다음과 같이 기술하고 있다.

"율의律儀의 세행細行에 이르기까지 주밀周密하게 호지護持하였으며, 경전의 깊은 종지에 대해서는 터럭 끝의 빈틈없이 분석하였다."

그는 개원 15년(727)에 한수명주지군(漢水明珠之郡: 섬서성 영강주면현의 서부)에서 그곳 관리들의 요청에 의해 『주반야바라밀다심경注般若波羅蜜多心經』 1권을[42] 저술하고 있다. 그 서문을 쓴 이지비李知非도

---

[42] 『注般若波羅蜜多心經』은 돈황문서에서 필사본으로 발견되었다. 두 가지 본이 있는데, 하나는 'S4556본'으로 『敦煌禪宗文獻集成(中卷)』(新華書店北京發行所, 1998. 5)에 수록되어 있고, 앞부분이 결락되어 있다. 또 그 題名도 『般若心經疏』로 되어 있다. 다른 하나는 '向達氏手抄本'인데 전문이 모두 있다. 이 완본은 1950년 7월 출판된 『國學季刊』 제7-1에 게재된 向達氏의 『西征小記』에 처음 소개되었는데, 이 기사에 의하면 向達氏가 1931년부터 32년에 걸쳐 돈황에 가서 돈황 부근의 개인이 갖고 있던 것을 寫本하던 중에 발견되었다. 유전성산은 이 書의 전문과 함께 解題와 注 및 방점을 달아 『研究』에 수록하고 있다.

청원한 사람 가운데 한 사람인데 자신을 '황사종백중산대부행금주장사 이지비皇四從伯中散大夫行金州長史李知非'라 하였다. 금주金州는 지금의 섬서성 안강현安康縣 서북지역이다. 정각은 이때 얼마 동안 이 지역에 머물렀을 것이다.

이 외에 그의 행적에 대한 기록은 찾아보기 어렵다. 「비명」은 모년 모일에 가부좌하고 입적하였고, 소릉원적곡少陵原赤谷 난야(蘭若: 精舍, 사원)에서 다비茶毘하였으며, 성문에서 골짜기 입구에 이르기까지 애도의 인파가 이어졌고, 소복을 입은 사람이 그중 반수였다고 전한다.

• **저술시기**

본서의 저술연대는 명기되어 있지 않다. 유전성산柳田聖山은 일찍이 이 문제에 대해 유추하길, 본서의 말미에 신수神秀와 현색玄賾·혜안惠安이 측천대성황후則天大聖皇后와 응천신룡황제應天神龍皇帝 및 태상황太上皇의 전후 삼주(三主: 세 황제)의 국사國師였다는 사실을 기록하고 있다. 응천신룡황제應天神龍皇帝는 중종中宗이고, 태상황太上皇은 예종睿宗을 가리키고, 예종이 태상황제로 호칭된 것은 선천 2년(713)에서 그의 자子 현종玄宗이 즉위한 때로부터 태상황제로서 붕어崩御한 개원 4년(716)까지의 4년이므로, 그 저술시기도 이 기간 내에 해당할 것으로 본다고 하였다.[43] 그러나 태상황으로 호칭하는 것은 붕어한 후에도 가능한 일이므로 이보다 더 후에 저술되었을 가능성을 배제할 수 없다. 그래서인지 유전성산은 그의 후서後書에서는 약간 수정하여 개원7~8

---

[43] 柳田聖山, 『初期の禪史Ⅰ- 楞伽師資記·傳法寶記』(東京, 築摩書房, 1971 ; 1979), 29~30쪽에 의거함. 이후 이 書를 2000년에 新刊된 『初期禪宗史書の研究』와 구별하여 『禪史1』로 지칭한다.

년(719, 720)경이 아닐까 하는 추측의 견해를 제시하고 있다.[44] 명확한 근거가 제시된 것은 아니어서 단정할 수는 없으나 이 시기에서 크게 벗어날 수 없는 것 또한 사실이다.

4) 『능가사자기』의 사본寫本 종류와 교합정리校合整理

약 1세기 전 돈황에서 발견된 『능가사자기』는 모두 필사본으로 현재 다음과 같은 7종이 있다.[45]

① Pelio 4564본: 제목과 이어지는 4행만 있고 나머지는 결락됨.

② Pelio 3294본: 서문의 앞부분 전후 1장뿐이고 나머지는 결락.

③ Pelio 3537본: 구나발타라장에서 달마장의 말미까지의 단편으로 Stein 4272본에 이어진다.

④ Pelio 3436본: 서문의 앞부분을 결락한 것을 제외하고는 거의 완본에 가까움.

⑤ Pelio 3703본: 제6 홍인장에서 제7 신수장 끝까지와 말미에 표제가 있음.

⑥ Stein 2054본: 서문 중간에서부터 제5 도신장 말미 가까운 부분까지만 있고 나머지는 결락.

⑦ Stein 4272본: Pelio 3537본의 뒤를 이어 제4 찬선사장 5줄까지

---

44 柳田聖山, 『研究』, 90쪽.

45 본 사본의 소개와 해설은 유전성산, 『禪史1』, 39~41쪽의 내용을 거의 그대로 인용하였고, 일부는 『敦煌禪宗文獻集成(上)』(新華書店北京發行所, 1998. 5)에 수록된 7종의 필사본 원본과 유전성산의 『研究』, 626~627쪽의 글을 참조하였다.

있고, 나머지는 결락.

이 가운데 가장 일찍 알려진 것은 ⑥Stein 2054본과 ④Pelio 3436본으로, 호적胡適이 1926년(민국 15년)에 발견한 것을 영목대줄鈴木大拙의 의뢰에 의해 한국의 김구경金九經이 양본兩本을 교합校合하여 북경 백림사세계불학원栢林寺世界佛學院 태허법사太虛法師의 서序를 얻어 1931년 9월에 북평의 대서당待曙堂에서 『교간당사본능가사자기校刊唐寫本楞伽師資記』란 제목으로 출판하였고, 이어 여기에 호적胡適의 서序를 붙인 것이 그 다음해에 출간되었다. 또 1933년에서 35년에 걸쳐 이를 다시 교정한 것이 김구경의 『강원쌍서薑園雙書』에 수록되어 심양瀋陽에서 출판되었다. 한편 일본에서는 시취경휘矢吹慶輝가 1930년 10월 『명사여운鳴沙餘韻』을 출판하여 Stein 2054본의 사진을 발표하였고, 이어 1932년 2월에 출판된 『대정신수대장경』 제85권 고일부古逸部에는 앞의 Stein 2054본을 저본으로 하고, 여기에 김구경의 『교간당사본능가사자기』를 합쳐 교합한 본을 수록하였다. 이것이 지금까지 일반으로 읽혀지게 되었는데 1954년에 이르러 구택駒澤대학의 소원수웅篠原壽雄이 『능가사자기교주楞伽師資記校注』(『內野臺嶺先生追悼論文集』에 수록됨)를 발표하여, 『명사여운鳴沙餘韻』과 『대정신수대장경』에 수록된 본과의 교합에 의한 새로운 본을 제공하였다. 이로써 후자의 구두句讀가 잘못된 곳이 전면적으로 정정되었다. 유전성산은 이러한 성과를 종합하여 『初期の禪史Ⅰ-楞伽師資記·傳法寶記』에 원문과 주석을 수록하였다. 『능가사자기』의 서序 부분은 1962년에 전중양소田中良昭가 새로 Pelio 3294본을 소개하면서 이에 의거하여 여타의 본에 결락되어 있던 서문의 앞부분 "매지피람每至披覽" 이하의 2백여 자를 보완하였고,[46] 유전성산은 이를 앞의 서書에 수록하고 주석하였다. 그는 또 후에 앞의 서문 부분만을 따로 교감 주석하고, 맨 앞의 게송과 두 줄의 잔결 문장을 생략하여[47] 『初期禪宗史書の硏究: 資料篇』(京都, 法藏館, 2000. 10)에 「능가사자기서楞伽師資記序」의 제목으로 발표하였다.[48]

한편 돈황자료의 티베트 문서 가운데 『능가사자기』의 티베트역본이 있는 것을 『Catalogue of the Tibetan Miss. from Tun-huang, 돈황티베트문헌목록』에서 용곡龍谷대학의 상산대준上山大峻이 발견하였고, 용곡대학불교학회편, 『佛敎文獻の硏究』(1968년)에 보고하였다. 단 이 티베트본은 서문이 없고, 제5 도신道信의 장 가운데서 끝나고 있으며 중간에 한문본의 내용과는 다른 부분이 상당수 있어 『능가사자기』에 다른 본이 있었을 가능성을 말해주고 있다. 이는 아울러 티베트불교와의 교류와 상호 영향의 문제와 관련하여 중요한 자료라 하겠다.

일러두기

1. 본 역주에서 저본으로 한 것은 유전성산柳田聖山의 『初期の禪史Ⅰ-楞伽師資記・傳法寶記』(東京, 築摩書房, 1971; 1979)에 수록된 원문이다. 단지 정각의 서문 부분은 유전성산의 후저後著인 『初期禪宗史書の硏究』(京都, 法藏館, 2000. 10)을 저본으로 하되 이 서書에서 생략된 신출의 200여 자는 앞의 『禪史Ⅰ』에 수록된 것을 다시 옮겨 실었다.
2. 유전성산의 앞의 양서兩書를 인용할 때 전서前著는 『禪史1』로, 후서後著는 『硏究』로 구분하여 명기한다.

---

46 「敦煌新出ペリオ本楞伽師資記二種について-特に淨覺序の首缺を補う-」, 『宗學硏究』 제4호, 1962. 3.
47 서문 맨 앞의 게송과 잔결된 두 줄의 글이 곧 나중에 발견된 Pelio 4564본의 전체 내용이다.
48 花園大學內 禪文化硏究所에서 1966년에 출간하였다(京都).

3. 한편 저본의 구두句讀에 따를 수 없는 부분이 있어 새로 수정한 부분도 있다.
4. 위 저본의 자구字句에 의심나는 부분은 『敦煌禪宗文獻集成(中卷)』(新華書店北京發行所, 1998. 5)에 수록된 7종의 필사본 영인본의 원문을 참조하였다.

2. 『능가사자기』 역주

능가사자기 서 楞伽師資記序

정각淨覺

佛性空無相　眞如寂不言
口傳文字說　斯皆妄想禪.

涅槃齧鏃法　秘密不教人
心通常默用　唯當度有緣.

二乘元不識　外道亦曾聞
小根多毀謗　誓願莫流傳.

불성佛性은 공空하여 무상無相이며
진여眞如는 공적(空寂: 텅 비어 고요함)하여 언어를 떠나 있나니

구전口傳의 문자설文字說은
이 모두 망상선妄想禪이네.

열반의 법은 화살을 입으로 무는 법이라[49]
비밀이어서 가르쳐주는 것이 아니나니
심통心通하면(心性에 통달하면) 항상 묵연히 공용功用 이루어지는 법이라
오직 인연 있는 이는 응당 해탈하리.

2승(2승과 3승)은 본래 이를 이해하지 못하고,
외도 또한 일찍이 이를 듣지 못하였으며,
낮은 근기인 자들은 대부분 훼방을 놓나니
이들에게 이 법이 유전되지 아니하길 서원하나이다.

夫重生久流轉生死者, 皆由習氣故也. 習氣 …… 淨覺才識闇短, □□未聞, 少 …… 每至披覽, 非管見之所知. 淨坐思惟, 非小人之所解. 生生盡命, 傳達摩之遺文, 世世之中, 誓願事之足下.

---

49 설족법(齧鏃法: 화살을 입으로 무는 법)은 다음의 고사에 의한다. 수隋 말기에 활을 매우 잘 쏘는 구군모苟君謨라는 사람이 있었는데 왕영지王靈智가 찾아와 이를 완전히 배운 후에 구군모를 활로 쏘아 죽이고자 하였다. 그때 구군모는 지니고 있던 단도로 날아오는 화살을 쳐서 꺾었는데 마지막 날아오는 화살촉을 입으로 물고 웃으며 설하길, "활 쏘는 법을 가르치길 3년 동안 너에게 아직 날아오는 화살을 입으로 무는 법은 가르쳐 주지 않았다."고 하였다. 출전은 唐 段成式, 『유양잡조酉陽雜俎』 續集四에 인용된 「朝野僉載」.

무릇 중생이 구원久遠 이래 생사에 유전하여 온 것은 모두 습기習氣로 말미암은 까닭이다. 습기習氣 …… 정각淨覺은 재능과 식견이 어둡고 부족하며, □□을 아직 듣지 못하였으며,⁵⁰ …… 펼쳐 볼 때마다 (나의) 관견管見으로⁵¹ 알 수 있는 바가 아님을 알게 된다. 정좌淨坐하며 사유해 보나, (나와 같은) 소인이 이해할 수 있는 바가 아니다. 세세생생 이 목숨 다하여 달마達摩의 유문遺文을 전하고자 하오며, 세세생생 달마대 사의 족하足下에서 그 가르침 받들기를 서원하나이다.

旣大足元年, 在於東都, 遇大通和上諱秀, 蒙受禪法, 開示悟入, 似得少分. 每呈心地, 皆云努力, 豈其福薄, 忠孝無誠. 和尚隨順世間, 奄從化往. 所以有疑惑, 無處呈印.

이미 대족원년(측천무후 재위 18년, 701년)에 동도(낙양)에서 대통화 상大通和上 휘諱⁵² 수(秀: 神秀)⁵³대사를 만나 선법을 전수받고, 개시(開 示: 가르침을 드러내어 보임)에 오입(悟入: 깨달음)하여 약간 깨우친 바가 있었다. 심지心地가 드러날 때마다 항상 노력하라고 하였으니,

---

50 序文 맨 앞에서 여기까지가 Pelio 4564本의 전체 글이다.
51 管見이란, 대롱으로 세상을 비추어보고 세상이란 이러하다거나 인생이란 이러하다 고 말하는 것이다. 그러나 대롱으로 비친 세상이란 전체 세상 모습의 극히 일부분에 지나지 않는 것인지라, 이 말은 곧 자신이 알고 있는 견해는 사실 이 정도에 지나지 않는다는 뜻이다.
52 去世한 윗분에 대해 名을 호칭한 것.
53 이 해는 神秀가 아직 大通의 호를 받기 전인데 大通이라 칭한 것은 입적한 후 제자가 존칭한 것이다.

어찌 그 복이 적다고 정성껏 충효를 다하지 않을 수 있겠는가! 화상께서는 세간에 수순하시다 문득 왕생하시니, 의혹이 되는 바 있어도, 어디에서도 가르침 받아 확인할 곳이 없게 되었다.

※

有安州壽山大和上諱賾, 俗姓王, 太原祈縣人也. 因高祖作牧, 生在雲夢之澤. 是蘄州東山忍大師傳燈弟子也. 大和尙在壽山之日, 於方丈室中入靜, 忽然兩目中各出一五色舍利, 將知大師成道已久矣.

안주(安州: 호북성)에 수산壽山의 대화상[54] 휘諱 색(賾: 현색)대사가 계시니, 속성은 王이고, 태원(산서성) 기현祈縣인이다. 고조부가 태수로 있을 때 운몽雲夢의 택澤 지역에서 태어나셨다.[55] 기주蘄州 동산東山의 홍인대사의 전등傳燈제자이다. 대화상께서 수산壽山에 계실 때 방장실方丈室에서 입정(入靜: 入定) 중에 홀연히 두 눈에서 각 1개씩의 오색사리五色舍利가 나왔으니, 이로 미루어 대사께서 성도하심이 이미 오래되었음을 알 수 있다.

※

大唐中宗孝和皇帝景龍二年, 有勅召入西京, 便於東都廣開禪法. 淨覺當卽歸依, 一心承事. 兩京來往參觀, 向經十有餘年, 所呈心地, 尋已決了. 祖忍大師授記云, 安州有一箇, 卽我大和上是也. 和

---

54 安州 壽山寺는 호북성 응산현 西南에 있다.
55 雲夢은 지금의 호북성 안육현 지역에 있는 대소택지大沼澤地이다. 대사의 고조부가 이곳의 군태수로 재임할 때 태어났다는 말이다.

上乃形類凡僧, 證同佛地, 帝師國寶, 宇內歸依. 淨覺宿世有緣, 親蒙指授, 始知方寸之內 具足眞如. 昔所未聞, 今乃知耳.

(현색 대사께서는) 대당 중종 효화孝和황제 경룡 2년(708)에 황제의 명으로 서경(장안)에 들어오시고, 곧 동도(낙양)에서 크게 선법을 열었다. 정각은 곧바로 대사께 귀의하여 일심으로 받들어 가르침을 따랐다. 양경(長安과 洛陽)을 오고가며 법석에 동참하며 뵙길 10여 년에 이르러 심지心地가 드러나며 구하던 바를 마치고 요달하게 되었다. (오)조(홍)인대사께서 수기授記[56]하시길, "안주安州에 일인이 있다."라 하였는데, 곧 우리 대화상 이분이시다. 화상의 모습은 평범한 승려의 류類이나 불지佛地와 같은 자리를 증득하셨으며, 황제의 스승이요, 나라의 보배이셨고, 온 나라가 귀의하였다. 정각은 숙세의 인연이 있어 지도와 가르침을 직접 받게 되었고, 비로소 자심自心에 진여眞如를 구족하였음을 알게 되었다. 이전에는 듣지 못하였던 것을 이제야 알게 된 것이다.

眞如無相, 知亦無知, 無知之知, 豈離知也, 無相之相, 豈離相也. 人法皆如, 說亦如也. 如自無說, 說則非如, 如本無知, 知非如矣.

진여는 무상無相이며, 지知 또한 무지無知이나니,[57] 무지無知의 지知

---

56 부처님께서 어떤 제자에게 장래에 반드시 깨달음을 얻어 성불하게 될 것이라고 예고해주는 것. 단지 여기서는 고승이 앞의 일을 예고한 글인 현기懸記와 같은 류의 글인 듯하다.

57 '知 또한 無知이나니': 앞의 解題 도신의 장에서 여러 법문을 들어 해설하였다.

가 어찌 지知를 떠나 있을 것이며, 무상無相의 상相이 어찌 상相을 떠나 있을 것인가. 인人·법法이[58] 모두 이와 같고, (법을) 설함 또한 이와 같다. 여如함이란[59] 본래 설할 수 없음이니 설한다면 곧 여如가 아니며, 여如가 본래 무지無知인지라 지知함이 있다면 여如가 아니다.[60]

〈起信論〉云,「心眞如者, 卽是一法界總相法門體, 所謂心性不生不滅, 一切法唯因妄念而有差別. 若離心念, 則無境界之相. 是故一切法從本已來, 離言說相, 離名字相, 離心緣相, 畢竟平等, 無有變異, 不可破壞, 唯是一心, 故名眞如. 又眞如自體相者, 凡夫聲聞緣覺菩薩諸佛, 無有增減, 非前際生, 非後際滅, 畢竟常恒, 從本性自滿足一切功德, 自體有大智慧光明義故, 自性淸淨心義故..」

『기신론(大乘起信論)』에 설하였다.

정각은 본 序의 후문에서 '적멸한 가운데 본래 동념(動念: 생기하는 염)이 없으며, 動處는 항상 적정(寂靜: 고요함)하고, 고요하니 구함이 없어 念處가 항상 진실하다.'고 하였다. 知함이 있으면 動念이나, 動處는 그대로 寂靜함이라 知한다 함이 없다. 마치 거울이 만상을 비추되 비춘다 함이 없는 것과 같다.

58 '人(人相·我人見)'이란, 곧 보고 듣는 자로서 我가 있다고 생각함이니 人我 또는 그냥 我라고도 한다. 法相(法我見)은 일체의 존재와 개념, 敎法의 見, 또는 이에 집착함이다.

59 설할 수 없고, 차별이 없어 평등한 까닭에 如라 하였다. 有와 無, 一과 二(異), 생과 멸 등 모든 분별과 언설상을 떠난 까닭이다. 理가 바로 그러하니 如는 곧 理에 如함이다. 이에 대해서는 원효의 『金剛三昧經論』에 자세히 설명되어 있다.

60 知함이 있다면 분별이 있고, 분별이 있다면 언설상이 있음이라 不可說의 如가 아니다. 일체법, 심성은 본래 知함도 없고, 見함도 없으며, 분별함도 없다.(『대반야경』)

"심진여心眞如란 곧 일법계一法界 총상법문체總相法門體이니, 이른바 心性은 불생불멸한데, 일체법(모든 존재)은 다만 망념으로 인하여 차별이 있게 된 것일 뿐이다. 만약 심념(心念: 心識)을 떠나면 경계의 상相이 없다. 이 까닭에 일체법은 본래로부터 언설상을 떠났고, 명자상名字相을 떠났으며, 심연상心緣相⁶¹을 떠나 필경에 평등하고, 변이함이 없으며, 파괴할 수 없는 오직 일심一心인 까닭에 이름하여 '진여眞如'라 한다. 또 진여의 자체상自體相이란, 범부·성문·연각·보살·제불諸佛에 달리 증감이 없으며, 과거에 생함도 아니요, 미래에 멸함도 아니어서 필경에 항상하며, 본래로부터 성품에 일체의 공덕을 스스로 만족하고 있나니 자체에 대지혜광명의 뜻이 있는 까닭이며, 자성청정심의 뜻이 있는 까닭이다."

〈楞伽經〉云,「自心現境界, 隨類普現於五法. 云何是五法, 名·相·妄想·正智·如如. 是故衆物無名, 由心作名, 諸相無相, 由心作相, 但自無心, 則無名·相. 故曰正智·如如.」

『능가경』에 설하였다.⁶²

---

61 心緣相이란 心에 딸라붙은(攀緣) 相이니 곧 상념을 말한다.
62 이 『능가경』 인용문은 경문을 그대로 옮긴 것이 아니고 五法에 대한 경문 설명을 나름대로 요약 정리하여 옮긴 것이다. 『능가경』은 중국에 4종의 번역본이 있는데 그 가운데 담무참의 역본은 오래 전에 失傳되고, 『입능가경』(10권본)과 『능가아발나라보경』(4권본) 및 『대승입능가경』(7권본)이 유행되었다. 그리고 가장 늦게 나온 『대승입능가경』의 번역이 완성된 것은 唐 中宗 長安 4년(704년)이다. 그래서 3종 『능가경』은 『능가사자기』가 나오기 이전에 이미 있었으나, 이 가운데 어느 본의

"자심自心이 경계를 나타내나니 류류類에 따라 두루 오법五法을 나타낸다. 무엇이 오법인가. 명名·상相·망상妄想·정지正智·여여如如이다.⁶³ 이 까닭에 모든 사물은 무명無名인데, 마음에 연유하여

『능가경』을 말하는지 분명치 않다.
63 『대승입능가경』(7권본) 권제5 찰나품에 五法에 대한 자세한 설명이 있어 여기에 인용한다.
"대혜여! 이 (五法) 가운데
相이란, 眼識所見의 色과, 眼識·耳識·鼻識·舌識·身識·意識으로 취해진 色·聲·香·味·觸·法, 이러한 것들을 나는 相이라 한다.
分別이란, 여러 名을 시설하여 諸相을 나타내는 것이어서, 말하자면 코끼리·말·車·步·男·女 등의 名으로 그 相을 나타내는 것이니, 이것은 그 이름대로 결정되어 不異하는 것이다. 이를 分別이라 한다.
正智란, 저 名과 相 얻을 수 없음이 마치 過客과 같음을 보아, 識心이 일어나지 아니하며, 不斷·不常하여, 외도나 二乘(三乘과 二乘)의 자리에 따르지 않는 것이니, 이를 正智라 한다.
대혜여, 보살마하살은 이 正智로 名과 相이 非有·非無임을 관찰하여, 덜해지고 늘어남과, 二邊의 惡見을 멀리 떠나는 것이다. 名·相과 識은 본래 일어남이 없는 것이니, 나는 이 법을 설하여 如如라고 이름한다.
대혜여! 보살마하살이 如如에 머무르게 되면, 현전한 경계를 비추임이 없고, 환희지(보살 제1지)에 올라 외도와 惡趣(축생, 아귀, 지옥)를 떠나며, 출세간의 법상에 들어 익어가며, 일체법이 幻 등과 같음을 알아, 自心에서 증득한 聖智로 행하는 법을 증득하며, 사량분별을 떠나고, 이와 같이 (여러 보살지를) 차제로 올라 법운지(보살 제10지)에 이르나니, 법운지에 이르고 나면, 삼매의 諸力과 자재신통이 활짝 열리어 만족하게 되고, 여래가 되느니라. 여래가 되고나서는 중생을 위하는 까닭에, 물속의 달(水中月)과 같이, 그 몸을 두루 널리 나타내며, 중생들의 욕락에 따라 설법하느니라. 그 몸은 청정하여 心(제8식)·意(제7식)·意識(제6식)을 떠나 있으며, 중생구제의 크나큰 서원의 갑옷을 입고, 成滿의 十無盡願을 구족하나니, 이를 보살마하살이 如如에 들어 획득한 바라고 하는 것이니라."
또 약간 뒷단락에 다음의 보충설명이 있다.

명名을 짓게 된 것이고, 모든 상相은 무상無相인데 마음에 연유하여 상相을 짓게 된 것이니, 다만 스스로 무심無心하면 명名과 상相이 없다. 까닭에 정지正智·여여如如라 한다."

〈法句經〉云,「參羅及萬像, 一法之所印.」
余乃潛神玄嘿, 養性幽嚴, 獨守淨心, 抱一冲谷. 聊寄一序, 託悟在中, 同我道流, 願知心耳. 眞如妙體, 不離生死之中, 聖道玄微, 還在色身之內, 色身淸淨, 寄住煩惱之間. 生死性眞, 權在涅槃之處. 故知衆生與佛, 性本共同, 以水況氷, 體同有異. 氷由質碍, 喩衆生之

"또한 대혜여! 五法이란, 소위 相·名·分別(妄想)·如如·正智이다. 이 가운데 相이란, 보이는 바의 色 등의 형상이 각기 구별되는 것, 이를 이름하여 相이라 한다. 저 모든 相에 의거하여, 물병 등의 名을 세워, 이것은 이러하고, 이것은 (저것과) 다르지 않다고 하는 것, 이를 이름하여 名이라 한다. 여러 名을 시설하여 心(인식주체로서의 마음)·心所法(마음의 대상, 또는 마음에 나타난 相)의 諸相을 나타내는 것을 이름하여 分別이라 한다. 저 名과 相은 필경에 있는 것이 아니고, 단지 망령된 마음이 이리저리 구르며 분별하는 것이다. 이와 같이 관찰하여 생각이 멸하기에 이르게 됨을 이름하여 如如라 한다.

대혜여! 眞實決定의 究竟 근본의 自性은 不可得이나니, 이것이 如如相이다. 나와 諸佛은 (如如相에) 수순 證入하고, 그 實相대로 開示 연설하느니라.

만약 능히 여기에 수순하고 깨달아, 斷을 떠나고 常을 떠나, 분별을 내시 아니하고, 自證處에 들어, 외도와 2승(3승과 2승)의 경계를 넘어서는 것을 이름하여 正智라 한다.

대혜여! 이 五法과 三自性, 八識 및 二無我는 일체의 佛法을 두루 나 포섭하느니라. 대혜여! 이 법 가운데서 너는 마땅히 스스로의 지혜로 잘 통달하고, 또한 남한테도 권해서 통달하도록 할지니, 이를 통달하면, 心은 곧 決定에 이르러, 다른 것에 따라 움직이지 않을 것이니라."

繫縛, 水性虛通, 等佛性之圓淨. 無法可得, 無相可求. 善法尚遣捨之, 生死故應遠離.」

『법구경』에[64] 설하였다.

"삼라만상은 일법(一法: 一心)에서 인印된 것이다."

내가 이에 깊고 고요한 마음으로 깊은 산암山巖에서 양성養性하며, 오로지 정심淨心에 수일守一하고, 몸을 텅 빈 자리에 지켰다.[65] 하나의 서序에 의탁하여 이 깨달음의 법을 그 가운데 싣나니 나의 도반들과 함께 마음을 깨닫길 원한다.

진여의 묘체는 생사를 떠나지 않으며, 유현幽玄 미묘한 성도聖道도 또한 색신色身의 내內에 있고, 색신은 청정하나 번뇌 사이에 붙어 머물러 있다. 생사의 본성이 진眞이나 임시로 열반의 자리에 향하는 것일 뿐이다.[66] 까닭에 중생과 불佛은 그 성품이 본래 똑같아 물과

---

64 『佛說法句經』이다. 『불설법구경』은 돈황에서 처음 발견되었다. 대체로 선종 선사에 의해 찬술된 것으로 본다. 이 경을 주석한 『법구경소』도 함께 돈황에서 발견되었다.
65 원문 '抱一'은 『도덕경』(河上公本) 十章의 "載營魄抱一"에 나오는 句로 '守身' 또는 '身(形體)을 抱持한다'는 뜻이다. '抱一'에서 '一'은 身(형체)의 뜻이다.
66 이 구절은, 『師資七祖方便五門, 摘句抽心錄之如左』로 題한 龍大禿氏 소장의 돈황본에는 "망념이 생기지 않으면 진리가 자연히 나타나며, 법신은 청정한데 번뇌 사이에 붙어 머물러 있다. 佛性 眞如는 임시로 열반의 內에 있을 따름이다. 청정한 자리에는 실로 心이 있지 않으며, 적멸 가운데는 본래 動念이 없다.(妄念不生, 眞理自現, 法界淸淨, 寄住煩惱之間. 佛性眞如, 權在涅槃之內. 淸淨之處, 實不有心, 寂滅之中, 本無動念.)"로 되어 있다.(柳田聖山, 『研究』, 634쪽).

얼음과 같이 체는 같으나 형상이 다를 뿐이다. 얼음은 질애(質碍: 성질이 걸리고 막히는 것, 즉 고체)한 것이니 이는 중생이 (번뇌에) 묶이어 있음을 비유함이고, 수성水性은 허통虛通하니 이는 불성佛性이 원만하고 청정함과 같다. 아무것도 얻을 수 없으며, 어떠한 상도 구할 수 없다. 선법善法도 버려야 하며, (다른 법도) 생사를 가져오는 것이니 응당 멀리 떠나야 한다.

〈維摩經〉云,「欲得淨度('度'는 土의 오자), 當淨其心, 隨其心淨, 則佛土淨也.」

『유마경』에[67] 설한다.

"정토淨土를 얻고자 하건대 마땅히 그 마음을 청정하게 할지니, 그 마음이 청정함에 따라 바로 불토佛土가 청정해진다."

身雖爲之本, 識見還有淺深. 深見者是歷劫淸淨, 薰修之因, 一發道心, 乃至成佛, 亦不退也. 淺識者是現今新學, 初雖歡喜, 爲積生已來, 有誹謗邪見之因, 無正信習道之力, 根則不定, 後還退敗也. 覆尋生死, 只爲攀緣. 返照攀緣之心, 心性本來淸淨, 淸淨之處, 實不有心. 寂滅之中, 本無動念, 動處常寂, 寂卽無求, 念處常眞. 眞無染

---

67 『유마경』 佛國品第一.

著. 無染是淨, 無繫是脫. 染卽生死之因, 淨卽菩提之果.

몸은 비록 모든 것의 근본이지만, 식견에는 또한 깊고 얕음이 있다. 깊이 보는 자는 수많은 겁에 걸친 청정행의 훈수(薰修: 수행으로 쌓여진 훈습력)가 인因이 되어 한번 도심을 발함에 성불에 이르게 되고, 또한 퇴보하지 않는다. 얕게 아는 자는 현금의 새로운 학문에는 비록 기뻐하나 수많은 생을 거치면서 (정법을) 비방한 사견邪見이 인因이 되어 올바로 믿고 올바로 도를 닦은 힘이 없어 뿌리가 정립되지 않은지라 나중에는 결국 퇴패하고 만다. 다시 생사를 살피건대 단지 반연(攀緣: 대상에 끌림, 달라붙음)일 뿐이다. 반연하는 마음을 반조해보건대 심성은 본래 청정하고, 청정한 곳에 실은 마음이 없다. 적멸한 가운데 본래 일어나는 생각이 없으며, 일어나는 곳이 항상 고요하고, 고요하니 구함이 없어 염처念處가 항상 진실하고, 진실한 자리에서는 물들어 집착함이 없다. 물듦(染) 없음이 청정함이며, 얽매임 없음이 해탈이다. 물들면 생사의 인因이 되고, 청정하면 보리菩提의 과果가 된다.

✿

大分深義, 究竟是空, 至道無言, 言則乖之. 雖以性空擬本, 無本可稱, 空自無言, 非心行處. 聖心微隱, 絶解絶知. 大覺冥冥, 無言無說. 法華經云,「諸法寂滅相 不可以言宣」也. 無法可說, 無心可言. 自性空閑, 返歸於本, 本者道也. 道性悾恫而無際, 放曠淸微. 壞大千以寂寥, 通古今而性淨. 卽上下周圓, 廣遍淸淨, 是淨佛國土也. 是知一毫之內, 具足三千, 一塵之中, 容受無邊世界. 斯言有實耳.

(대승의) 요체要諦와 심의(深義: 깊은 뜻)는 구경으로 공空이며, 지도至道는 무언無言이니 말하면 어긋난다. 비록 체성이 공하다는 것으로 본本을 표현하고자 한 것이나 말로 칭할 수 있는 본本이 없고, 공空이 스스로 무언無言임을 말함이니 심행처心行處가 아니다. 성심聖心은 미묘하고 은밀하며, 해解를 단절하고, 지知를 단절하였다. 대각大覺은 깊고 아득하여 언설이 없다.

『법화경』에서[68] 설한다.

"모든 존재가 적멸寂滅한 상은 말로 나타낼 수 없다."

말로 설할 수 있는 것이 없으며 말할 수 있는 마음이 없다. 자성이 텅 비어 한가로운지라 본本에 돌아가나니 본이란 도道이다. 도의 성性은 텅 비어 있어[69] 무제(無際: 邊際, 경계가 없음)하고, 훤히 트여 맑고 미묘하다. 대천세계大千世界가 무너져도 고요적적하며, 고금古今에 통하여 항상 성性이 청정하다. 그러하니 상하가 두루 원만하고, 넓고 두루 청정함이 곧 청정 불국토이다. 이러한지라 한 털끝 속에 삼천대천세계가 구족되어 있고, 한 티끌 가운데 무변세계無邊世界를 받아들인다는 이 말이 진실임을 안다.

※

此中坐禪證者之自知, 不由三乘之所說也.
經曰,

---

68 『법화경』 권1 방편품 第二.
69 원문의 '性恫'은 '空洞'의 오자일 것임.

「菩提之道, 不可圖度, 高而無上, 廣不可極, 淵而無下, 深不可測也. 大包天地, 細入無間. 故謂之道也..」
所以法身淸淨, 猶若虛空, 空亦無空, 有何得有. 有本不有, 人自著有, 空本不空, 人自著空. 離有離空, 淸淨解脫, 無爲無事, 無住無著. 寂滅之中, 一物不作, 斯乃菩提之道.

여기에서 좌선하여 체증體證하여야 스스로 아는 것이니 3승(1승·2승·3승의 세 승)의 설로 알 수 있는 것이 아니다.

경에서[70] 설한다.

"보리菩提의 도는 헤아려 생각할 수 없고, 위없이 높으며, 끝없이 넓고, 끝없이 깊어 심묘함을 헤아릴 수 없다. 크게는 천지를 포함하고, 작게는 틈 없는 데에 들어간다. 까닭에 이를 도라고 한다."

까닭에 법신이 청정함은 허공과 같고, 공空 또한 무無인데 유有를 어찌 얻을 수 있겠는가. 유有가 본래 유가 아닌데 사람이 스스로 유를 집착하는 것이며, 공空이 본래 공이 아닌데 사람이 스스로 공을 집착하는 것이다.[71] 유를 떠나고 공을 떠나면 청정해탈하고, 무위무사(無爲無事: 마음으로 무엇을 지어 하는 바가 없음)하며, 무주(無住: 머무름 없음),

---

70 승조僧肇의 『涅槃無名論』 位體第三.
71 이에 대해서는 아래 단락에 인연의 뜻에 의해 그 이유가 설명되고 있다. 또 一心이니 空과 有가 어디에 따로 있는 것이 아니다. 空이 있다 하면 이미 空이 아니고, 有가 있다 하면 이미 그 有는 그림자이다. 오직 一心이니 無所有라 무엇이 있다 할 것이 없다. 그러니 무엇이 없다 할 것도 없다.

무착(無著: 집착하지 않음)한다. 적멸함 가운데 일물一物도 짓는(作) 바가 없는 것, 이것이 바로 보리菩提의 도이다.

※

然涅槃之道果, 不在於有無之內, 亦不出於有無之外. 若如此者, 卽入道之人, 不壞於有, 亦不損於無. 像法住持, 但假施設耳. 是故體空無相, 不可爲有; 用之不廢, 不可爲無. 卽空而常用, 用而常空. 空用雖殊, 而無心可異. 卽眞如性淨, 常住不滅也.

그러나 열반의 도과道果는 유有·무無의 내內에 있지 않으며, 또한 유·무의 밖에 있지도 않다. 이러함에 있는 이는 곧 입도入道한 사람이니, 유를 무너뜨리지 아니하고, 또한 무를 무너뜨리지 않는다.[72] 상법像法시대에 법을 주지住持케 하고자 단지 임시로 (법을) 시설한 것일 뿐이다. 이 까닭에 (그) 체體가 공空하여 무상無相이니 유有라 할 수 없고, 폐절廢絶됨이 없이 이를 용用하는지라 무無라 할 수도 없다. 즉 공空하되 항상 용用이 있고, 용用이 있되 항상 공空이다. 공空과 용用이 비록 다르나 마음에는 다른 것이 없다. 즉 진여의 성性은 청정하며 상주 불멸한다.

※

余歎曰,
"天下有不解修道者, 被有無繫然也. 有不自有, 緣未生時無有, 無不

---

[72] 깨닫고 나면 一切法이 그대로 실제요 진여이며, 一心이고 보리(覺)이다.

自無, 緣散之後故無. 有若本有, 有自常有, 不待緣而後有, 無若本無, 無自常無, 豈待緣盡後始無也. 緣有非是有, 眞如之中無自有. 緣無非是無, 淸淨心中無彼無也. 有無之法, 妄想之域, 豈足以標聖道."

〈放光經〉云,

「"菩提從有得也." 答曰, "不也." "從無得也." 答曰, "不也." "從有無得也." 答曰, "不也." "離有無得也." 答曰, "不也." "是義云何得." 答曰, "無所得, 得無所得者, 謂之得菩提也."」

내가 찬탄하여 설한다.

"천하에 수도修道를 올바로 이해하지 못하는 이는 유有와 무無에 얽매어 그렇게 된 것이다. 유가 스스로 있는 것이 아니니 인연이 아직 생기지 않았을 때는 있지 아니하며, 무가 스스로 없는 것이 아니니, 인연이 흩어진 후에야 없게 되는 까닭이다. 유가 만약 본래 유라면, 유는 스스로 항상 있는 것이니 인연이 있게 된 후에야 있게 되지 않을 것이며, 무가 만약 본래 무라면, 무는 스스로 항상 무일 것이니 어찌 인연이 다한 후에야 비로소 무일 것인가. 인연으로 있게 됨이라 유가 아니며, 진여 가운데는 스스로 유가 됨이 없다. 인연으로 없게 됨이라 무가 아니며, 청정심 가운데는 저 무가 없다. 유·무의 법은 망상의 영역이거늘 어찌 성도聖道를 나타내기에 족할 것인가!"[73]

『방광경放光經』에서[74] 설한다.

---

[73] 『열반무명론』位體제三에 "有와 無의 경계는 망상의 城일 뿐인데 어찌 이로써 玄道를 표방하며, 聖心을 말하기에 足할 것인가."라고 하였다.

[74] 僧肇가 『열반무명론』玄得 제19에서 『방광반야경』을 인용한 부분을 다시 인용한

"보리菩提를 유有에서 얻을 수 있는가?"

답한다.

"얻을 수 없다."

"무無로부터 얻을 수 있는가?"

답한다.

"얻을 수 없다."

"유有와 무無로부터 얻을 수 있는가?"

답한다.

"얻을 수 없다."

"유와 무를 떠나서 얻을 수 있는가?"

답한다.

"얻을 수 없다."[75]

"이 뜻이 무엇인가?"

답한다.

"얻을 바 없음이니 얻을 바 없음을 얻는 것. 이를 보리(菩提: 覺)를 얻음이라 한다."

것이다. 대체로 同권19 建立品과 『마하반야바라밀경』 권26 정토품의 내용과 가깝다. 『열반무명론』의 인문과 본서의 뒷부분 글이 몇 자가 다르다. 즉 "……是義云何. 答曰無所得故爲得也. 是故得無所得也. 無所得謂之得者. 誰獨不然也."이다. 그 뜻은 그대로 상통하나, '是義云何得'은 '是義云何'가 옳을 것이다.

75 有, 無, 有이면서 無, 有도 이니고 無도 아님, 이 네 가지 견해를 4句의 분별이라 하는데 『능가경』에서는 이들 네 가지 지견의 어느 쪽이든 모두 외도의 지견이고 잘못된 견해임을 여러 곳에서 논리 분석을 통해 설명하고 있다. 有無의 사항뿐 아니라 一異(二), 斷常 등 어느 사항이든 마찬가지이다.

능가사자기 본문 楞伽師資記 本文

東都沙門釋淨覺唐太行山靈泉谷集
동도東都의[76] 사문 석정각釋淨覺이 당唐의 태행산 영천곡에서[77] 집록함.

1) 구나발타라삼장

第一, 宋朝求那跋陀羅三藏, 南天竺國人. 以大乘學, 時號摩訶衍. 元嘉年, 隨船至廣州. 宋太祖迎於丹陽郡, 譯出〈楞伽經〉. 王公道俗, 請開禪訓. 跋陀未善宋言有愧. 卽夕夢人以劍易首. 於是就開禪訓. 三藏云, 此土地居東邊, 修道無法, 以無法故, 惑墮小乘二乘法, 惑墮九十五種外道法, 惑墮鬼神禪, 觀見一切物, 知他人家好惡事. 苦哉! 大禍! 大禍!, 自陷陷他. 我愍此輩長劫落鬼神道, 久受生死, 不得解脫, 惑墮禁術法, 役使鬼神, 看他人家好惡事, 詐言我坐禪觀行, 凡夫盲迷不解, 謂登聖道. 皆悉降伏, 不知是鬼神邪魅法也. 我中國有正法, 秘不傳, 簡有緣根熟者, 路逢良賢, 途中授與, 若不逢良賢, 父子不傳.

제1, 송조(宋朝: 南朝의 劉宋, 424~478)의 구나발타라求那跋陀羅삼장은[78] 남천축국(남인도)인이다. 대승으로 수학하여 당시 마하연摩訶衍으

---

[76] 동도는 낙양이다.
[77] 태행산 영천곡은 懷州에 있다. 지금의 하남성 沁陽縣의 동북부. 이곳은 이전에 北齊의 僧稠(480~560)가 선정을 닦은 곳이다. 淨覺은 僧稠의 遺德을 기리어 출가하였었다.

로[79] 칭해졌다. 원가(劉宋 太祖 때 연호, 424~453)연간에 배를 타고 광주廣州에 왔다. 유송劉宋의 태조가 단양군에서 맞이하고, 『능가경』을 역출하게 하였다.[80] 왕과 공경 및 도속이 선법의 가르침을 개시開示해주실 것을 청하였다. 구나발타라삼장은 아직 중국말을 잘할 수 없음을 부끄럽게 생각하였다. 바로 그날 저녁 꿈에 어떤 사람이 검劍으로 머리〔首〕를 바꾸었다. 이로부터 곧바로 (중국말을 할 수 있게 되어) 선법을 펴게 되었다. (구나발타라)삼장이 말하였다.

이 땅은 동쪽 변두리에 위치하여 도를 닦는 데 올바른 법을 알지 못하며, 올바른 법을 모르는 까닭에 혹은 소승과 2승(3승과 2승)의 법에 떨어지며, 혹은 95종의 외도법에[81] 떨어지고, 혹은 귀신선鬼神禪

---

78 구나발타라삼장에 대해 가장 상세한 전기는 『출삼장기집』에 수록된 「구나발타라전」이다. 본서의 제2장에 그 전문을 번역하여 실었다. 참조하길 바란다.
그리고 구나발타라삼장을 능가선의 초조로 기술하고 있는 것은 이 밖에 淨覺이 지은 『주반야바라밀다심경注般若波羅蜜多心經』에 대해 李知非가 略序한 내용 가운데 『고선훈古禪訓』에서 인용한 다음 글에 보인다. "『古禪訓』에 이르길, 宋(南朝 劉宋) 太祖時에 구나발타라삼장 선사가 남천축국으로부터 능가전등楞伽傳燈하였으니 이름하여 南宗이라 한다. 다음으로 보리달마선사에게로 전해지고, 다음으로 (惠)可禪師에게로 전해졌으며……"
79 마하연摩訶衍은 '大乘'의 범어 마하야나Mahāyāna을 음역한 말이다.
80 중국에 첫 역출된 『능가경』은 담무참(曇無讖, 385~433년)역 4권본인데 얼마 되지 않아 망실되었다. 그 다음으로 구나발타라삼장에 의해 중국에 번역 소개된 『능가경』이 4권본으로 경명은 『능가아발다라보경楞伽阿跋多羅寶經』이다. 劉宋 원가 12년(435년)에 금릉의 草堂寺에서 번역하였다. 중국에서 번역되어 현존하는 3종 『능가경』 가운데 가장 분량이 적다. 7권본인 『대승입능가경』과 가장 가까운 내용이나 이에 비해 맨 앞의 라바나왕권청품과 다라니품(1권) 및 게송품(2권)이 없다.
81 六師外道에 각 15제자가 있어 90이고 여기에 六師를 합하여 96종 외도라고 칭하나,

에[82] 떨어져서 모든 사물을 투시하거나 타인의 집안의 길흉을 예견하는 일을 하고 있다. 괴롭도다! 대화大禍로다! 대화로다! 스스로 (잘못된 길에) 빠지고 남도 빠지게 한다. 이들이 오랜 세월 동안 귀신도에 떨어져 오래도록 생사를 받으며, 해탈하지 못하고, 혹은 금술법禁術法에 떨어져 귀신을 부리거나, 남의 집의 길흉을 예견하는 일을 하면서 거짓으로 설하길, '자신은 좌선 관행觀行을 한다'고 말하나 범부들은 눈이 멀고 미혹하여 사실을 알지 못하고 (그러한 자들을) 성도聖道에 오른 이라고 설한다. 모두 다 이들에게 항복하여 이것이 귀신사매법鬼神邪魅法인 줄 알지 못하고 있는 것을 나는 불쌍히 여긴다. 우리 중국(여기서는 인도를 말함)에는 정법正法이 있으나 비장하고 전하지 않다가 인연 있는 근숙자(根熟者: 근기가 익은 자)를 골라서 전하는데, 길에서 훌륭한 현인을 만나면 길을 가다가도 법을 수여하고, 훌륭한 현인을 만나지 못하면 부자父子라도 전하지 않는다.

〈楞伽經〉云,「諸佛心第一」.
我教授法時, 心不起處是也. 此法超度三乘, 越過十地, 究竟佛果處, 只可默心自知. 無心養神, 無念安身, 閑居淨坐, 守本歸眞.

어느 곳에서는 95종 외도로 칭하기도 한다.

82 귀신선이란 귀신 경계에 빠져서 하는 선이다. 아직 망념이 있다면 그 망념이 귀신 경계이다. 그런데 뒤의 글 내용으로 보아 세속적인 이익을 위해 귀신을 부리는 술법 등도 포함하여 말한 것으로 보인다. 또는 『능엄경』에 설명된 바와 같이 수행 중에 무엇을 얻겠다는 욕심을 내면 그 틈을 타서 각종 魔와 귀신이 들어와 여러 신통 경계를 보여주는데, 수행자는 이를 자신이 성취한 것으로 착각한다. 결국 그 귀신에게 이용당하고 수행으로 쌓은 공력을 빼앗기어 폐인이 된다.

『능가경』에[83] 설하였다.

"제불諸佛의 심심心心이 제일第一이옵니다."

내가 법을 교수敎授할 때에 심심心心이 일어남이 없는 그 자리가 바로 이것(諸佛의 心)이다. 이 법은 3승(3승·2승·보살승)을 초월하며, 보살 10지(법운지)를 넘어 불과처佛果處를 구경으로 하나니, 단지 묵심默心하여 스스로 깨달아 알 뿐이다. 무심無心으로 양신(養神: 養心)하고, 무념無念으로 안신安身하며, 한거閑居 정좌淨坐하여 본本을 지키고 진眞에 돌아간다.

我法秘默, 不爲凡愚踐識所傳. 要是福德厚人, 乃能受行. 若不解處 六有七八, 若解處 八無六七. 擬作佛者, 先學安心. 心未安時, 善尚非善, 何況其惡. 心得安定時, 善惡俱無作.
〈華嚴經〉云, 「法法不相見, 法法不相知」.
至此國來 尚不見修道人, 何況安心者. 時時見有一作業人, 未契於道. 或在名聞, 或爲利養. 人我心行, 嫉妬心造. 云何嫉妬. 見他人修道, 達理達行, 多有人歸依供養, 即生嫉妬心, 即生憎嫌心, 自恃聰明, 不用勝己, 是名嫉妬. 以此惠解, 若晨若夜, 勤修諸行, 雖斷煩

---

83 이 뜻에 대해서는 앞의 解題에서 간략히 설명하였다.
　『능가아발다라보경』 권제1의 게송에 나오는 구절이다. 대혜보살이 법문을 청하면서 "위없는 世間解이시어! 설하신 저 게송을 듣자오니, 대승의 모든 해탈문 가운데 諸佛心이 第一이옵니다[大乘諸度門 諸佛心第一]."고 하였다.

惱, 除其擁礙, 道部交競, 不得安靜, 但名修道, 不名安心. 若爾縱行六波羅蜜, 講經坐二禪三禪, 精進苦行, 但名爲善, 不名法行. 不以愛水漑灌業田, 復不於中種識種子, 如是比丘, 名爲法行.

나의 (선)법은 비장되어 있고 말로 드러낼 수 없는지라 어리석고 얕은 소견의 범부들에게 전할 바가 아니다. 요컨대 복덕이 두터운 사람이라야 능히 받아 행할 수 있다. 이해하지 못하는 곳이라면 여섯에 일고여덟에 이르고, 이해하는 곳이라면 여덟에 여섯일곱도 안 된다.[84] 성불하고자 할진대 먼저 안심安心하는 것을 배워야 한다. 아직 안심이 안 되었을 때는 선善도 또한 선이 아니거늘 하물며 악이야 어떠하겠는가. 마음이 안정하게 되었을 때 선과 악 모두 지음이 없게 된다. 『화엄경』에서[85] 설하였다.

"법(法: 존재)과 법(존재)은 서로 보지 못하고, 법과 법은 서로 알지 못한다."[86]

이 나라에 들어온 이래 아직 도를 제대로 닦는 이를 보지 못하였는데 하물며 안심을 이룬 이야 어떠하겠는가. 때때로 행업行業을 어느 정도

---

[84] 원문은 "若不解處 六有七八, 若解處 八無六七."이다. '여섯에 일고여덟이나 된다'는 것은 아마 이해하지 못하는 곳은 그 정도가 한층 심하다는 뜻이고, '여덟에 여섯일곱도 안 된다고 한 것은, 이해하는 곳은 온전히 이해하는 것이 아니라 얕게 이해하는 데 불과하다는 뜻이 아닌가 한다. 유전성산은 이 句의 뜻이 분명치 않다고 하고 있다. 앞의 『禪史Ⅰ』 106쪽.
[85] 『화엄경』이 아니라 『마하반야바라밀경(大品經)』 권20에 나온다.
[86] 본래 知함이 없음을 뜻한다.

하는 이를 보기도 하나 아직 도에 계합(契合: 합치)되지 못하고 있다. 혹 어떤 이는 명예를 위해, 혹은 이익과 생업을 위해 수행한다. 인아상(人我相: 아상)의 마음으로 수행하며 질투의 마음을 낸다. 질투란 무엇인가? 타인이 수도하여 이리와 행行을 통달하니 많은 사람들이 그에게 귀의 공양하는 것을 보고 곧 질투심을 내고, 곧 미워하는 마음을 내며, 스스로 총명하다고 자부하여 자신보다 뛰어날 수 없다고 생각하는 것, 이것을 질투라고 한다.

 이 혜해慧解로 아침이나 저녁이나 부지런히 여러 행을 닦아 비록 번뇌를 끊고, 장애를 제거하였다 하더라도 도에 대한 집착의 장애가 다투어 일어나 안정安靜을 얻지 못하니, 단지 이는 '수도修道'라고 이름할 뿐, '안심安心'이라 칭하지는 못한다. 만약 이리저리 육바라밀을 행하고, 경을 강설하며 2경更, 3경까지 밤늦도록 정진 고행한다 하더라도 이는 단지 선이라 이름할 수 있을 뿐, 법행(法行: 理法에 합당한 행, 如法 如理한 行)은 아니다. 애착의 물로써 업의 밭에 관개灌漑하지 아니하고, 다시는 마음에 식식의 종자를 심지 아니하는, 이와 같은 비구의 행을 이름하여 법행法行이라 한다.

今言安心者, 略有四種. 一者背理心, 謂 ·向凡夫心也. 二者向理心, 謂厭惡生死, 以求涅槃, 趣向寂靜, 名聲聞心也. 三者入理心, 謂雖復斷鄣顯理, 能所未亡, 是菩薩心也. 四者理心, 謂非理外理, 非心外心, 理卽是心. 心能平等, 名之爲理, 理照能明, 名之爲心, 心理平等, 名之爲佛心. 會實性者, 不見生死涅槃有別. 凡聖無二. 境智無二, 理事俱融, 眞俗齊觀, 染淨一如, 佛與衆生, 本來平等一

際.〈楞伽經〉云,
「一切無涅槃　無有涅槃佛
無有佛涅槃　遠離覺所覺,
若有若無有　是二悉俱離.」

　여기서 말한 안심安心에는 간략히 네 가지가 있다. 일一은 이理에 위배되는 심心이니, 일상의 범부심을 말한다. 이二는 이理에 향하는 심心이니, 생사를 싫어하고 열반을 구하며, 적정寂靜에 따른다. 이를 성문심聲聞心이라 이름한다. 삼三은 이理에 들어가는 심心이니, 비록 다시 장애를 끊고 이理를 드러내었다 하더라도 아직 능(能: 주관, 인식하는 자)과 소(所: 객관, 인식의 대상)가 없어지지 않았음을 말하니 이는 보살심이다. 사四는 이심(理心: 理 그대로 心임)이니, 이理 밖에 다른 이理가 없고, 심心 밖에 다른 심心이 없어 이理가 곧 심心이며, 심心이 능히 평등함을 설한다. 심心이 능히 평등함, 이를 이름하여 '이理'라 하고, 이理를 비추어 능히 밝음, 이를 이름하여 '심心'이라 한다. 심心과 이理가 평등함, 이를 이름하여 '불심佛心'이라 한다. 실성實性에 회(會: 계합)함이란, 생사와 열반을 차별하여 보지 아니하는 것이다. 범부와 성인이 둘이 아니며〔無二〕, 경(境: 경계, 대상)과 지(智: 여기서는 대상이나 지혜를 관조하는 것, 能智)가 무이無二이고, 이理와 사事가 함께 융섭融攝되어 있으며, 진眞과 속俗이 평등하고, 염(染: 물듦)과 정(淨: 맑음, 분별 떠남)이 일여一如이고, 불佛과 중생이 본래 평등하여 일제(一際: 分際가 사라져 하나로 됨)이다.
　『능가경』에[87] 설한다.

"일체 어디에나 열반 없사오니
열반하신 부처님도 없고
부처님의 열반도 없어
각(覺: 能覺, 覺者)과 소각(所覺: 대상으로서의 覺)을 멀리 떠났으며,
유有이든 무유無有이든 이 둘을 모두 함께 떠났나이다."

大道本來廣遍, 圓淨本有, 不從因得. 如似浮雲底日光, 雲霧滅盡, 日光自現. 何用更多廣學知見, 涉歷文字語言, 覆歸生死道. 用口說文, 傳爲道者, 此人貪求名利, 自壞壞他. 亦如磨銅鏡, 鏡面上塵落盡, 鏡自明淨.
〈諸法無行經〉云,「佛亦不作佛, 亦不度衆生, 衆生强分別, 作佛度衆生..」而此心不證, 是卽無定. 證則有照, 緣起大用, 圓通無碍, 名大修道. 自他無二, 一切行一時行, 亦無前後, 亦無中間, 名爲大乘. 內外無著, 大捨畢竟, 名爲檀波羅蜜. 善惡平等, 俱不可得, 卽是尸波羅蜜. 心境無違, 怨害永盡, 卽是忍波羅蜜. 大寂不動, 而萬行自然, 卽是精進波羅蜜. 繁興妙寂, 卽是禪波羅蜜. 妙寂開明, 卽是般若波羅蜜. 如此之人, 勝上廣大, 圓涉無碍, 德用繁興, 是爲大乘.

대노는 본래 넓고 두루하며, 원만하고 청정하고, 본래 있는 것이어서 인연으로 얻어지는 것이 아니다. 떠 있는 구름 속의 일광日光과 같이 운무雲霧가 사라지면 일광은 스스로 나타난다. 어찌 더욱 많은 지견을

---

87 『능가아발다라보경』 卷第一의 게송에 나오는 구절이다. 대혜보살이 법문을 청하기 전에 부처님을 찬탄하는 글 가운데 있다.

널리 배우고, 문자어언文字語言을 섭렵하며 다시 생사의 길에 돌아갈 필요가 있겠는가. 말과 글로 도를 전하는 자,[88] 이 사람은 명리名利를 탐하여 자신을 파괴하고 남도 파괴한다. 또한 구리거울을 문지르면 거울의 면 위에 있는 먼지가 모두 없어지고, 거울이 스스로 밝고 맑게 되는 것과 같다.

『제법무행경諸法無行經』에서[89] 설한다.

"불佛 또한 불佛을 작作하지 않으며, 또한 중생을 제도하지 않으나, 중생을 위해 억지로 분별하여 불佛을 작作하고 중생을 제도한다."

그러나 이 마음을 체증體證하지 못하면 아무 것도 이루어지는 것이 없다. 체증體證하면 비춤(照)이 있게 되어 연기緣起 대용大用하고, 원통圓通하여 걸림 없게 되니 이를 대수도大修道라 이름한다. 자타自他가 무이無二하고, 일체의 행과 일시一時의 행에 또한 전후가 없으며, 또한 중간이 없음을 이름하여 대승이라 한다. 내외에[90] 집착함이 없고, 크게 온전히 버려 남기지 않음을 이름하여 단바라밀(檀波羅蜜: 보시바라밀)이라 한다. 선악이 평등하여 모두 얻을 수 없음, 이것이 곧 시바라밀(尸波羅蜜: 지계바라밀)이다. 마음과 경계가 다름이 없고, 원한과 해악을 끼치려는 마음이 영원히 멸진滅盡함, 이것이 곧 인바라밀(忍波羅蜜: 인욕바라밀)이다. 크게 고요하여 부동不動하되, 만행이 자연함, 이것이

---

88 自心에서 聖智를 證하려고 하지 아니하고, 名利를 위해 경을 말로 강설하는 데만 열중하는 것을 말한다.
89 『제법무행경』 卷下의 게송.
90 內外의 內는 인식하는 主觀, 즉 能을 말하고, 外는 그 대상 경계인 所를 설한다.

곧 정진바라밀精進波羅蜜이다. 활발히 묘적妙寂을 흥기興起함,[91] 이것이 곧 선바라밀(禪波羅蜜: 禪定바라밀)이다. 묘적妙寂이 개명함開明함, 이것이 곧 반야바라밀般若波羅蜜이다. 이와 같은 행을 하는 이는 뛰어나게 높고 광대하며, 원통圓通하여 걸림 없으며, 공덕의 용用이 활발히 일어나나니, 이것이 대승이다.

※

有求大乘者, 若不先學安心, 定知誤矣.
〈大品經〉云, 「諸佛五眼觀衆生心及一切法, 畢竟不見.」
〈華嚴經〉云, 「無見乃能見.」.
〈思益經〉云, 「非眼所見, 非耳鼻舌身意識所知, 但應隨如相, 見如眼如, 乃至意如法位如亦如是. 若能如是見者, 是名正見.」
禪決曰, 「蝙蝠角鵄 晨不見物, 夜見物者, 皆是妄想顚倒故也. 所以者何. 蝙蝠角鵄見他闇爲明, 凡夫人見他明爲闇. 皆爲是妄想, 以顚倒故. 以業障故, 不見眞法. 若然者, 明不定明, 闇不定闇. 如是解者, 不爲顚倒惑亂, 卽入如來常樂我淨中也.」

---

91 또 『二入四行論長卷子』(『(보리)달마론』)에 다음의 법문이 있다.
　"부처님의 가르침으로 도를 따르고자 하건대 마음을 돌덩이石頭와 같이 무무히 감각함도 없고 지함도 없고 분별함도 없이 하여 일체 이느 때나 등등하게(활기차게) 어리숙한 사람인 듯하게 있으라. 왜 그러한가. 法(존재)이란 覺知함이 없는 까닭이다."
　돌덩이처럼 있되 어느 때나 등등하게 있으라고 하였다. 적멸이고 지함이 없다 하여 축 늘어진 상태가 전혀 아니다. 기세등등하게, 활기차게 그러함이다. 그래서 활기찬 적멸행이요 (기세)등등한 無知行이다. 이렇게 해야 망념의 출현이나 끌림에 무너지지 아니하고 곧바로 나아갈 수 있다. 또한 이렇게 함이 이미 선정이다.

대승을 구하는 자로서 만약 먼저 안심安心을 배우지 않는다면 반드시 잘못될 것이다.

『대품경(반야경)』에서[92] 설한다.

"제불諸佛은 오안(五眼: 肉眼·天眼·慧眼·法眼·佛眼)으로 중생의 마음과 일체법을 필경에 보지 않는다."

『화엄경』에서[93] 설한다.

"봄(見)이 없어야 능히 볼 수 있다."

『사익경思益經』에서[94] 설한다.

"(이 聖法位의 相은)[95] 안(眼, 눈)으로 보여지는 것이 아니고, 이(耳, 귀)와 비(鼻, 코)와 설(舌, 혀)과 신(身, 몸)과 의(意, 意根)로 알

---

[92] 똑같은 문장은 보이지 아니하고, 『마하반야바라밀경』 권14 佛母品에 약간 다르게 표현된 어구가 있다.
"부처님께서 수보리에게 말씀하셨다.
'중생심은 無相이니나, 佛은 (마하반야바라밀로 중생심이) 無相임을 如實하게 知하느니라. (중생심의) 自相이 空한 까닭이니라. 또한 수보리여! 佛은 五眼으로 중생심을 볼 수 없음을 (여실하게) 아느니라.'"
요컨대 五眼으로 중생심을 볼 수 없다 함은 중생심이 無相인 까닭이다.
[93] 『화엄경』 권7에 있다.
[94] 『思益梵天所問經』 등행품 제14의 구절이다. 사익범천이 불퇴전천자에게 한 말이다.
[95] 인용문 바로 앞의 경문에 "是(聖)法位相"이 있다.

수 있는 것이 아니다. 단지 여如한[96] 상相에 응하여 따를 뿐이니, 견見이 여如하며, 안眼이 여如하고, 내지 의意가 여如하며, 법위法位가 여如함 또한 이와 같다. 만약 능히 이와 같이 견見한다면, 이것이 정견正見이다."

『선결禪決』에서[97] 설한다.

"박쥐와 부엉이가 낮에는 사물을 보지 못하고 밤에 사물을 보는 것은 모두 망상으로 전도(顚倒: 거꾸로 됨. 잘못됨)된 까닭이다. 왜 그러한가. 박쥐와 부엉이는 다른 것을 보는 데 있어서 어두움이 밝음이 되고, 범부인 사람은 다른 것을 보는 데 있어서 밝음이 어두움이 된다. 이것들은 모두 망상이니 전도顚倒인 까닭이다. 업장으로 그러한 까닭에 참다운 법을 보지 못하는 것이다. 그러하건대 밝음이 정해진 밝음이 아니며, 어두움이 정해진 어두움이 아니다. 이와 같이 아는 이는 전도顚倒로 인한 미혹의 혼란에 있지 아니하고, 곧바로 여래의 상락아정常樂我淨에[98] 들어간다."

大法師云,

---

96 여기에서 '如'는 無差別이고 無相임을 설한다. '如한 相'이란 곧 평등하여 無相인 相이다.

97 어떤 書인지 不明.

98 상락아정은 열반(여래, 佛性)의 네 가지 공덕이고 眞我이다. 常은 생멸을 떠난 영원, 樂은 온전한 즐거움, 我는 상락의 眞我, 淨은 분별을 떠난 청정함이다.

"〈楞伽經〉說,「云何淨其念」者, 遣物令妄想, 勿令漏念, 念佛極著力, 念念連注不斷, 寂然無念, 證本空淨也."

又云, "一受不退, 常寂然, 則佛說云何增長也."

又云, "從師而學, 悟不由師. 凡教人智惠, 未嘗說法. 就事而徵, 指樹葉是何物.?"

又云, "汝能入甁入柱, 及能入火穴, 山杖能說法不?."

又云, "汝身入心入."

又云, "屋內有甁, 屋外亦有甁不. 甁中有水不, 水中有甁不, 乃至天下諸水一一中, 皆有甁不.?"

又云, "此水是何物.?"

又云, "樹葉能說法, 甁能說法, 柱能說法, 屋能說法, 及地水火風, 皆能說法, 土木瓦石亦能說法者何也?."

대법사께서[99] 말씀하셨다.

"『능가경』에서[100] '어떻게 그 상념을 청정하게 하옵니까?'[101]라 하였나니, 사물에 대한 분별을 버리어 망상이 일어나지 않게 하며, 번뇌가 일어나지 않도록 하고, 전력을 다하여 염불하며, 염념念念히 끊임없이 이어가서 적연(寂然: 고요함) 무념無念하게 되면 본래 텅 비어(空) 청정함을 체증體證하느니라."

또 말씀하셨다.

---

99 구나발타라삼장을 지칭함.
100 『능가아발다라보경』 一切佛語心品 第一에서 대혜보살이 108事의 질문을 하는 가운데 첫 번째 구절이다.
101 7권본인 『대승입능가경』은 "云何淨計度(어떻게 분별을 청정히 합니까?)"이다.

"한번 법을 받아 믿으면 퇴보하는 마음을 내지 아니하고, 항상 고요함을 이어간다면, 부처님께서 설하시되 '어찌 (분별의 念이) 증장되겠는가.'라 하였다."

또 말씀하셨다.

"스승 따라 배우되, 깨달음은 스승으로 말미암지 않는다. 무릇 사람에게 지혜를 가르치되 아직까지 법을 설한 바가 없다. 사물에 나아가(사물을 가리켜) 험증驗證하니, 나뭇잎을 가리키며, '이것이 어떤 물건인가?'라고 설한다."

또 말씀하셨다.

"네가 능히 물병(水甁)에 들어갈 수 있고, 기둥에 들어갈 수 있으며, 그리고 불구덩이에 들어갈 수 있다. (그러한데) 나무지팡이가 설법할 수 있는가 없는가?"

또 말씀하셨다.

"(물병이나 기둥에 들어갈 때) 너의 몸이 들어가는가, 마음이 들어가는가?"

또 말씀하셨다.

"집 안에 물병이 있는데, 집 밖에도 또한 물병이 있는가? 없는가? 물병 안에 물이 있는 것인가? 물 안에 병이 있는 것인가? 내지 천하의 모든 물 가운데 모두 물병이 있는 것인가?"

또 말씀하셨다.

"이 물(水)은 어떠한 물건인가?"

또 말씀하셨다.

"나뭇잎이 능히 법을 설하고, 물병이 능히 법을 설하며, 집이 능히 법을 설하고, 내지 지수화풍地水火風이 모두 능히 법을 설하며, 토목와

석土木瓦石이 또한 능히 법을 설한다는 것은 무슨 말인가?"

2) 보리달마삼장

第二, 魏朝三藏法師菩提達摩, 承求那跋陀羅三藏後. 其達摩禪師, 志闡大乘, 泛海吳越, 遊洛至鄴. 沙門道育惠可, 奉事五年, 方誨四行. 謂可曰,
"有〈楞伽經〉四卷, 仁者依行, 自然度脫."
余廣如〈續高僧傳〉所明.
〈略弁大乘入道四行弟子曇林序〉
「法師者西域南天竺國人, 是大波羅門國王第三之子也. 神惠疎朗, 聞皆曉晤. 志存摩訶衍道故, 捨素從緇, 紹隆聖種, 冥心虛寂, 通鑒世事, 內外俱明, 德超世表. 悲悔邊隅正教陵替, 遂能遠涉山海, 遊化漢魏. 亡心寂默之士, 莫不歸信, 取相存見之流, 乃生譏謗. 于時唯有道育惠可, 此二沙門, 年雖後生, 俊志高遠, 幸逢法師, 事之數載, 虔恭諮啓, 善蒙師意. 法師感其精誠, 誨以眞道. 如是安心, 如是發行, 如是順物, 如是方便, 此是大乘安心之法, 令無錯謬. 如是安心者壁觀, 如是發行者四行, 如是順物者防護譏嫌, 如是方便者遣其不著. 此略序所由, 意在後文..」

제2. 북위北魏의 삼장법사 보리달마菩提達摩는 구나발타라삼장을 계승하였다.[102] 달마선사는 대승을 널리 펴는 데 뜻을 두고 바다를

---

[102] 여기서 '계승하였다'고 한 것은, 직접 스승과 제자로서 가르침이 이어졌다는 것이

건너 오월(吳越: 廣州지역)에 온 후 낙양을 거쳐 업(鄴: 하남성 임장현)에 이르렀다. 사문 도육道育과 혜가가 받들어 모시길 5년이 되어서야 비로소 사행(四行: 후술하는 '理入四行', 또는『달마사행론』법문)을 가르쳤다. (달마대사가) 혜가에게 말하였다.

"『능가경』4권이 있으니, 인자仁者가 이에 의거하여 행한다면 자연히 해탈할 수 있을 것이다."

그 밖의 사실에 대해서는『속고승전』에 널리 설명한 바와 같다.『약변대승입도사행略弁大乘入道四行, 제자담림서弟子曇林序』〔(달마대사가) 대승의 도에 들어가는 四行에 대해 간략히 설한 법문에 대해 제자 曇林이 序한 글〕에 설한다.

법사는 서역 남천축국(남인도)인이며, 대바라문국왕의 셋째 아들이다. 지혜가 신이하고 통명通明하여 듣고는 모두 다 깨달았다. 마하연(大乘)의 도에 뜻을 둔 까닭에 세속을 버리고 승가에 들어와 성종聖種을 잇고 흥륭시켰으며, 묵연默然의 허적虛寂한 마음수행과 더불어 세간의 일에도 통감(通鑒: 통하여 鑑戒로 삼음)하여 내외(佛法과 세속의 법)에 모두 밝았으니 ᄀ 덕망이 세간의 대표되는 높은 이를 뛰어넘었다. 변방(중국을 말함)에 정교(正教: 正法)가 쇠퇴해가고 있는 것을 슬퍼하여 마침내 멀리 산과 바다를 건너 한위(漢魏: 중국)의 땅을 선교하게 되었다. 무심無心 직묵寂默의 행을 하는 수행자들은 귀의하여 믿지

아니고,『능가경』을 傳持·傳授한 것에 의거한 것이다.

않는 자가 없었으나, 상相을 취착取着하고 견(見: 我見과 法見, 我相과 法相)이 있는 이들은 비방하였다. 이때 오직 도육道育과 혜가惠可, 이 두 사문은 나이는 비록 어렸으나 높고 심원深遠한 준지(俊志: 뛰어난 뜻)를 지니고 있었는데 다행히 법사(달마대사)를 만나게 되어 수년 동안 모시면서 가르침을 경건하고 공손히 받들어 스승의 뜻을 잘 받아들였다. 법사는 그 정성에 감심하여 진도眞道를 가르쳤다.

"이와 같이 안심安心하며, 이와 같이 행을 발하고, 이와 같이 사물에 순응하고, 이와 같은 방편을 행하라. 이것이 대승의 안심법문이니, 어긋남이 없도록 하라. 이와 같이 안심의 행을 하는 자는 벽관壁觀할[103] 것이며, 이와 같이 행을 발하는 자는 사행四行을 행할 것이며, 이와 같이 사물에 순응하는 자는 비방하거나 꺼려하지 않도록 마음을 잘 지켜야 하고, 이와 같이 방편을 행하는 이는 사물을 버리어 집착하지 않아야 하느니라."

이것으로 그 가르침의 유래에 대해 간략히 서序하였다. (상세한) 내용에 대해서는 다음 글에 기술한다.

---

103 벽관壁觀이란, 모습의 면으로는 보통 달마대사의 면벽좌선, 즉 벽을 대하고 좌선함을 말한다. 또 뜻의 면으로는 본서에서 설하고 있는 능가선을 행함이다. 본래 흔들림 없고 물듦이 없는 심성의 뜻에 따라 흔들림 없음이 그 行相이다. 道宣은 『속고승전』 습선편을 총결하는 글에서 이르길, "보리달마는 근본의 가르침(宗)에 居하여 神化하며 江淮와 낙양 지역에서 闡揚하고 이끌었는데 대승 壁觀의 功業이 최고이다. 세간의 學流가 앙모하여 귀의하니 시장과 같이 붐볐다."고 하였다. (『속고승전』 권제20 習禪第五僧徹傳 말미에 "論曰……")

「理入者, 謂藉敎悟宗, 深信含生凡聖同一眞性, 但爲客塵妄覆 不能顯了. 若也捨妄歸眞, 凝住壁觀, 無自他 凡聖等一 堅住不移, 更不隨於言敎, 此卽與眞理冥符 無有分別 寂然無名, 名之理入.」

이입理入이란, '교교敎에 의지하여 종(宗: 심성, 진리, 진여)을 깨달아 들어가는 것(자교오종藉敎悟宗)'이니, 모든 중생이 동일한 진성眞性이나 객진(客塵: 물질과 상념 등 마음의 대상이 되는 것. 경계) 망상으로 덮이어 드러나지 못하고 있을 뿐임을 깊이 믿는 것이다. 망상을 버리고 진성眞性에 돌아가고자 할진대, 응념凝念과 부동不動의 벽관壁觀을 행하여, 자타가 각기 어디에 따로 있는 것이 아니며,[104] 범부와 성인이 평등하여 둘이 아님에 굳건히 안주하여 흔들리지 아니하고, 여기에서 다시 문자를 좇지 아니할지니. 이러하면 진리와 더불어 합치하게 되어 분별함이 없게 되고 적연寂然 무위無爲〔無名〕하게[105] 된다. 이를 이름하여 이입(理入: 理法을 알아 들어감)이라 한다.

---

104 본문 '無自他'는 『속고승전』 권제16 습선편의 보리달마전에서는 '無自無他'이고, S2054本(『敦煌禪宗文獻集成』 上卷, 29쪽)은 '自他'로 '無'字가 없다. 그러니 自他를 뒷 句에 연결하여 '自他와 凡聖이 等一하다'로 해석해도 뜻이 통하여 어느 쪽이든 별 문제는 없다.

105 본문은 '無名'이고 S2054本과 P3436本도 마찬가지이다. 한편 앞의 『속고승전』 권16 보리달마전의 글에는 '無爲'로 되어 있다. 열반은 곧 적멸이고 寂然이며, 無名이고 無相이니 곧 無爲이다. 그래서 서로 통한다. 그러나 無爲로 해석하는 것이 더 쉬울 것 같아 이쪽을 택하였다.

「行入者, 所謂四行. 其餘諸行悉入此中. 何等爲四行. 一者報冤行, 二者隨緣行, 三者無所求行, 四者稱法行.
云何報冤行. 修道行人 若受苦時, 當自念言, 我從往昔, 無數劫中, 棄本從末, 流浪諸有, 多起冤憎, 違害無限. 今雖無犯, 是我宿殃 惡業果熟 非天非人所能見與, 甘心忍受 都無冤訴.
經云, '逢苦不憂. 何以故, 識達本故.' 此心生時 與理相應, 體冤進道. 是故說言報冤行.」

　행입行入이란, 네 가지 행이다. 그 나머지의 모든 행은 모두 이 가운데 들어간다. 네 가지 행이란 어떠한 것인가. 첫째는 보원행報冤行이고, 둘째는 수연행隨緣行, 셋째는 무소구행無所求行, 넷째는 칭법행稱法行이다.
　무엇을 보원행報冤行이라 하는가. 수행인이 고통을 받고 있을 때 마땅히 스스로 생각하길, '내가 과거 이래 무수한 겁 동안에 본(本: 本性, 眞性, 법성, 불성, 진아, 眞如)을 버리고 말(末: 대상, 假我, 망념)을 좇아 제유(諸有: 모든 중생 生類)에 유랑(윤회)하며 수많은 원망함과 증오를 일으키고 남을 거슬려 해를 끼침이 한없이 많았다'고 하는 것을 말한다. 금생에서는 비록 죄업을 짓지 아니하고 있으나, 이렇게 고통을 받고 있는 것은 내가 숙세宿世로부터 지은 악업의 과보가 지금에 이르러 익어 드러나게 된 것이라, 하늘이 내린 것도 아니고 다른 사람이 가한 것도 아닌 것이므로, 감심甘心으로 인내하며 받아들여 조금도 억울하다고 호소하거나 원망하지 않는 것이다. 경에서 설한다.

"고난을 만나게 되더라도 근심하지 않는다. 왜 그러한가. 그러한 도리를 완전히 체달體達하였기 때문이다."

이렇게 마음에서 체달하게 되었을 때에 진리에 상응하게 되어 원망함과 증오함의 체성을 깨달아 도에 나아가게 되기 때문에 보원행報冤行이라고 한다.

🌸

「二隨緣行者. 衆生無我 並緣業所轉, 苦樂齊受 皆從緣生. 若得勝報榮譽等事 是我過去宿因所感. 今方得之 緣盡還無 何喜之有. 得失從緣 心無增減 喜風不動 冥順於道. 是故說言隨緣行.」

둘째, 수연행隨緣行이다. 중생은 무아無我이며, 단지 모두 업연業緣으로 전전하게 되는 것이고, 고락을 함께 받는 것도 모두 인연에 의한 것이다. 뛰어난 과보와 영예 등의 일을 얻게 된다면 이는 나의 과거 숙세의 인因으로 감득하게 된 것이다. 지금 이렇게 좋은 과보를 얻었으나 그 연緣이 다하면 다시는 없게 될 것인데 어찌 이를 두고 즐거워할 것인가. 얻고 잃음이 인연으로 말미암아 오는 것이고, 본마음에는 본래 더해지거나 감해짐이 없는 것이니, 즐거운 마음에도 흔들림이 없어야 도에 그윽이 따르게(일치하게) 되는 것이다. 이러한 까닭에 수연행이라 한다.

🌸

「三無所求行者. 世人長迷, 處處貪著, 名之爲求. 智者悟眞, 理將俗反,[106] 安心無爲, 形隨運轉, 萬有斯空, 無所願樂. 功德黑暗, 常相隨逐. 三界久居, 猶如火宅. 有身皆苦 誰得而安. 了達此處, 故於諸有息想無求. 經云,「有求皆苦, 無求皆樂」. 判知無求, 眞爲道行.」

셋째, 무소구행(無所求行: 무엇을 구하는 바가 없는 행)이다. 세인이 길고 긴 세월 동안 미혹하여 곳곳에서 탐착함을 '구함(求)'이라고 한다. 지혜로운 이는 진리를 깨달아 그 진리를 지니고 (진리의 힘으로) 세속에 돌아와 안심무위安心無爲하며, 현실 따라 (다른 것을 구함 없이) 임운任運하여 간다. 만유가 모두 공空이라 낙락樂을 원할 바도 없는 것이다. 공덕천功德天과 흑암천黑暗天은 형체와 그림자와 같이 항상 서로 맞물려 따르게 되는 것이다. 삼계(欲界·色界·無色界)에 오래도록 머무는 것은 불난 집에 머물러 있는 것과 같다. 몸이 있게 되면 모두 고통을 받게 되는 것인데 누가 안심을 얻을 수 있을 것인가. 이러한 사실을 요달了達한 까닭에 제유(諸有: 모든 생류)에 있으면서도[107] 모든 분별망상 쉬어서 무엇을 구하는 마음이 없게 된다. 경에서 설하길,

"무엇을 구하는 마음이 있으면 모두 고苦다. 구하는 마음이 없으면 모두 낙樂이다."

---

106 본문은 '反'이나 S2054본(『敦煌禪宗文獻集成』卷上, 30쪽)과 P3436본(同書, 50쪽)은 모두 '及'이다. 전후의 文義로 보아 진리를 깨닫고 세속으로 돌아온다는 뜻이니 '反'은 '返'의 오자일 것이고, '及'은 (세속에) '이른다(至)'는 뜻이 되어 상통한다.

107 '故捨諸有'(까닭에 諸有에 생하는 집착을 버리고)로 되어 있는 본도 있다. 無碍, 「達磨大師的'二入四行觀'與'安心法門'」(『禪宗典籍硏究』禪學專集5, 臺北, 1976)에 인용된 원문.

고 하였다. 구함이 없어야 한다는 뜻을 잘 알아 행함이 참다운 도행道行
이 되는 것이다.

※

「四稱法行者. 性淨之理, 目之爲法. (信解)此理衆相斯空, 無染無
著, 無此無彼. 經云,「法無衆生, 離衆生垢故. 法無有我, 離我垢
故.」智者若能信解此理, 應當稱法而行.
法體無慳, 於身命財, 行檀施捨 心無慳惜, 達解三空, 不倚不著.
但爲去垢, 攝化衆生, 而不取相. 此爲自利, 復能利他, 亦能莊嚴菩
提之道. 檀施旣爾 餘五亦然. 爲除妄想, 修行六度, 而無所行, 是爲
稱法行.」

넷째, 칭법행(稱法行: 法에 일치하는 행)이다. (모든 것의) 성품이 청정하다는 이理를 가리켜 법法이라 한다. 일체의 상相이 모두 공空하다는 이 이치를 신해信解하여, 물들지도 아니하고 집착하지도 아니하며, 이것이다 저것이다 하는 분별도 떠나는 것이다. 경에서 설하길, "법(法: 모든 것의 성품이 청정하다는 理)에는 중생(相)이 따로 없나니, 중생의 허물(垢: 衆生相)을 떠난 까닭이다. 법法에는 아我가 따로 없나니, 내가 있다고 생각하는 (망념, 我相의) 허물을 떠난 까닭이다."고 하였다. 지혜로운 자로서 이러한 이치를 능히 신해信解할 수 있다면 응당 이 법에 따라 (합당하게) 행해야 할 것이니라.

법의 체(理體)에는 인색함이 없나니, 신명身命과 재물을 보시하는 데 인색하거나 아까워하지 아니하며, 삼공(三空: 三解脫, 三三昧: 空·無相·無願[無作])의 뜻을 통달하여 무엇에 의지하거나 집착하지 않는다.

단지 허물(습: 相)을 벗어버리고 중생을 정화하되 상相을 취하지 않나니, 이것이 자리행(自利行: 자신에게 이로움이 되는 행)이며, 또한 능히 이타행(利他行: 남을 이롭게 하는 행)이 되는 것이고, 또한 보리(菩提: 깨달음)의 도를 장엄하나니, 보시가 바로 그러한 행이며 나머지 다섯 가지 행(육바라밀 가운데 지계·인욕·정진·선정·지혜)도 또한 그러하다. 망상을 제거하고 육바라밀을 행하되 행하는 바가 없이 행함이 바로 칭법행稱法行이다.

此四行是達摩禪師親說. 餘則弟子曇林記師言行, 集成一卷, 名之〈達摩論〉也. 菩提師又爲坐禪中, 〈釋楞伽要義〉一卷, 有十二三紙, 亦名〈達摩論〉也. 此兩本論, 文理圓淨, 天下流通. 自外更有人僞造〈達摩論〉三卷, 文繁理散, 不敢行用.

이 4행의 법문은 달마선사께서 친히 설하신 것이다. 나머지 부분은 제자 담림曇林이 달마대사의 언행을 기록하여 1권으로 집성하고 『달마론達摩論』이라 제명題名하였다.[108] 보리달마대사께서는 또 좌선하는 대중을 위하여 『능가경』을 해석한 『능가요의楞伽要義』1권을 기술하셨

---

108 전술한 바와 같이 돈황문서에 근래 학자들이 『二入四行論長卷子』라 假題한 문서가 9종이 있는데, 이 『二入四行論』을 이어 10여 배에 이르는 긴 내용이 이어져 있다. 그 刊本으로는 조선 세조 天順연간에 간경도감에서 발간한 『달마사행론』 및 1907년 경허선사에 의해 발간된 『선문촬요』에 수록된 본이 있다. 이 刊本들은 돈황본에 비해 그 분량이 적지만 내용이 일치한다. 돈황본 가운데 『달마론』 1권이라 한 본도 있다. 달마대사의 어록뿐만 아니라 초기 선사들의 여러 문답식 대화가 수록되어 있다.

는데, 분량이 12~13지紙이고, 또한 이름을 『달마론達摩論』이라 하였
다. 이 양본兩本의 『달마론』은 문리文理가 원만하고 맑아 천하에 유통되
었다. 이 밖에 따로 어떤 사람이 위조한 『달마론』 3권이 있는데, 글이
번잡하고 이리가 산란하니 의거해서는 안 된다.

大師又指事問義, 但指一物, 喚作何物. 衆物皆問之, 迴換物名, 變
易問之.
又云, "此身有不. 身是何身."
又云, "空中雲霧, 終不能染汚虛空. 然能翳虛空, 不得明淨. 〈涅槃
經〉云, 「無內六入, 無外六塵, 內外合故, 名爲中道.」"

대사께서는 또 사물을 가리키며 그 뜻을 질문하곤 하였는데, 단지
한 사물을 가리키며 "무슨 물건인가?" 하고 물었다. 여러 사물에 대해서
도 모두 질문하고 나서는, 돌려서 사물의 이름을 부르고 다시 "이것이
무엇인가?" 하고 물었다.

또 말하였다.

"이 몸이 있는가, 없는가? 몸이란 어떤 것인가?"

또 말하였다.

"공중의 운무雲霧는 결국 허공을 오염시킬 수 없다. 그러나 능히
허공을 가리어 밝고 맑지 못하게 할 수는 있다. 『열반경』에서 설하였
다.[109] '(중생의 佛性은) 안의 육입(六入: 六根: 眼耳鼻舌身意)에 있지 아니

---

[109] 『대반열반경』 권제32 가섭보살품에 나오는 구절이다. 앞뒤의 글을 함께 인용하면
다음과 같다.

하고, 밖의 육진(六塵: 六境: 色聲香味觸法)에 있지 아니하며, 내외가 화합한 까닭에 이름하여 중도中道라 한다.'"

3) 혜가대사

第三, 鄴中沙門惠可, 承達摩禪師後. 其可禪師, 俗姓姬, 武牢人. 年十四, 遇達摩禪師遊化嵩洛, 奉事六載, 精究一乘. 附於玄理, 略說修道, 明心要法, 直登佛果.〈楞伽經〉云,「牟尼寂靜觀 是則遠離生, 是名爲不取 今世後世淨.」. 十方諸佛, 若有一人不因坐禪而成佛者, 無有是處.

　　제3, 업중鄴中[110]의 사문 혜가惠可는 달마선사의 뒤를 계승하였다. 혜가선사는 속성이 희희姬이고 무뇌武牢 사람이다.[111] 14세(40세)에[112]

"선남자여! 나는 중생이 이해할 수 있도록 하고자 佛性이 안에 있지도 아니하고 밖에 있지도 아니하다고 말한 것이니라. 왜 그러한가. 범부중생은 혹은 설하길, 불성이 오음(五陰: 색수상행식)에 머물러 있음이 마치 그릇 속에 과일이 있는 것과 같다 하고, 혹은 설하길, 오음(오온)을 떠나 있음이 마치 허공과 같다고 한다. 이 까닭에 여래는 中道를 설하는 것이다. 중생의 佛性은 內의 六入에 있지도 아니하고, 外의 육진(六塵: 색성향미촉법)에 있지도 아니하며, 內外가 화합한 까닭에 이름하여 中道라 하느니라. 이 까닭에 여래는 佛性이 곧 中道라 설하며, 內도 아니고, 外도 아닌 까닭에 이름하여 中道라 하는 것이니라."

110 업중鄴中은 동위와 북제의 수도였다. 지금의 하남성 안양현이다. 혜가는 동위가 이곳으로 천도한 직후부터 여기에서 활동하였다.

111 『속고승전』권16 僧可(惠可)傳은 武牢가 虎牢로 되어 있다. 당대에는 고조 이연의 선조인 李虎의 名을 피하여 武牢로 불렀다고 한다. 지금의 하남성 榮陽郡 汜水縣의 서부이다.

달마선사가 숭산嵩山 낙양에서 여기저기 다니며 교화하고 계실 때 만나 6년간 받들어 모시며 일승一乘을 정구精究하였다. 현리玄理에 의거하여 수행의 길을 간략히 설하였으며, 심요心要의 법을 설명하여 곧바로 불과佛果에 오르도록 하였다.

『능가경』에서 설한다.[113]

"모니(석가모니불)께옵서는 적정寂靜의 관행觀行 하오시니
멀리 생生을 떠나셨으며,
이를 '취取함 없음'이라 이름하옵고
금세今世도 후세後世도 항상 청정하옵니다."

시방十方의 모든 부처님 가운데 만약 한 분이라도 좌선에 의하지 아니하고 성불한 분이 있다는 것은 도저히 있을 수 없는 일이다.

〈十地經〉云,「衆生身中, 有金剛佛性, 猶如日輪, 體明圓滿, 廣大無邊. 只爲五陰重雲覆障, 衆生不見. 若逢智風飄蕩, 五陰重雲滅盡, 佛性圓照, 煥然明淨.」.
〈華嚴經〉云,「廣大如法界, 究竟如虛空.」. 亦如瓶內燈光, 不能照

---

112 『속고승전』 권16 僧可(惠可)傳은 '年四十'으로 되어 있다. 그런데 전기한 본문의 앞글에서는 '道育과 惠可, 이 두 사문은 나이는 비록 어렸으나……' 라 하였으니 14세가 옳을 수도 있다. 이 문제는 달마대사의 중국 도래 시기 문제와 관련하여 많은 논란이 있고, 아직 분명한 해결이 이루어져 있지 않다.
113 『능가아발다라보경』 권1 一切佛語心品에서 대혜보살이 부처님을 찬탄한 게송에 들어 있는 구절이다.

外. 亦如世間雲霧八方俱起, 天下陰暗, 日光豈得明淨. 日光不壞, 只爲雲霧覆障. 一切衆生淸淨之性, 亦復如是. 只爲攀緣妄念, 諸見煩惱重雲覆障, 聖道不能顯了. 若妄念不生, 默然淨坐, 大涅槃日, 自然明淨.

『십지경十地經』에서 설한다.[114]

"중생의 몸 가운데 금강불성金剛佛性이 있으니 일륜日輪과 같이 체는 밝고 원만하며, 광대무변無邊하다. 단지 오음(五陰: 色受想行識)의 두꺼운 구름에 가리어져 있어 중생이 보지 못할 뿐이다. 만약 지혜의 바람이 휙 불어와 쓸어내 버리면 오음의 두꺼운 구름이 멸진滅盡하여 불성佛性이 원만하게 비추어 훤하게 빛나 밝고 맑을 것이다."

『화엄경』에서 설한다.[115]

"(보살행의) 광대함은 법계와 같고, 구경(궁극)임은 허공과 같다."

---

[114] 『十地經』은 證悟(佛性을 親證 體證함)의 첫 단계인 보살초지(환희지)로부터 보살십지(法雲地)에 이르는 수행계위階位를 설명한 경이다. 『화엄경』의 十地品을 한 경으로 독립시킨 것으로, 구마라지바(구마라즙)의 『十住經』, 당나라 때 尸羅達摩의 『佛說十地經』, 菩提流支의 『十地經論』에서 경문 부분, 신역 『화엄경』과 구역 『화엄경』의 十地品이 모두 해당된다. 그러나 이들 경문에는 본 인용문이 보이지 않는다(柳田聖山, 『禪史1』, 152쪽 참조).

[115] 『화엄경』 권11 功德華聚菩薩十行品 및 권23 十地品 등에 보인다.

또한 (토기로 만든) 병 속의 등불이 밖을 비출 수 없는 것과 같고, 또한 세간의 운무雲霧와 같아 팔방에서 함께 일어나 천하가 컴컴해지면 일광이 어찌 밝고 맑게 비출 수 있겠는가. 그러나 일광이 무너진 것이 아니라 단지 운무가 이를 가렸을 뿐이다. 일체 중생의 청정한 성품도 또한 이와 같다. 단지 (경계에) 반연攀緣하여 일어난 망념과 모든 지견知見 번뇌의 두꺼운 구름이 뒤덮어 성도聖道가 드러나지 못할 뿐이다. 만약 망념이 생하지 아니하고 묵연默然히 정좌淨坐하면 대열반의 일日이 자연히 밝고 맑게 비출 것이다.

俗書云,「氷生於水, 而氷渴水, 氷泮而水通.」妄起於眞, 而妄迷眞, 妄盡而眞現. 卽心海澄淸, 法身空淨也. 故學人依文字語言爲道者, 如風中燈不能破暗, 焰焰謝滅. 若淨坐無事, 如密室中燈, 卽能破暗, 照物分明. 若了心源淸淨, 一切願足, 一切行滿, 一切皆辦, 不受後有. 得此法身者, 恒沙衆中, 莫過有一行. 億億劫中, 時有一人, 與此相應耳. 若精誠不內發, 三世中縱値恒沙諸佛, 無所爲. 是知衆生識心自度, 佛不度衆生. 佛若能度衆生, 過去逢無量恒沙諸佛, 何故我等不成佛. 只是精誠不內發, 口說得心不得, 終不免逐業受形故. 佛性猶如天下有日月, 木中有火, 人中有佛性, 亦名佛性燈, 亦名涅槃鏡. 是故大涅槃鏡, 明於日月, 內外圓淨, 無邊無際. 猶如練金, 金質滅盡, 金性不壞, 衆生生死相滅, 法身不壞. 亦如泥團壞, 微塵不壞, 亦如波浪滅, 水性不壞, 衆生生死相滅, 法身不壞.

속서俗書에서[116] 설한다.

"얼음이 물로부터 생기지만 얼음은 물을 마르게(막히게) 하며, 얼음이 녹으면 물이 통하게 된다."

망妄이 진眞으로부터 일어나지만 망妄은 진眞을 미迷하게 하며, 망妄이 멸진滅盡하면 진眞이 나타난다. 그러하니 마음의 바다가 맑게 되면 법신이 텅 비어 청정하다. 까닭에 학인이 문자어언에 의지하여 도로 삼는 것은 바람 앞의 등불과 같아 어두움을 부술 수 없으며, 타들어가다가 소멸되고 만다. 만약 마음을 일으켜 무엇을 하려 함이 없이[無事]117 정좌淨坐한다면 밀실 속의 등불처럼 능히 어두움을 부수어 사물을 분명히 비출 수 있다. 만약 마음의 바탕이 청정함을 깨달으면, 일체의 원願이 만족되고, 일체의 행이 원만히 갖추어지며, 일체가 모두 이루어지게 되고, 후유(後有: 다음 생에 받는 몸)를 받지 않게 된다. 이 법신을 얻는 이는 항하사의 중생 가운데 하나의 행을 실천하는 이를 벗어남이 없다. 억겁이 억이 되는 세월에서 어느 때 한 사람이 이에 상응할 뿐이다. 만약 정성을 다해 자심自心에서 발심하지 않으면 삼세에 어디에서나 항하사의 모든 부처님을 만나게 되더라도 이룬 바가 없게 된다. 이로써 중생이 마음으로 스스로 해탈하는 것이지 불佛이 중생을 해탈시켜 주는 것이 아님을 안다. 불佛이 중생을 능히 해탈시켜 줄 수 있다고 한다면, 과거에 한량없이 많은 항하사의 제불諸佛을 만났는데, 왜 우리들이 성불하지 못하고 있는 것인가. 이는 단지 정성을 다해 자심에서 발심하지 못한 때문이며, 입으로는 증득하였다 하나 마음에서는

---

116 『荀子』 권학편에 나오는 구절이다.
117 원문의 無事는 무엇을 구하거나 원함이 없이 그대로 안주하는 행, 즉 억지로 생각해내어 행함이 없는 행을 말한다.

증득하지 못하였고, 마침내 업에 따라 후유後有의 몸을 받게 됨을 면하지 못한다. 불성佛性은 마치 천하에 일월이 있고 나무에 화성火性이 있는 것과 같이, 사람 가운데 불성이 있어 또한 불성등佛性燈이라 이름하고, 또한 열반의 거울〔涅槃鏡〕이라 이름한다. 이 까닭에 대열반의 거울〔大涅槃鏡〕은 일월보다 밝으며, 내외가 원만하고 청정하며, 변제邊際가 없다. 마치 연금練金할 때 광석鑛石은 없어져도 금성金性은 무너지지 않음과 같이 중생의 생사의 상相은 멸하여도 법신은 무너지지 않는다. 또한 (토기를 만들 때) 진흙덩이는 무너졌으나 미진微塵은 무너지지 않은 것과 같고, 또한 파도는 멸하였으나 수성水性은 무너지지 않음과 같이 중생의 생사의 상相은 멸하나 법신은 무너지지 않는다.

※

坐禪有功, 身中自證故. 畵餠尚未堪湌, 說食與人, 焉能使飽. 雖欲去其前塞, 飜令後楔彌堅. 〈華嚴經〉云,
「譬如貧窮人, 晨夜數他寶, 自無一錢分, 多聞亦如是.」.
又讀者暫看, 急須倂却, 若不捨, 還同文字學. 則何異煎流水以求氷, 煮沸湯而覓雪. 是故諸佛說說, 或說於不說, 諸法實相中, 無說無不說. 解斯擧一千從.
〈法華經〉云, 「非實非虛, 非如非異」.

좌선을 해야 공효功效가 있는 것이니 몸 가운데서 자증自證하는 까닭이다(身證). 그림 속의 떡은 먹을 수 없거늘 남에게 먹으라고 한들 어찌 배부르게 할 수 있겠는가. 앞에 박혀 있는 쐐기를 제거하고자 하나 도리어 뒤의 쐐기가 (앞의 쐐기를) 더욱 단단히 박히게 한다.[118]

『화엄경』에 설한다.[119]

"비유컨대 빈궁한 사람이 아침저녁으로 다른 사람의 보배를 세어보나 자신에게는 1전一錢도 얻음이 없듯이, (법문을) 다문多聞함(많이 듣기만 하고 좌선행은 하지 아니하는 것)도 또한 이와 같다."

또 (경을) 읽는 이는 잠시 보고 나서는 곧바로 버려야 하나니, 만약 버리지 않으면 문자 공부하는 것과 같게 되어버린다. (버리지 않는다면) 곧 흐르는 물을 끓여 얼음을 구하고, 탕물을 끓여 눈[雪]을 구하는 것과 무엇이 다르겠는가. 이 까닭에 제불諸佛께서 설법을 하셨다 하고, 혹은 설하지 않았다고 하는 것이니, 모든 존재의 실상實相에는 설함이 없고, 설하지 않음도 없는 것이다. 이 도리를 이해하면 하나(一法)를 거擧함에(깨달음에) 일천(一千: 일체법)이 상응한다(一法을 了知함에

---

[118] 『대승입능가경』 권제3 집일체법품의 게송에 "無始 이래 생사하며, 집착에 묶이고 덮이어온 데서 마땅히 버리고 벗어나야 하나니, 쐐기로 쐐기를 빼내듯이."라 하였다. '쐐기로 쐐기를 빼낸다'란, 곧 『원각경』에서 설하는 '以幻制幻'의 뜻이다. 불교의 교법도 언설에 의한 개념이니 幻이며 法相이라 한다. 그 법문의 幻으로써 중생 망념인 幻을 제어 내지는 제거하는 것이 곧 '以幻制幻'이며, '쐐기로 쐐기를 빼어냄'이다. 그런데 敎法을 단지 지식으로만 쌓아가고 그 좌선의 實修로 이를 自證하지 않으면 도리어 망념의 幻을 더욱 증장시키게 된다. 이 敎法의 法相에 집착하여 이를 인식의 대상으로 삼아 깨달음을 얻고자 한다면 분별 집착만 새로 증장될 뿐이다. 그래서 뒤의 쐐기가 앞의 쐐기를 빼어내지 못하고 오히려 더욱더 견고하게 되는 우를 범하게 된다는 뜻이다. 때문에 달을 가리키는 손가락을 보고 달을 보지 못함과 같다는 비유를 자주 인용한다. 교법의 깊은 뜻을 온전히 안다면 그 교법도 버리게 되어 있다.

[119] 『화엄경』(60권본) 권5 보살명란품.

일체법이 함께 통달된다).

『법화경』에서 설한다.[120]

"(여래는 如實하게 안다. 三界의 相이) 실유實有하는 것도 아니고, 공허한 것도 아니며, 여일如一하지도 않고 다르지도 아니하다는 것을."

大師云, "說此眞法皆如實, 與眞幽理竟不殊.
本迷摩尼謂瓦礫, 豁能自覺是眞珠.
無明智惠等無異, 當知萬法卽皆如.
愍此二見諸徒輩, 申詞措筆作斯書.
觀身與佛不差別, 何須更覓彼無餘."

대사께서 말씀하셨다.[121]

"이 진실한 법은 모두 여실如實하여
진실하고 유현幽玄한 이리와 궁극으로 다름없다고 설하네.

---

120 『법화경』 권제6 여래수량품에 나온다. 전체 문장은 다음과 같다.
"(여래가) 설하는 여러 법문은 모두 實하여 허망하지 않나니, 왜 그러한가. 여래는 여실히 아나니, 삼계의 相이 退轉하였다 옴이든, 出去하게 됨이든, 생사가 없음을 알며, 또한 세간에 있는 것도 없고, 멸도한 자도 없으며, (三界의 相이) 實有함도 아니요, 공허한 것도 아니며, 如一함도 아니고 異相인 것도 아니며, 三界의 중생이 삼계를 보는 것과 같지 않음을 안다."
121 이 十句의 게송은 혜가가 向居士의 서신에 대한 답장이라고 한다(『속고승전』).

본래 미혹하여 마니摩尼를 기와조각 자갈이라 하다가
확 트여 능히 자각하면 진주眞珠임을 깨닫게 되네.
무명과 지혜는 평등하여 다르지 아니하나니
마땅히 만법이 곧 모두 그러함을 알아야 하네.
이 이견二見에[122] 머물러 있는 모든 무리들을 연민하여
글로써 펴고자 붓을 들어 이 글을 짓게 되었네.
이 몸이 불佛과 더불어 차별이 없다고 관찰하거늘
어찌 꼭 저 무여無餘열반을 다시 구해야 하겠는가."

又云, "吾本發心時截一臂, 從初夜雪中立, 直至三更, 不覺雪過於膝, 以求無上道.
〈華嚴經〉第七卷中說,「東方入正受, 西方三昧起, 西方入正受, 東方三昧起. 於眼根中入正受, 於色法中三昧起, 示現色法不思議, 一切天人莫能知. 於色法中入正受, 於眼起定念不亂. 觀眼無生無自性, 說空寂滅無所有. 乃至耳鼻舌身意 亦復如是. 童子身入正受, 於壯年身三昧起. 壯年身入正受, 於老年身三昧起. 老年身入正受, 於善女人三昧起. 善女人入正受, 於善男子三昧起. 善男子入正受, 於比丘尼身三昧起. 比丘尼身入正受, 於比丘神三昧起. 比丘身入正受, 於學無學三昧起. 學無學入正受, 於緣覺身三昧起. 緣覺身入正受, 於如來身三昧起. 一毛孔中入正受, 一切毛孔三昧起. 一切毛孔入正受, 一毛端頭三昧起. 一毛端頭入正受, 一切毛端三昧起. 一

---

122 二見은 生과 滅, 有와 無, 一과 異, 斷과 常, 미혹과 열반, 無明과 智慧 등의 見을 말한다.

切毛端入正受, 一微塵中三昧起. 一微塵中入正受, 一切微塵三昧起. 大海水入正受, 於大盛火三昧起. 一身能作無量身, 以無量身作一身.」
解斯舉一千從, 萬物皆然也."

또 말씀하셨다.

"내가 처음 발심하였을 때 초저녁부터 눈 내리는 가운데 삼경에 이르기까지 서 있으면서 눈이 무릎에 차오른 것도 모른 채 무상도無上道를 구하였다.[123]
『화엄경』 제7권에[124] 설한다.

'동방에서 정수(正受: 三昧)에[125] 드니 서방에서 삼매가 일어나며, 서방에서 정수正受에 드니 동방에서 삼매가 일어난다. 안근(眼根: 눈)에서 정수에 드니 색법色法에서 삼매가 일어나 색법을 시현함이 부사의不思議하나 모든 천인天人은 알 수 없다. 색법에서 정수에 드니 안안眼에서 선정이 일어나 염念이 산란하지 아니한다. 안眼이 무생無生이며 무자성無自性임을 관찰하고, 텅 비어(空) 적멸寂滅하여 무소유(無所有: 있다고 할 바가 없음)임을 설한다. 내지 이(耳: 귀)·비(鼻: 코)·설(舌: 혀)·신(身: 몸)·의意도 또한 이와 같다. 동자의 몸에서 정수에 드니 장년의 몸에서 삼매가 일어난다. 장년의

---

123 혜가가 달마대사에게 밖에서 눈을 맞으며 가르침을 구한 고사.
124 『화엄경』(60권본) 제7권 현수보살품에 나오는 내용이다.
125 正受는 Samādhi(三昧)를 뜻으로 번역한 말이다.

몸에서 정수에 드니 노년의 몸에서 삼매가 일어난다. 노년의 몸에서 정수에 드니 선여인에게서 삼매가 일어난다. 선여인에게서 정수에 드니 선남자에게서 삼매가 일어난다. 선남자에게서 정수에 드니 비구니의 몸에서 삼매가 일어난다. 비구니의 몸에서 정수에 드니 비구의 몸에서 삼매가 일어난다. 비구의 몸에서 정수에 드니 유학有學과 무학無學에게서[126] 삼매가 일어난다. 유학과 무학에게서 정수에 드니 연각緣覺의[127] 몸에서 삼매가 일어난다. 연각의 몸에서 정수에 드니 여래의 몸에서 삼매가 일어난다. 하나의 털구멍 중에서 정수에 드니 일체의 털구멍에서 삼매가 일어난다. 일체의 털구멍에서 정수에 드니 하나의 터럭 끝에서 삼매가 일어난다. 하나의 터럭 끝에서 정수에 드니 일체의 터럭 끝에서 삼매가 일어난다. 일체의 터럭 끝에서 정수에 드니 하나의 티끌 가운데서 삼매가 일어난다. 하나의 티끌 가운데서 정수에 드니 일체의 티끌 가운데서 삼매가 일어난다. 대해수大海水에서 정수에 드니 크게 타오르는 불속에서 삼매가 일어난다. 한 몸에서 한량없는 몸을 지어내며, 한량없는 몸으로 하나의 몸을 지어낸다.'

이 도리를 이해하면 일법一法을 깨달음에 천(千: 일체법)이 상응하나니, 만물이 모두 그러하다."

---

[126] 無學은 人爲의 수행을 넘어선 無爲의 행을 말하니 곧 아라한의 경지이다. 有學은 아라한에 이르기 이전의 階位로 作意의 修學과 有爲의 행이 있다. 여기서는 성문승인 3승을 유학과 무학으로 나누어 지칭하였다.

[127] 연각(緣覺: 獨覺)은 2승 행자를 가리킨다.

4) 승찬대사

第四, 隋朝舒州思空山粲禪師, 承可禪師後. 其粲禪師罔知姓位, 不測所生.

按〈續高僧傳〉曰,「可後粲禪師.」.

隱思空山, 蕭然淨坐, 不出文記, 秘不傳法. 唯僧道信, 奉事粲十二年, 寫器傳燈, 一一成就. 粲印道信了了見佛性處, 語信曰, "〈法華經〉云,「唯此一事實, 無二亦無三.」. 故知聖道幽通, 言詮之所不逮, 法身空寂, 見聞之所不及. 卽文字語言徒勞施設也." 大師云, "余人皆貴坐終, 歎爲奇異. 余今立化, 生死自由."

言訖, 遂以手攀樹枝, 奄然氣盡. 終於 岏公寺. 寺中見有廟影.

제4, 수隋나라 때의 서주舒州 사공산思空山[128] 승찬僧粲[129]선사는 혜가선사의 뒤를 계승하였다. 승찬선사는 그 성을 알 수 없으며, 출신지도 모른다. 『속고승전』을 보면,[130] "혜가선사의 뒤를 승찬선사가 계승하였

---

[128] 司空山으로 쓰는 것이 바르다. 『讀史方輿紀要』권26 江南安慶府太湖縣條 참조. 현재의 안휘성 太湖縣 서북부(柳田聖山), 또는 岳西縣 西南(潘桂明, 40쪽)이다. 『전법보기』승찬의 장에서는 그가 北周의 폐불을 피하여 개황(581~600)초 무렵까지 완공산에 머물렀다 하고, '舒州에 있으며 사공산이라고 이름한다.'고 하였다. 그래서 같은 山으로 전해져왔다. 그런데 근래 柳田聖山은 두 산이 별개의 산이라고 한다(『禪史1』, 169쪽). 潘桂明에 의하면 완공산은 지금의 안휘성 潛山縣 西部로 사공산과 연접해 있다 한다(40쪽). 『속고승전』권21 도신전에는 '舒州 완공산'이라 하고 있어 두 산이 같은 舒州에 위치하고 있었음을 알 수 있다. 『역대법보기』는 처음에 사공산에서 은거하다가 北周 武帝의 폐불을 만나 완공산에 들어왔다고 하였다.

[129] 『전법보기』에서는 '璨'으로 쓰고 있으나, 본서는 『속고승전』에 따라 '粲'으로 썼다.

다."고 하였다. 사공산思空山에 은거하며 고요히 정좌행淨坐行만 하고 저서를 내지 아니 하였으며, 묵비默秘하여 전법하지 않았다. 오직 승僧 도신道信이 찬粲선사를 12년간 받들며 법을 이어 받아〔瀉器傳燈〕[131] 하나하나 성취하였다. 승찬선사는 도신이 불성처佛性處를 뚜렷이 보았음을 인가하고, 도신에게 설하였다.

"『법화경』에 이르길, '오직 이 일사(一事: 一佛乘)만이 진실이고, 2승乘도 없으며 또한 3승도 없다.'[132]라고 하였다. 까닭에 성도聖道는 유현幽玄하고 허통虛通한지라 말로 설명하여 미칠 수 없으며, 법신은 공적空寂하여 견문이 미치지 못하느니라. 그러하니 문자어언은 헛수고하게 하는 시설施設인 것이니라."

(승찬)대사가 설하였다.

"세간의 사람들은 모두 앉은 채로 입적함을 기이하다고 경탄하는데,

---

130 『속고승전』 감통편중 法沖傳에 달마와 혜가가 남북으로 『능가경』을 전하였다 하고, 이를 더욱 넓힌 사람으로써 "可禪師後粲禪師"라 하였다. 인용문은 이 7字를 5字로 한 것이고, 『속고승전』에 粲禪師의 전기가 있지는 않다.

131 사기瀉器와 전등傳燈은 같은 말이다. '瀉器'는 『열반경』 권40에서 아난이 부처님의 가르침을 남김없이 전한 것을 비유하여 '물을 부어 다른 그릇에 옮겨 놓은 것과 같다.'고 한 것에서 나온 말이다.

132 『법화경』 권제1 방편품 제2에 "十方의 佛土에 오직 一乘法만 있고, 二乘도 없으며, 三乘도 없나니, 단지 부처님이 방편으로 설한 것이며, 단지 名字를 빌려서 중생을 인도하여, 佛의 지혜를 설하고자 까닭이니라. 諸佛이 세간에 나오심은 오직 이 一事(一佛乘)를 위함이 진실이고, 나머지 二事(二乘과 三乘)는 진실이 아니나니, 소승으로 중생을 제도함이 아니니라."라 하였다.

나는 지금 선 채로 입적하여 생사에 자유자재함을 보이겠다."

　말을 마친 후 마침내 손으로 나뭇가지를 붙잡고 곧바로 입적하였다. 완공사에서 입적하였다. 이 사찰에 묘당廟堂과 영정影幀이 있다.

〈詳玄賦〉曰,
「惟一實之淵曠, 嗟萬相之繁雜.
眞俗異而體同, 凡聖分而道合.
尋涯也谿乎無際, 眇乎無窮.」
源於無始, 極於無終.
解惑以玆齊貫, 染淨於此俱融.
該空有而闃寂, 括宇宙以通同.
若純金不隔於環玔, 等積水不憚於連漪.」

注云,
'此明理無間雜, 故絶邊際之談, 性非物造, 致息終始之論. 所以明闇泯於不二之門, 善惡融於一相之道. 斯卽無動而不寂, 無異而不同. 若水之爲波瀾, 金之爲器體. 故無器而不金. 波爲水用, 亦無波而異水也.'

　『상현부詳玄賦』에서[133] 설한다.

133　北周의 惠命이 지은 『詳玄歌』에 대해 승찬선사가 주석한 책이다. 『속고승전』
　　권17 河陽仙城山善光寺釋惠命傳에 의하면, 惠命은 『大品義章』·『融心論』·『還

(『詳玄賦』의 글)

"오직 일실(一實: 一心·眞如)은 깊고 광대한데
만상萬相은 번잡도 하도다!
진眞과 속俗이 다르나 체는 같고
범부와 성인이 구분되나 도에서는 합일되네.
가(끝)를 찾아보나 확 트여 변제邊際 없고
아득하여 무궁하도다.
무시無始에 근원하고
무종無終에 궁극하네.
해탈과 미혹이 이로써 함께 관통되고
염染과 정淨이 여기에서 함께 융회融會하네.
공空과 유有 모두 정적靜寂하고
우주가 모두 서로 통하여 동일하네.
마치 순금이 (순금으로 만든) 여러 가지 장신구와 격리되어 있지 않듯이
마찬가지로 대해의 물이 연이어지는 파도에 거리낌 없도다."

(승찬선사가) 주석하여[134] 설한다.

原鏡』·『行路難』·『詳玄賦』를 저술하였다 하였고, 그 글이 隱逸한 것이어서 당시의 식자들이 이를 이해하기 어려워, 주석서가 나오게 되니 더욱 존경받았다고 하였다. 승찬선사의 주석은 그 가운데 하나였을 것이다. 『상현부』의 전문은 『廣弘明集』 권29에 실려 있다.

134 승찬선사가 『詳玄賦』에 대해 주석한다는 말이다.

"이 명리明理는 혼잡함이 없는 까닭에 변제邊際의 언어를 끊었으며, 성(性: 本性·法性·佛性·一心·眞如)은 만들어진 것이 아니어서 종終과 시始에 대한 의론을 끊었다. 까닭에 밝음과 어두움은 불이문不二門에서 소멸되고, 선과 악은 일상一相의 도에서 융회融會된다. 이러한즉 동함이 없되 고요하지도 아니하며, 다름이 없되 같지도 아니하다. 마치 물이 파도가 되고, 금金이 그릇이 되는 것과 같다. 까닭에 그릇이 없으면 금이 없고, 파도란 물의 작용이니 또한 파도란 물과 다름이 없다."

(〈詳玄賦〉)
「觀無碍於緣起, 信難思於物性.
猶寶殿之垂珠, 似瑤臺之懸鏡.
彼此異而相入, 紅紫分而交映.
物不滯其自他, 事莫權其邪正.
隣虛含大千之法, 刹那惣三際之時.
懼斯言之少信, 借帝網以除疑.
蓋普眼之能矚, 豈惑識以知之.」

注云,
'此明秘密緣起. 帝網法界, 一卽一切, 參而不同. 所以然者, 相無自實, 起必依眞, 眞理旣融, 相亦無碍故. 巨細雖懸, 猶鏡像之相入, 彼此云異, 若殊色之交形. 一卽一切, 一切卽一, 緣起無碍, 理理數然也. 故知大千彌廣, 處纖塵而不窄, 三世長久, 入促略以能容. 自可洞視於金墉之外, 了無所㩙, 入身於石壁之中, 未曾有隔. 是以聖人得理成用. 若理不可然, 則聖無此力. 解則理通, 碍有情擁. 普眼之惠, 如實能知也.'

(『상현부詳玄賦』)

"연기緣起에서 장애됨이 없음[無碍]을 관하고
사물의 체성에 부사의한 성품이 있음을 믿나니,
제석천(帝釋天: 인드라)의 궁전에 드리워진 보배구슬과 같고[135]
아름다운 옥을 쪼아 만든 대臺에 걸린 거울과 같네.
저것과 이것 서로 다르나 상입상入하고
붉은 색과 자색紫色이 다르나 함께 투영되네.
사물은 (연기함에) 자自와 타他에 걸림 없고
사물은 (연기함에) 사邪와 정正을 따지지 아니하네.
한 티끌 속에 대천세계의 사물이 들어 있고

---

[135] 이 뒤의 문구는 모두 事事無碍하고 重重無盡한 一卽一切 一切卽一, 一中一切 一切中一의 法界緣起를 말하고 있다. 帝釋天 궁전(또는 寶冠)의 網에 드리워진 보배구슬 가운데 어느 한 구슬에 一點을 찍으면, 그 점 하나 찍힌 구슬의 모습이 모든 구슬에 투영되고, 투영된 하나하나의 구슬에는 이미 점 하나가 찍힌 모든 구슬의 모습을 담고 있으며, 이렇게 끝도 없이 각 투영된 구슬 속의 구슬마다 점 하나 찍힌 구슬 모습이 重重無盡으로 투영된다. 이 비유는 빛의 투영현상에 의거하여 이해하기 쉽게 비유한 것이지만, 실제로는 투영이 아니라 몸이 그대로 들어와 있다는 것이니, 곧 하나의 사물이 일체의 사물에 들어 있고(一中一切), 일체의 사물이 하나의 사물에 들어 있다는 것이다. 또 하나의 사물에 갖가지 다른 성질의 모든 사물이 다 들어 있으나 서로 장애하지 아니하고 그 사물을 드러내고 있으니 이를 事事無碍라 한다. 杜順, 『華嚴五敎止觀』 참조.

찰나에 삼제(三際: 과거·현재·미래)의 시時가 함께 있네.
이 말씀을 잘 믿지 않을까 저어하여
제석천왕 보관寶冠의 구슬 망網을 비유로 들어 의심을 제거하였네.
대저 보안普眼을 지닌 이라야 이를 능히 볼 수 있거늘
어찌 미혹한 심식心識으로 이를 알 수 있을 것인가."

(승찬선사가) 주석하여 설한다.

"이는 비밀연기에[136] 대해 설명한 것이다. 제석천 보관의 망網에 달려 있는 구슬에 비유한 법계연기(法界緣起: 帝網法界)인지라[137] 일즉일체一卽一切이며, 서로 들어와 있되 혼잡함이 없다. 왜 그러한가. 모든 상은 스스로의 실성(實性: 실체, 자성)이 없으며, 생기함에는 반드시 진리에 의지하고, 진리가 이미 융회되어 있어(融) 상相 또한 걸림 없는 까닭이다. 크고 미세한 것이 비록 따로이나 거울에 비친 상이 서로 들어와 있는 것과 같고, 피차가 다르다 하나 다른 사물이 (거울에) 서로 교영交映함과 같다. 일즉일체(一卽一切: 하나가 곧 그대로 일체임, 하나가 일체에 卽해 있음)이고, 일체즉일(一切卽一: 일체가 곧 그대로 하나임, 일체가 하나에 卽해 있음)이며, 연기함에 걸림 없고, 이理로서 당연히 그러함이다. 까닭에 대천세계보다 더욱 넓고, 티끌에 들어가도 솝지 않으며, 삼세의 기나긴 시간도 찰나에 함께 들어갈 수 있다.

---

[136] 秘密緣起는 화엄의 法界緣起를 말함. 秘密은 곧 圓敎의 別名임.『華嚴五敎章』上(二卷 本)에 "第四는 圓敎이니……, 華嚴이 이것이며, 또 따로 비밀교로도 불린다. 소승을 따르는 자 등은 그 깊은 도리를 알 수 없는 까닭이다."라 하였다.
[137] 앞의 注 참조.

쇠로 된 담장 밖을 스스로 능히 통시通視하되 조금도 차이가 없고, 석벽 가운데 몸이 들어가되 (몸과 석벽이) 격리됨이 없다. 이는 성인이 이리를 얻음으로써 용用함을 성취함이다. 만약 이리가 그러할 수 없는 것이라면 성인聖人에게 이러한 힘이 없다. 요해了解하면 이리가 통하고, 걸림이 있으면 정념情念이 구속한다. 보안普眼의 지혜는 여실하게 능히 (理를) 안다."

❀

(〈詳玄賦〉)
「猴著鐮而停躁, 蛇入筒而改曲.
涉曠海以戒船, 曉重幽以惠燭.」

注云,
'猴著鐮喩戒制心, 蛇入筒喩定息亂.〈智度論〉云,「蛇行性 曲, 入筒卽直. 三昧制心, 亦復如是.」〈金光明最勝王經〉三身品云,「佛雖有三名, 而無三體也.」'

(『상현부』)

"원숭이에게 족쇄를 채우면 뛰어다니는 것을 멈추고
뱀이 통에 들어가면 구부린 몸이 바꾸어지네(펴지네).
넓고 넓은 바다를 지계持戒의 배로써 누비며
두터운 어두움을 지혜의 등불로 밝히네."

(승찬선사가) 주석하여 설한다.

"원숭이에게 족쇄를 채운다 함은 마음을 계율로 제어함을 비유함이고, 뱀이 통 속에 들어간다 함은 산란심을 멈추어 안정安定하게 함을 비유함이다. 『(대)지도론智度論』에[138] 이르길,

'뱀이 기어가는 성질은 구부러진 것이나 통 속에 넣으면 곧 반듯이 펴진다. 삼매로 마음을 제어함도 또한 이와 같다.'

고 하였고, 『금광명최승왕경』 삼신품[139]에 이르길,

'불佛에 비록 세 가지 이름(法身·報身·化身)이 있으나 세 가지 체體가 있는 것이 아니다.'

고 하였다."

5) 도신대사

第五, 唐朝蘄州雙峰山道信禪師, 承粲禪師後. 其信禪師再敞禪門, 宇內流布. 有〈菩薩戒法〉一本. 及制〈入道安心要方便法門〉, 爲有緣根熟者說.

---

138 『대지도론』 권23.
139 『금광명최승왕경』 권2 分別三身品.

我此法要, 依〈楞伽經〉「諸佛心第一」.
又依〈文殊說般若經〉一行三昧. 卽念佛心是佛, 妄念是凡夫.
〈文殊說般若經〉云, 「文殊舍利言, "世尊, 云何名一行三昧."
佛言, "法界一相, 繫緣法界, 是名一行三昧. 若善男子善女人欲入一
行三昧, 當先聞般若波羅蜜, 如說修學, 然後能入一行三昧, 如法界
緣, 不退不壞不思議, 無碍無相. 善男子善女人欲入一行三昧, 應處
空閒, 捨諸亂意, 不取相貌, 繫心一佛, 專稱名字, 隨佛方所, 端身正
向, 能於一佛念念相續, 卽是念中能見過去未來現在諸佛. 何以故.
念一佛功德無量無邊, 亦與無量諸佛功德無二, 不思議佛法等無分
別, 皆乘一如成最正覺, 悉具無量功德無量辯才. 如是入一行三昧
者, 盡知恒沙諸佛法界無差別相."」
夫身心方寸, 擧足下足, 常在道場. 施爲擧動, 皆是菩提.

제5. 당조唐朝의 기주蘄州 쌍봉산雙峰山[140] 도신道信선사는 승찬僧粲 선사의 뒤를 이었다. 도신선사는 선문禪門을 다시 크게 열어 천하에 유포하였다. 저서에 『보살계법菩薩戒法』 일본一本이 있다. 그리고 『입도안심요방편법문入道安心要方便法門』을 지어 인연 있는 근숙자(根熟者: 근기가 익은 자)에게 설하였다.[141]

나의 이 법요는 『능가경』에서 설한 '제불諸佛의 심心이 제일第一이다'[142]고 한 법문에 의거하며, 또한 『문수설반야경文殊說般若經』[143]의

---

140 호북성 黃梅縣에 있다. 호북성의 동남편에 있고, 안휘성과 경계 지점이다. 승찬선사가 있었던 사공산과 완공산은 안휘성이지만 이곳과 연이어진 산으로 가깝다.
141 이하는 『입도안심요방편문入道安心要方便門』으로 편집되어 있다.

'일행삼매—行三昧'에 의거한다. 즉 불심佛心을 염송함이 불佛이고, 망妄을 염송함이 범부이다.

『문수설반야경』에 설하였다.¹⁴⁴

문수사리보살이 말하였다.
"세존이시여! 어떠한 것을 일행삼매라 하나이까?"
부처님께서 말씀하셨다.
"법계는 일상一相이니 (그러한) 법계에 계연(繫緣: 合一, 合致)하는 것, 이것을 이름하여 일행삼매라 하느니라. 만약 선남자 선여인이 일행삼매에 들어가고자 할진대, 마땅히 먼저 반야바라밀을 듣고 설한대로 수학하여야 하나니, 그러한 후에야 능히 일행삼매에 들어가 법계에 그대로 합치하여, 물러섬이 없고, 무너짐도 없으며, 사의 思議함도 없고, 걸림 없는 무상無相에 처할 수 있느니라. 선남자 선여인이 일행삼매에 들어가고자 할진대 마땅히 여유 있고 한가로운 곳에 처하여 모든 어지러운 생각을 버리고, 모습을 취하지 아니하며, 마음을 일불一佛에 두어, 오로지 (佛의) 명호를 외우고, 불佛의 방소方所에 따라 바로 향하여 몸을 단정히 지니고, 능히 일불一佛에 염념念念함이 이어지면 곧 이 염하는 가운데 능히 과거

---

142 『능가아발다라보경』 권제1의 게송에 나오는 구절. 앞의 注 해설 참소.
143 『문수설반야경』은 梁 만타라선曼陀羅仙이 번역한 『문수사리소설마하반야바라밀경』 (2권본)과 梁의 승가사라僧伽娑羅가 번역한 『문수사리소설반야바라밀경』(1권본)의 2종이 있다. 『대반야바라밀경』의 제7회 만수실리분에 해당한다. 2권본은 고려대장경 제10권에, 1권본은 고려대장경 제11권에 수록되어 있으며, 양본 모두 대정장 제8권에 수록되어 있다.
144 앞의 2종의 『문수사리반야경』 가운데 만타라선 역본 卷下 말미 부분에 나온다.

미래 현재의 모든 부처님을 볼 수 있느니라. 왜 그러한가. 일불一佛을 염하는 공덕은 한량이 없고 끝이 없으며, 또한 한량없는 모든 부처님의 공덕과 다름없고, 부사의不思議한 불법佛法과 같아 다름없으니, 모두 일여一如에 승乘하여 무상정등각無上正等覺을 성취하고, 한량없는 공덕과 한량없는 변재辯才를 모두 갖추느니라. 이와 같이 일행삼매에 들어간 이는 항하사恒河沙 제불법계諸佛法界의 무차별상無差別相을 모두 다 아느니라."

무릇 몸과 마음이 현행하는 자리, 발을 들고 내리는 그 자리가 항상 도량에 있음이며, 거동擧動함이 모두 보리菩提이다.

❀

〈普賢觀經〉云,
「一切業障海, 皆從妄想生. 若欲懺悔者, 端坐念實相.」.
是名第一懺, 倂除三毒心, 攀緣心, 覺觀心. 念佛心心相續, 忽然澄寂, 更無所緣念. 〈大品經〉云,
「無所念者, 是名念佛.」.
何等名無所念, 卽念佛心名無所念. 離心無別有佛, 離佛無別有心. 念佛卽是念心, 求心卽是求佛. 所以者何. 識無形, 佛無相貌. 若也知此道理, 卽是安心. 常憶念佛, 攀緣不起, 則泯然無相, 平等不二. 入此位中, 憶佛心謝, 更不須徵. 卽看此等心卽是如來眞實法性之身. 亦名正法, 亦名佛性, 亦名諸法實性實際, 亦名淨土, 亦名菩提金剛三昧本覺等, 亦名涅槃界般若等. 名雖無量, 皆同一切亦無能觀所觀之意. 如是等心, 要令淸淨, 常現在前, 一切諸緣, 不能干亂.

何以故. 一切諸事, 皆是如來一法身故. 住是心中, 諸結煩惱, 自然除滅. 於一塵中, 具無量世界, 無量世界, 集一毛端, 於其本事如故, 不相妨碍.
〈華嚴經〉云,
「有一經卷, 在微塵中, 見三千大千世界事」.

『보현관경普賢觀經』[145]에서 설한다.

"모든 업장의 바다는 모두 망상으로부터 생긴다. 만약 참회하고자 하건대 단정히 앉아 실상實相을 염念하라."

이를 첫 번째 가는(최고의) 참회라고 하며 아울러 삼독심(三毒心: 탐심, 화냄, 어리석음)과 반연심(攀緣心: 대상에 끌리는 마음), 각관심(覺觀心: 생각하는 마음)을[146] 제거한다. 불심佛心을 염念하는 마음이 이어지면 홀연히 맑고 고요해지며 다시는 대상에 끌리는 생각이 없게 된다. 『대품경』에서[147] 설한다.

"생각하는 바가 없는 것, 이것을 불佛을 염念하는 것이라 이름한다."

---

[145] 원명은 『佛說觀普賢菩薩行法經』이다. 劉宋 원가연간(424~453)에 담마밀다曇摩蜜多가 번역하였고 1권본이다. 『보현경』이라고도 한다. 대정장 제9권에 실려 있다. 『무량의경』·『법화경』과 함께 법화삼경으로 칭한다. 천태종의 주요 소의경전이다.
[146] 여기서의 覺과 觀은 수행의 첫 단계에서 비추어 관찰하는 행을 말한다. 覺은 觀에 비해 거친 관찰행이다. 覺을 尋, 觀을 伺이라고 한다. 처음 닦는 位에서 거치게 되는 행이지만 이러한 자리를 넘어서야 한다.
[147] 『마하반야바라밀경』 권23 삼차품에 나오는 구절.

어떠한 것들을 생각하는 바 없는 것이라 하는가 하면, 즉 불심佛心을 염念하는 것을 이름하여 생각하는 바가 없는 것이라 한다. 마음을 떠나서 따로 불佛이 있는 것이 아니며, 불佛을 떠나서 따로 마음이 있는 것이 아니다. 불佛을 염念함이란 곧 마음을 염함이며, 마음을 구함이 곧 불佛을 구함이다. 왜 그러한가. 식識은 형상이 없으며, 불佛도 형상이 없다. 만약 이 도리를 안다면 곧 안심이 이루어진다. 항상 불佛(心)을 염하여 대상에 끌리는 마음이 일어나지 아니하면 상相이 끊어져 무상無相하고, 평등하여 불이不二하다. 이 경지에 들어 나아가면 불佛(心)을 염하는 마음도 사라지고 다시는 (앞의 법을) 꼭 의거해야 할 필요가 없게 된다. 그리하여 이러한 심心이 바로 여래 진실법성의 신身임을 본다. 또한 이를 정법이라 하고, 또한 불성이라 하며, 또한 제법실상諸法實相·실제實際라 하고, 또한 정토淨土라 하며, 또한 보리菩提·금강삼매·본각本覺 등이라 하며, 또한 열반신涅槃身이라 이름한다.

이름은 비록 한량없으나 모두 다 똑같이 또한 능관(能觀: 주관, 인식의 주체)과 소관(所觀: 객관, 인식의 대상)이 없다는 뜻이다. 이와 같이 마음을 평등하게 하고, 청정하게 하도록 하여 항상 현전하게 되면 모든 대상이 마음을 어지럽게 할 수 없다. 왜 그러한가. 일체 모든 것은 모두 여래 일법신一法身인 까닭이다. 이 마음 가운데 머무르면 모든 번뇌가 자연히 소멸된다. 한 티끌 가운데 한량없는 세계가 갖추어져 있고, 한량없는 세계가 한 터럭 끝에 모아져 있으니, 이는 그 본(本: 理, 法身)과 사(事: 心法 色法의 모든 事象)가 여(如: 平等不二)한 까닭에 서로 방애妨碍하지 않는 것이다.

『화엄경』에서[148] 설하길,

"(삼천대천세계의 모든 일이 남김없이 기록된) 하나의 경권經卷이 미진微塵 가운데 있어 삼천대천세계의 사상事象을 모두 본다."[149]

라 하였다.

❧

略擧安心, 不可具盡; 其中善巧, 出自方寸; 略爲後生疑者, 假爲一問. "如來法身若此者, 何故復有相好之身, 現世說法." 信曰, "正以如來法性之身淸淨圓滿, 一切像類悉於中現, 而法性身無心起作; 如頗梨鏡懸在高堂, 一切像悉於中現, 鏡亦無心能現種種." 經云, 「如來現世說法者, 衆生妄想故.」.

今行者若修心盡淨, 則「知如來常不說法, 是乃爲具足多聞.」 聞者一切相也. 是以經云,

「衆生根有無量故, 所以說法無量; 說法無量故, 義亦名無量義. 無量義者從一法生, 其一法者則無相也. 無相不相, 名爲實相.」

則泯然淸淨是也. 斯之誠言, 則爲證也.

坐時當覺, 識心初動, 運運流注, 隨其來去, 皆令知之, 以金剛惠徵責. 猶如草木無所別知, 知所無知, 乃名一切智. 此是菩薩一相法門.

---

148 60권본 『화엄경』 권35 보왕여래성기품, 80권본 『화엄경』 권51 여래출현품의 구절.
149 이 인용문은 경문을 간략히 하여 인용한 것이다. 본 경문(60권본)은 다음과 같다. "佛子여! 비유컨대 하나의 경권이 있어, 하나의 삼천대천세계와 대천세계의 모든 것을 기록하지 않음이 없는 것과 같이 …… 저 삼천대천세계 등에 있는 경권이 한 미진 가운데 있고, 일체의 미진 또한 이와 같으니라."

안심에 이르는 법에 대해 간략히 설명하건대, 모든 뜻을 완전히 드러낼 수는 없지만, 그 가운데 뛰어나고 교묘한 방법은 바로 각자의 마음에 바탕하여 나오는 것이니 간략히 후생들이 의문 삼을 사항을 들어 임시로 하나의 질의문답을 기술한다.

(묻는다)

"여래 법신이 이와 같다면, 무슨 까닭에 다시 상호相好의 몸이 있어 현세에 설법하는 것입니까?"

도신이 답한다.

"바로 여래 법성신이 청정하고 원만하여 일체 모든 종류의 모습이 그 가운데 나타나되 법성신은 어떤 마음도 일으킴이 없나니, 마치 파리 보석으로 만든 거울이 높은 당堂에 걸려 있으면 일체 모든 모습이 그 가운데 나타나되 거울 또한 갖가지 모습을 드러내려고 하는 마음이 없는 것과 같다."

경에서[150] 설한다.

"여래께서 현세에 설법하심은 중생이 망상하고 있는 까닭이다."

지금 수행자가 마음을 남김없이 청정하게 닦게 되면, '여래는 항상 법을 설함이 없음을 알게 되고, 이렇게 되어야 다문多聞을 구족具足함이 된다.'[151]

---

150 어느 경인지 不明.
151 이 구절은 北涼(397~439) 때 담무참이 번역한 『대반열반경』 권26(北本, 40권본) 광명편조고귀덕왕보살품 제10의 6에 나온다. 대열반이라고 하는 미묘법문을 배우는 데는 먼저 信과 直心과 戒와 친근 善友와 多聞의 五事를 갖추어야 한다 하고,

듣는다는 것은 일체상一切相을 듣는다는 것이다.
그래서 경에[152] 설한다.

그 다섯 번째로서 多聞에 대해 다음과 같이 설하였다.
"무엇을 보살이 多聞을 구족함이라 하는가. 보살이 대열반을 이루기 위해 十二部經을 서사書寫하고, 독송하며, 분별하여 해설한다면, 이를 보살이 多聞을 구족하였다고 이름하며 …… 十二部經을 제외하고 만약 능히 이 대열반의 미묘한 경전을 書寫하고, 독송하며 분별하여 해설하면 이 보살이 다문을 구족하였다고 이름하며, 이 경전 모두를 구족함을 제외하고, 만약 능히 하나의 四句偈를 수지하며, 또는 이 사구게를 제외하고, 만약 '여래가 상주하며, 체성이 變易하지 않는 것'임을 수지하면, 이를 보살이 다문을 구족하였다고 이름하며, 또한 이 일을 제외하고, 만약 '여래가 항상 설법함이 없다는 것'을 안다면, 또한 보살이 다문을 구족하였다고 이름하느니라. 왜냐하면 法에 체성이 없는 까닭이다. 여래가 비록 일체 諸法을 설하나 항상 설하는 바가 없는 것이니라. 이를 이름하여 보살이 대열반을 닦아 第五의 多聞을 성취하였다고 이름하는 것이니라."

152 南朝 齊의 천축삼장 담마가타야사曇摩伽陀耶舍 역의 『無量義經』 설법품 제2에 나오는 구절이다. 인용문 전후의 글을 함께 인용한다.
"부처님께서 말씀하셨다. '선남자여! 이 하나의 법문은, 이름하여 無量義라 하나니 보살이 수학하여 無量義를 얻고자 하건대 응당 관찰하길, 일체 諸法은 본래로부터 지금에 이르기까지 性相이 空寂하며, 大도 없고 小도 없으며, 생도 없고 멸도 없으며, 머무르지도 아니하고, 움직이지도 아니하며, 나아가지도 아니하고 물러서지도 아니함이 마치 허공에 두 가지가 있는 것이 아닌 것과 같은데 모든 중생이 허망하게 이리저리 분별하여 이것이다 저것이다 하고, 얻었다 잃었다고 하며, 不善의 念을 일으켜서 여러 악업을 짓고 육취(六趣: 육도)에 윤회하며, 모든 고통과 독毒을 지니고, 한량없는 억겁 동안 스스로 빠져 나오지 못한다고 관찰해야 하느니라. 보살마하살은 이와 같이 자세히 관하고 연민의 마음을 내고 대자비를 발하여 이를 구제하려고 해야 하느니라. …… 이와 같이 관하고 나서 중생 諸根의 性欲(근성의 欲, 본질의 欲)에 들어가나니, 根性의 欲이 무량한 까닭에 설법이 無量히고, 無量義를 설법함 또한 무량하느니라. 無量義란 一法으로부터 생기며, 一法이란 곧 無相이다. 이와 같은 無相도 無相이어서 相이 아니고, 相이 아님도 無相이니 이름하여 實相이라 한다.'"

"중생의 근기가 한량없는 까닭에 설법도 한량없으며, 설법이 한량 없는 까닭에 의義 또한 한량없는 의義이다. 한량없는 의義는 일법一 法으로부터 생하니, 그 일법一法이란 곧 무상無相이다. 무상無相은 상相이 아니니 이름하여 실상實相이라 한다."

즉 (모든 相이) 절멸되어 청정함이 바로 이것이다. 이는 진실한 가르침 이나니 (수행지침의) 증거가 됨이라.

좌선할 때에 식심識心이 처음 움직이며 면면히 흘러감에 응당 깨어 있고, 그 오고감에 따라 항상 이를 모두 각지覺知하되, 금강의 지혜로 (물들어 집착되는 것을) 꾸짖는다. (이렇게 하여) 초목이 따로 지知하는 바가 없는 것과 같이, 지知함이 없는 바(知함이 없다는 것)를 지知함이 되어야 이름하여 일체지一切智라고 한다. 이것이 보살의 일상一相법문 이다.

❁

問, "何者是禪師."
信曰, "不爲靜亂所惱者, 卽是好禪用心人. 常住於止, 心則沈沒, 久 住於觀, 心則散亂. 〈法華經〉云, 「佛自在大乘, 如其所得法, 定慧力 莊嚴, 以此度衆生..」."
"云何能得悟解法相, 心得明淨."
信曰, "亦不念佛, 亦不捉心, 亦不看心, 亦不計心, 亦不思惟, 亦不觀 行, 亦不散亂, 直任運. 亦不令去, 亦不令住, 獨一淸淨究竟處, 心自 明淨. 或可諦看, 心卽得明淨. 心如明鏡, 或可一年, 心更明淨, 或可 三五年, 心更明淨. 或可因人爲說, 卽得悟解. 或可永不須說得解.

묻는다.

"어떠한 사람이 선사인가?"

도신이 답한다.

"고요함과 산란함에 장애받지 아니하면[153] 곧 훌륭한 선禪으로 용심用心하는 사람이다. 항상 지(止: 사마타)에 머무르다 보면 마음은 가라앉게 되고, 오랫동안 관(觀: 위빠사나)에 머무르다 보면 마음이 산란하게 된다. 『법화경』에서[154]

'불佛은 대승에 자재하여 그 얻은 바의 법 그대로 정혜력으로 장엄하나니, 이로써 중생을 제도한다.'

고 하였다."

(묻는다)

"어떻게 하여야 능히 법상法相을 깨닫고 마음이 명정明淨해질 수 있습니까?"

도신이 답한다.

"또한 염불하지도 않으며, 또한 마음을 잡으려고도 하지 아니하고, 또한 마음을 보려고도 하지 아니하고, 또한 마음을 분별하지도 아니하며, 또한 사유하지도 아니하고, 또한 관행하지도 아니하고, 또한 산란

---

[153] 修禪에는 산란함을 떠나야 하나, 그렇다고 고요함을 취하려고 하면 이 또한 장애가 된다. 산란함을 떠나야 한다고 하지만 억지로 생각을 내어 마음을 어떻게 하려고 한다면 이 또한 장애가 된다. 그래서 고요함과 산란함, 그 어느 쪽에도 惱亂되지 않아야 한다는 뜻이다.

[154] 『법화경』 방편품 제2의 게송.

하지도 아니하며, 단지 바로 임운任運할 뿐이다. 또한 가게 하지도 아니하고, 머무르게 하지도 아니하며, 오로지 하나 청정한 구경처(究竟處: 궁극의 자리)에 있으면 마음이 스스로 밝고 맑아진다. 혹은 자세히 이법理法을 관하는 것으로 마음이 곧 밝고 맑아질 수도 있다. 마음이 밝은 거울과 같이 되어 혹은 1년이 지나면 마음이 더욱 명정明淨해지고, 혹은 3년에서 5년이 지나면 마음은 더욱 명정해진다. 혹은 남에게 설법함으로 인하여 곧 깨달을 수 있다. 혹은 영원토록 모름지기 설하지 않는 것으로 깨달을 수 있다."

經道,

「衆生心性, 譬如寶珠沒水. 水濁珠隱, 水清珠顯.」

爲謗三寶, 破和合僧, 諸見煩惱所污, 貪瞋顚倒所染, 衆生不悟心性本來常清淨. 故爲學者, 取悟不同, 有如此差別. 今略出根緣不同, 爲人師者, 善須識別. 〈華嚴經〉云,

「普賢身相, 猶如虛空. 依於如如, 不依佛國.」.

解時佛國皆亦如. 卽如國皆不依. 〈涅槃經〉云,

「有無邊身菩薩, 身量如虛空.」. 又云,

「有善光故, 猶如夏日.」. 又云,

「身無邊故名大涅槃.」. 又云,

「大涅槃其性廣博.」.

故知學者有四種人, 有行有解有證上上人. 無行有解有證中上人. 有行有解無證中下人, 有行無解無證下下人也."

경에서[155] 이르길,

"중생의 심성은, 비유컨대 마치 보배구슬이 물에 빠졌는데 물이 탁하면 보배 구슬이 보이지 않다가 물이 맑아지면 보배구슬이 드러나게 되는 것과 같다."

고 하였다. 삼보를 비방하며, 화합승을 부수고, 여러 지견의 번뇌에 오염되며, 탐욕과 성냄으로 전도(顚倒: 거꾸로 됨)되고 오염되어 중생은 심성이 본래 항상 청정함을 깨닫지 못한다. 까닭에 수학하는 자가 깨달음을 얻게 되는 길이 달라 이와 같은 차별이 있다. 이제 근기의 연緣이 같지 않음에 대해 간략히 설명하나니, 남을 이끄는 자는 반드시 잘 식별하여야 한다.

『화엄경』에서[156] 설한다.

"보현보살의 신상身相은 마치 허공과 같아, 여여(如如: 眞如)에 의거하고, 불국佛國에 의거하지 아니하네."

깨달았을 때는 불국도 또한 모두 여여이니, 곧 여여와 불국에 모두 의거하지 않는다.

『열반경』에서[157] 설한다.

---

155 『대반열반경』 권2 애탄품의 내용을 정리하여 인용한 것임.
156 『화엄경』(60권본) 권3 노사나불품에 나오는 게송.
157 劉宋(420~479)의 혜엄慧嚴 등 역, 『대반열반경』(36권본, 南本) 서품 제1에 나온다.

"무변신無邊身보살은 몸의 크기가 허공과 같다."

또 설한다.[158]

"뛰어난 빛이 있는 까닭에 마치 여름철의 해와 같다."

또 설한다.[159]

"몸이 무변無邊한 까닭에 이름하여 대열반이라 한다."

또 설하길,[160]

"대열반은 그 성性이 광박廣博하다."

고 하였다.[161]

까닭에 수학하는 자에게 4종인이 있음을 알 수 있으니, 행行이 있고 해解가 있으며 증證함이 있는 상상인上上人, 행이 없고 해解는 있으며

---

[158] 『대반열반경』(北本) 권9 如來性品 제4의 6, 또는 南本 월유품 제15의 구절.
[159] 위와 같음.
[160] 출처 불명.
[161] 여기까지 인용되고 있는 『화엄경』과 『열반경』의 내용은 다음 문단("까닭에 ……")과 뜻이 직접 연결되지 않는다. 이 경전 인용부분을 제외하면 그 전후의 문맥이 바로 이어진다. 따라서 아마 이 부분은 다른 곳에 들어가야 할 것이 잘못 삽입된 것이 아닌가 한다. 본『능가사자기』는 필사본인지라 필사 과정에서 다른 부분이 혼입될 가능성이 있다. 여타의 돈황본 필사본에서도 그러한 예가 보인다.

증證함이 있는 중상인中上人, 행이 있고 해解가 있으며 증證함이 없는 중하인中下人, 행이 있고 해解는 없으며 증證함도 없는 하하인下下人이다.

※

問, "臨時作若爲觀行." 信曰, "直須任運." 又曰, "用向西方不." 信曰, "若知心本來不生不滅, 究竟淸淨, 卽是淨佛國土, 更不須向西方." 〈華嚴經〉云, 「無量劫一念, 一念無量劫」, 須知一方無量方, 無量方一方. 佛爲鈍根衆生, 令向西方, 不爲利根人說也. 深行菩薩入生死, 化度衆生, 而無愛見. 若見衆生有生死, 我是能度, 衆生是所度, 不名菩薩. 度衆生如度空, 何曾有來去. 〈金剛經〉云, 「滅度無量衆生, 實無有衆生得滅度者.」 所初地菩薩初證一切空, 後證得一切不空, 卽是無分別智. 亦是色卽是空, 非色滅空, 色性是空. 所菩薩修學空爲證, 新學之人, 直見空者, 此是見空非眞空也. 修道得眞空者, 不見空與不空, 無有諸見也. 善須解色空義. 學用心者, 要須心路明淨, 悟解法相了了分明, 然後乃當爲人師耳. 復須內外相稱, 理行不相違, 決須斷絶文字語言有爲. 聖道獨一淨處, 自證道果也.

묻는다.

"임시로 어떻게 관행觀行하면 좋습니까?"

노신도신이 답한다.

"모름지기 바로 임운任運할[162] 뿐이다."

또 묻는다.

---

[162] 올바른 임운任運행은 마음이 대상을 향함이 없고, 머무름 없으며, 마음을 조작함이 없고, 作意(생각을 짓는 것)함이 없는 행이다.

"서방(西方: 극락세계)을 향한 수행(念佛)을 해야 합니까?"

도신이 설한다.

"만약 마음이 본래 불생불멸이며, 구경究竟으로 청정함을 안다면 곧 이것이 청정한 불국토라 다시 서방을 향한 수행을 할 필요가 없다.

『화엄경』에[163] 이르길,

'무량겁이 일념一念이고, 일념이 무량겁이다.'

이라 하였으니, 일방一方이 무량방無量方이고, 무량방이 일방임을 반드시 알아야 한다. 부처님께서 둔근(鈍根: 둔한 근기, 둔한 자질)의 중생을 위해 서방을 향하도록(염불하도록) 한 것이지 이근인(利根人: 날카로운, 뛰어난 근기)을 위해 설한 것이 아니다. 심행深行보살은[164] 생사에 들어와 중생을 교화 제도하되 애견(愛見: 知見에 애착함)이 없다. 만약 중생에게 생사가 있음을 본다면 나는 능도(能度: 제도하는 자)이고, 중생은 소도(所度: 제도받는 자)가 되어 보살이라 할 수 없다.[165] 중생을 제도함이 마치 허공을 제도함과 같거늘 어찌 일찍이 오고 감이 있었겠는가.[166]

---

163 『화엄경』(60권본) 권43 離世間品의 게송에 나오는 구절.

164 深行보살: 『金光明經』 권10에서 이르길, '보살 第八地인 不動地에 이른 보살을 深行보살이라 한다' 하였다.

165 『금강경』의 '相에 머무르는 바 없이 보시한다'는 법문과 같은 의미이다. 보살의 行은 '행하는 者(주체, 能)'·'행해지는 것(사물이나 행위)'·'도움을 받는 대상(人, 所)'의 세 가지 相을 떠나 행함이다. 이러한 상이 있는 가운데 행하게 된다면 보살의 행이 아니다. 일체가 오직 마음뿐임을 증득한 까닭에 무엇이 있다 할 바가 없는 것이다.

166 중생이 언제 온 바도 없고(無來, 無生), 언제 간 바도 없으니(無去, 無死) 중생을

『금강경』에 이르길,

> '한량없는 중생을 멸도(滅度: 제도, 해탈)하였으되 실은 멸도를 얻은 중생은 아무도 없다.'

고 하였다. 모든 초지보살이[167] 처음 일체가 공임을 증득하고, 나중에 일체가 불공不空임을 증득하나니, 이것이 곧 무분별지無分別智이다. 또한 색즉시공(色卽是空: 色이 곧 그대로 空임)이니, 색이 멸하고 나서 공이 아니라 색의 체성이 공이다. 모든 보살은 공을 수학하여 증득하나, 처음 수학하게 된 자는 공임을 바로 보는데, 이는 공을 본 것이고 진공眞空을 본 것이 아니다. 수도하여 진공을 얻은 자는 공空과 불공不空을 봄이 없으며, 어떠한 봄도 없다. 반드시 색이 공하다는 뜻을 잘 이해하여야 한다. 수학하는 데 유의해야 할 사항은 반드시 심로心路가 밝고 맑아야 하며, 법상(法相: 교법, 교법의 뜻)을 뚜렷이 분명하게 알아야 하고, 그러한 후에야 마땅히 남을 이끄는 스승이 될 수 있다. 또한 반드시 내內와 외外가[168] 서로 합치되어야 하며, 이理와 행行이[169] 서로 어긋나지 않아야 하고, 문자어언의 유위행有爲行을 결단코 단절해야 한다. 성도聖道는 오로지 하나의 청정처에서 도과道果를 자심에서

生死에서 제도한 바도 없다는 뜻임.

[167] 보살十地 가운데 第一地인 환희지이다.
[168] 內는 心(理法의 了解), 外는 身(理法대로의 行)을 뜻한다.
[169] 理는 理法이고, 行은 현실에서 行함이니, 理와 行이 서로 어긋나서는 안 된다는 것은 곧 心에서 了解한 理法에 합치하도록, 즉 如理 如法하게 현실에서 行이 되어야 한다는 뜻이다. 달마대사의 二入(理入과 行入)四行의 법문은 이를 바탕으로 한 것이다.

증證하는 것이다."

或復有人未了究竟法, 爲於名聞利養, 敎導衆生, 不識根緣利鈍, 似如有異, 卽皆印可, 極爲苦哉苦哉大禍. 或見心路似如明淨, 卽便印可, 此人大壞佛法, 自誑誑他. 用心人有如此同異, 並皆是相貌耳, 未爲得心. 眞得心者, 自識分明, 久後法眼自開, 善別虛之與僞. 或有人計身空無, 心性亦滅, 此是斷見人, 與外道同, 非佛弟子. 或有人計心是有不滅, 此是常見人, 亦與外道同. 今明佛弟子, 亦不計心性是滅; 常度衆生, 不起愛見; 常學智惠, 愚智平等; 常在禪定, 靜亂不二. 常見衆生, 未曾是有; 究竟不生不滅, 處處現形; 無有見聞, 了知一切, 未曾取捨. 未曾分身, 而身遍於法界.

혹은 또 어떤 이가 궁극의 진리를 아직 깨닫지 못하고 명예와 이양利養을 위해 중생을 가르치면서 근기가 날카로운가 둔한가를 알지 못하고 약간 그럴 듯하게 다른 면이 보이면 곧바로 모두 인가해주고 있으니, 그야말로 극히 고통스럽고 고통스러운 큰 화근이로다! 혹은 심로心路가 약간 밝고 맑아진 듯함을 보고 곧바로 인가해주고 있으니, 이러한 사람은 불법을 크게 부수고, 자신을 미치게 하고 남을 미치게 한다. 수행인에게 이와 같은 같고 다름이 있으나, 모두 다 모습만 그러한 듯이 보이는 것일 뿐 아직 득심得心한 것이 아니다. 진실한 득심자得心者는 스스로 분명히 아는 것이니, 오래 지나고 나면 법안法眼이 스스로 열려 허위를 잘 분별할 수 있게 된다. 혹은 어떤 이는 몸이 공무空無하고, 심성 또한 멸하는 것이라고 분별한다. 이러한 자는 단견인斷見人이니 외도와 같아 불제자가 아니다. 혹은 어떤 사람은 마음이 불멸하는 것이라고 분별하는데, 이 사람은 상견인常見人으로 또한 외도와 같다. 지금 밝은 불제자는 심성이 멸하는 것이라고 분별함도 없고, 항상 중생을 제도하되 애견愛見을 일으키지 않는다. 항상 지혜를 배우되 우매함과 지혜가 평등함에 있고, 항상 선정에 있되 고요함과 산란함이 불이不二하다. 항상 중생을 보되 일찍이 있었던 바가 없다고 보며, 구경에 불생불멸이되 처처에 모습을 나타낸다고 알고, 견문함이 없어도 일체를 깨달아 알며, 일찍이 취하고 버림이 없다. 일찍이 분신分身함이 없되 몸이 법계에 두루하다.

又古時智敏禪師訓曰, "學道之法, 必須解行相扶. 先知心之根源及諸體用, 見理明淨, 了了分明無惑, 然後功業可成. 一解千從, 一迷萬惑. 失之豪釐, 差之千里." 此非虛言.
〈無量壽經〉云,「諸佛法身入一切衆生心想, 是心是佛, 是心作佛.」. 當知佛卽是心, 心外更無別佛也. 略而言之, 凡有五種. 一者知心體; 體性淸淨, 體與佛同. 二者知心用; 用生法寶, 起作恒寂, 萬惑皆如. 三者常覺不停; 覺心在前, 覺法無相. 四者常觀身空寂; 內外通同, 入身於法界之中, 未曾有碍. 五者守一不移. 動靜常住, 能令學者明見佛性, 早入定門.

또한 예전에 지민智敏선사가[170] 이르기를,

---

170 智敏(愍)선사가 누구인지는 不明이나, 돈황자료 가운데 하나인 『證心論』에 同文이 있고, 『證心論』 일부가 『종경록』 권100에 '智者大師가 陳의 宣帝에게 준 書라는

"도를 배우는 법은 반드시 해해解와 행행行이 상부相扶해야 하는 것이다. 먼저 마음의 근원과 모든 체용을 알고, 이理를 관찰하여 밝고 맑아지며, 뚜렷하고 분명하여 미혹이 없게 된 연후에야 공업을 이룰 수 있다. 하나를 이해함에 천 가지 법이 따르고, 한 가지를 미혹함에 만 가지 미혹이 따른다. 터럭 끝이라도 잘못하게 되면 천리의 차이가 난다." 고 하였다. 이는 허언이 아니다.

『무량수경』에[171] 이르기를,

"제불諸佛 법신法身이 모든 중생의 심상에 들어가니, 이 마음이 불佛이요, 이 마음이 불佛을 작作한다."

하였으니, 마땅히 불佛이 곧 마음이라, 마음 밖에 다시 따로 불佛이 없음을 알아야 한다. (이에 대해) 간략히 설한다면, 무릇 다섯 가지로 나누어 설명할 수 있다. 첫째, 마음의 체體를 아는 것이니, 심체의 성性이 청정하여 심체와 불佛이 동일하다고 아는 것이다. 둘째, 마음의 용用을 아는 것이다. 마음의 용用이 법보를 생하고, 영원한 적멸을

이름으로 인용되어 있어 천태지의天台智顗의 작품인 듯하다. 이 書名은, 당말에 들어온 일본승 圓仁이 가져온 경전목록에 들어 있기 때문에 돈황본『證心論』이 그 본문이라고 한다면 道信이 天台의 書에도 주의를 기울이고 있었다는 것이 분명하다. 아울러 초기선종과 천태사상과의 교섭을 말해주고 있다. 이에 대한 자세한 설명은 關口眞大의 저서『達磨大師の硏究』가운데「『證心論』(敦煌出土)と 天台止觀法門」의 항 참조. 이 각주문은『禪史1』, 230~231쪽을 대략 전인하였다.

171 본명은『관무량수경』(1권)이다.『관무량수불경』·『무량수관경』·『十六觀經』·『觀經』이라고도 한다. 424년 강량야사畺良耶舍가 번역하였다.『대무량수경』및 『아미타경』과 함께 淨土三部經이라 칭한다.

내니, 모든 미혹이 다 여(如: 平等不二, 如理, 如法)하다. 셋째, 항상 멈춤 없이 각(覺: 了知)함이다. 마음이 현전하여 있음을 각覺하고, 법이 무상無相임을 각한다. 넷째, 항상 몸이 텅 비어 고요함에 몸의 내외가 하나로 통해져 있고, 법계 가운데서 몸에 들어오되 일찍이 걸리는 바가 없었음을 관찰한다. 다섯째, 수일守一하여 불이不移함이다.[172] 흔들림과 고요함 어느 때나 상주(常住: 守一 不移함)하는 것은 능히 수학자가 불성佛性을 밝게 알도록 해주며, 선정의 문에 빨리 들어가게 한다.

諸經觀法備有多種, 傅大士所說, 獨擧守一不移. 先當修身審觀, 以身爲本. 又此身是四大五陰之所合, 終歸無常, 不得自在. 雖未壞滅, 畢竟是空. 〈維摩經〉云, 「是身如浮雲, 須臾變滅.」. 又常觀自身空淨如影, 可見不可得. 智從影中生, 畢竟無處所, 不動而應物, 變化無有窮. 空中生六根, 六根亦空寂, 所對六塵境, 了知是夢幻. 如眼見物時, 眼中無有物. 如鏡照面像, 了了極分明, 空中現形影, 鏡中亦無物. 當知人面不來入鏡中, 鏡亦不往入人面. 如此委曲, 知鏡之與面, 從本以來不出不入不去不來. 卽是如來之義. 如此細分判, 眼中與鏡中, 本來常空寂, 鏡照眼照同. 是故將爲比, 鼻舌諸根等,

---

172 守一이라 하니 자칫 어느 하나를 대상으로 잡아 전념으로 지킨다는 것으로 알면 잘못이다. 어떠한 대상(경계)이 있다면 이미 一이 아니다. 能(주관)과 所(객관)가 있게 되는 까닭이다. 분별을 떠나 있음이 眞如인 까닭에 분별 떠남이 곧 守一이다. 이 또한 전술한 無分別智가 근본이다. 분별 떠남이 如一하게 이어짐이 곧 守一不移의 뜻이다.

其義亦復然. 知眼本來空, 凡所見色者, 須知是他色. 耳聞聲時, 知是他聲. 鼻聞香時, 知是他香. 舌別味時, 知是他味. 意對法時, 知是他法. 身受觸時, 知是他觸. 如此觀察, 知是爲觀空寂, 見色知是不受. 不受色, 色卽是空, 空卽無相, 無相卽無作, 此是解脫門, 學者得解脫. 諸根例如此. 復重言說, 常念六根空, 寂爾無聞見. 〈遺敎經〉云, 「是時中夜, 寂然無聲.」. 當知如來說法, 以空寂爲本, 常念六根空寂, 恒如中夜時. 晝日所見聞, 皆是身外事, 身中常空淨.

여러 경의 관법은 여러 종류이나 부대사傅大士[173]가 설하여 든 것은

---

173 傅大士(497~569)는 남조 梁·陳시대의 거사. 본명은 翕翁, 善慧大士(大士는 보살의 異名)로도 불린다. 동토의 유마, 또는 미륵의 화신으로 신앙되었다. 16세에 결혼, 두 아들을 낳고, 24세에 인도 스님 숭두타崇頭陀를 만나 불도를 수행했다. 낮에는 품을 팔고 밤에는 아내 妙光과 함께 大法(大乘)을 설하였다고 함. 天台에서는 그를 쿠마라지바가 역한『법화경』과『대지도론』의 선양자로서 남악혜사(天台제2조)의 앞에 두고 있으며, 담연湛然의『止觀義例』卷上에도 "그 깨달음이 佛과 等한 경지에 있으며, 또한 三觀四運의 법을 第一로 하였다." 하고, 그의『獨自詩』1首를 들고 있다. 禪에 관해서는『心王銘』·『行路難』등의 작품이 존중받고 있다.『속고승전』권25와『전등록』권28에 略傳이 있고, 따로『선혜대사어록』4권이 있어 그의 작품과 전기를 집성하고 있다.

한편『선혜대사록』권4에는 부대사의 스승인 숭두타崇頭陀의 전기가 실려 있고, 그 이름이 達摩라 하였으며, 同書 권1에는 그를 호승胡僧이라 하였다. 嵩山과 頭陀行을 가리키는 崇頭陀라는 이름 자체가 모두 달마대사와 관련이 깊은 점, 또한 본『능가사자기』神秀의 장에서 신수가 부대사의 法身頌 가운데 一句를 인용하여 설하고 있는 점 등으로 보아 숭두타가 곧 禪祖 보리달마일 가능성이 있다.

근래 중국에서 張勇이 傅大士에 대한 종합적 연구로서『傅大士研究』(成都, 巴蜀書社, 2000.7)를 편찬하였다. 큰 업적이라 할 수 있다. 단지 張勇은 崇頭陀가 禪祖 달마대사일 가능성을 부정하고 있으나(同書, 483쪽), 그 근거가 단지 인도의 승려에

오직 수일守一하여 불이不移함이었다. 먼저 마땅히 수신修身하고 세밀히 관찰해야 하나니 몸으로써 근본을 삼음이다. 또 이 몸은 4대(地水火風) 5음(五陰: 색수상행식)이 화합된 것이어서 종국에는 무상無常에 돌아가는 것이라 자재할 수 없다. 비록 아직 몸이 괴멸되지 않았다 하더라도 필경에는 공이 되고 만다. 『유마경』에[174] 이르기를,

"이 몸은 뜬구름과 같아 잠깐 동안에 변멸하고 만다."

라 하였다. 또한 자신의 몸이 텅 비어 청정하고, 그림자와 같아 볼 수 있으나 얻을 수 없음을 항상 관찰해야 한다. 지(智: 知)[175]는 그림자로부터 생하나니 필경에 처소가 없고, 부동하되 사물에 응하니 변화가 무궁하다. 텅 빈 가운데서 6근(여섯 가지 감각기관)이 생하였으니, 6근 또한 텅 비어 고요하며, 대상인 육진(六塵: 색성향미촉법)의 경계가 꿈과 같고 환과 같음을 뚜렷이 안다. 이를테면 눈으로 사물을 볼 때에 눈 가운데 사물이 없는 것과 같다. 이를테면 거울이 사물의 모습을 비춤이 뚜렷하여 극히 분명함과 같이 텅 빈 데서 모습의 그림자를 나타내고, 거울 가운데는 또한 아무 것도 없다. 마땅히 알지니 사람의 얼굴이 거울 가운데 들어가지 않았고, 거울 또한 사람의 얼굴이 들어와 머물지 않는다. 이와 같이 자세히 살펴보면 거울과 얼굴은 본래부터

達摩라는 이름이 극히 많다는 점 정도에 지나지 않다. 그러나 그 達摩가 禪祖 달마일 가능성이 더 많은 점은 어떻게 해명할 것인가.
174 방편품에서 유마힐거사가 자신의 병에 의거하여 신체의 무상함을 설한 구절이다.
175 여기서의 智는 사물을 知함을 말한다. 경론에서 智는 대부분 지혜를 뜻하나, 知와 혼용하여 쓴 사례들도 상당수 있다.

나감도 없고 들어옴도 없으며, 가는 것도 없고 오는 것도 없는 것임을 안다. 이것이 곧 여래如來의 의義이다. 이와 같이 자세히 분별 관찰하면 눈의 속과 거울의 속은 본래 항상 텅 비어 고요하고, 거울이 비추는 것과 눈이 비추는 것이 똑같다. 이 까닭에 이를 가지고 비유하는 것이니 코와 혀의 여러 감각기관들도 그 의義가 또한 그러하다. 눈(眼)이 본래 공空임을 알았으니 무릇 보이는 색色 모든 것이 타색他色임을[176] 알아야 할 것이며, 귀로 소리를 들을 때에 이것이 타성他聲임을 알아야 할 것이고, 코로 향기를 맡을 때에 이것이 타향他香임을 알아야 할 것이며, 혀로 맛을 감별할 때에 이것이 타미他味임을 알아야 할 것이고, 의식으로 상념(법진法塵)을 인식할 때에 이것이 타상념他想念임을 알아야 하고, 몸으로 감촉을 받게 될 때에 이것이 타감촉他感觸임을 알아야 한다. 이와 같이 관찰하면 이는 텅 비어 고요함〔空寂〕을 관함이 되는 것임을 알 것이고, 색色을 본다 함이 곧 불수(不受: 대상을 感知하지 않음)임을 알 것이다. 색을 감지하지 않으니 색이 곧 그대로 공이고, 공이니 곧 무상無相이며, 무상이니 곧 무작無作이다.[177] 이것이 해탈로

---

[176] 여기서 이어지는 '他色이다'·'他聲이다'……고 한 것은, 대상으로서 인식되는 六塵이 실제로 그렇게 있는 것이 아니니, 그러한 色·그러한 聲 등이 아닌 것이라는 뜻이다. 그렇다면 어떠한 것이라는 말인가. 모두 물속에 비친 달(水中月)과 같아 진실한 月이 아니다. 또한 그 자리 그대로 온통 水일 뿐이니 바로 一心인 色이고, 一心인 聲…… 등이다. 또한 一心은 覺이다.

[177] 空과 無相과 無作(無願)을 三解脫 또는 三三昧·三空이라 하며 대승의 要義이다. 모든 대승경전의 가르침은 이 삼해탈을 바탕으로 하고 있다. 無作(無願)이란 諸法이 空이고 無相이니 무엇을 얻고자 하거나 어떻게 하고자 할 바가 없어, 억지로 생각 내어 마음을 어떻게 하는 바가 없다는 뜻이다. 이어지는 선종 선사들의 법문에 항상 강조되는 無念無修·任運·無修之修도 곧 이를 바탕으로 한다.

들어가는 문이니, 이를 수학하는 이들은 해탈할 수 있다. 여러 감각기관의 예를 이와 같이 들어 설명하였거니와, 다시 반복하여 설하나니, 여섯 가지 감각기관이 공함을 항상 염念하면 고요함에 이르러 듣거나 보는 것이 없게 되리라.[178]

『유교경遺敎經』에[179] 이르길,

"이때 한밤중에 이르러 고요하여 아무 소리도 없었다."[180]

고 하였다. 마땅히 여래께서 법을 설하심은 공적(空寂: 텅 비어 고요함)으로 본本을 삼으셨음을 알 것이니, 여섯 가지 감각기관이 텅 비어 고요함이 항상 저 한밤중의 텅 비어 고요함과 같음을 항상 염念해야 한다. 낮에 보고 들은 것이 모두 다 몸 밖의 일이고, 몸속은 항상 텅 비어 맑다고 항상 알아야 한다.

---

178 듣거나 보는 것이 없다 하여 盲啞와 같은 사람이 되는 것이 아니다. 듣고 본다 함은 그 대상이 있어 이를 듣고 보는 것이나, 여기서는 대상과 감각기관이 함께 텅 비어 고요한 가운데 단지 一心, 즉 覺에서의 不可思議로 知함이다. 이 知를 중생 심식心識의 知와 구별하여 靈知 또는 眞知라고 칭한다.

179 쿠마라지바가 번역한 『佛垂般涅槃略說敎誡經遺敎經』이다. 부처님이 입적하시기 직전에 제자들에게 최후의 질문을 하도록 하고, 자신의 입멸 후에는 계율을 스승으로 하여 선정에 힘쓰도록 하라고 遺敎한 내용이다. 『열반경』과 『붓다차리타』의 일부에 상당하는 곳이 있어 그 부분 역이라고 말해진다. 짤막한 경이면서도 구체적이고 실천적인 설법을 갖추어 예부터 중국불교도의 관심에 합치된 까닭에 중국 최초로 번역된 『四十二章經』과 함께 존숭되었고, 나중에 송대의 선종에서는 이 兩書에 『위산경책潙山警策』을 加하여 『佛祖三經』으로 칭해졌다.(『禪史1』, 240쪽 참조.)

180 序分에 나오는 구절임. 부처님 입적 당시의 시간과 주변 상황을 기술한 것이다.

❦

守一不移者, 以此空淨眼注意看一物, 無間晝夜時, 專精常不動. 其心欲馳散, 急手還攝來, 如繩繫鳥足, 欲飛還掣取, 終日看不已, 泯然心自定.〈維摩經〉云,「攝心是道場.」. 此是攝心法.〈法華經〉云,「從無數劫來, 除睡常攝心, 以此諸功德, 能生諸禪定.」.〈遺教經〉云,「五根者心爲其主, 制之一處, 無事不辯.」. 此是也. 前所說五事, 並是大乘正理, 皆依經文所陳, 非是理外妄說. 此是無漏業, 亦是究竟義. 超過聲聞地, 直趣菩薩道. 聞者宜修行, 不須致疑惑.

　　수일守一하여 불이不移함이란, 이 텅 비어 맑은 눈으로 하나의 사물에 주의하길, 밤낮으로 끊어짐 없이 이어가며 오로지 힘써 항상 부동不動하는 것이다. 그 마음이 흩어져 달아나려고 하면 급히 거두어들여(추스려) 안정시키는 것이 마치 새의 다리를 새끼로 묶어 두었다가 날아가려고 하면 끈을 잡아 당겨 잡는 것과 같이 하며, 온종일 끊임없이 하면 고요하여 마음이 스스로 선정에 들게 된다.
　『유마경』에 이르길,

"마음을 굳게 지키는 것[攝心]이 도량道場이다."

고 하였다. 이것이 마음을 굳게 지키는 법[攝心法]이다.
　『법화경』에 이르길,

"무수겁無數劫 이래로부터 잠잘 때를 제외하고는 항상 마음을 굳게 지켰으니, 이 모든 공덕으로 능히 모든 선정을 생한다."

고 하였고, 『유교경』에 이르길,

"감각기관(根)이란 마음을 그 주主로 하나니, 이를 한곳에 제지制止하면 마음을 잘 다스리지 못할 것이 하나도 없다."

고 하였으니, 바로 이것이다.

앞에서 설한 다섯 가지 사항은 모두 대승의 정리正理이며, 모두 경문에 의거하여 말한 것이고, 정리正理 외의 망설이 아니다. 이는 무루업無漏業이며, 또한 구경의 뜻이다. 성문지聲聞地를 초과하여 곧바로 보살도로 나아가게 하는 법문이다. 듣는 자는 마땅히 이에 따라 수행할 것이며, 반드시 의혹해서는 안 된다.

❦

如人學射, 初射大淮, 次中小淮, 次中大的, 次中小的, 次中一毛, 次破一毛作百分, 次中百毛之一分, 次後箭射前箭筈 筈筈相拄, 不令箭落. 喩人習道, 念念住心, 心心相續, 無暫間念, 正念不斷, 正念現前. 又經云,

「以智惠箭, 射三解脫門, 筈筈相拄, 勿令落地.」

又如鑽火, 未熱而息, 雖欲得火, 火難可得. 又如家有如意珠, 所求無不得, 忽然而遺失, 憶念無忘時. 又如毒箭入肉, 竹出鏃猶在, 如此受苦痛, 亦無暫忘時. 念念常在心, 其狀當如是. 此法秘要, 不得傳非其人. 非是惜法不傳, 但恐前人不信, 陷其謗法之罪. 必須擇

人, 不得造次輒說. 愼之愼之. 法海雖無量, 行之在一言. 得意卽亡言, 一言亦不用. 如此了了知, 是爲得佛意.

이를테면 활쏘기를 배우는 자가 처음에는 큰 과녁을 쏘아보다가 다음에는 작은 과녁을 쏘고, 다음에는 큰 표적을 맞추고, 다음에는 작은 표적을 맞추며, 다음에는 한 터럭을 맞추고, 다음에는 한 터럭을 백분百分한 것을 부수며, 다음에는 백분한 터럭의 일분一分을 맞추고, 다음에는 앞에 쏜 화살의 끝을 뒤 화살이 맞히니, 화살 끝이 서로 버티며 이어져 화살이 떨어지지 않게 되는 것과 같다. 사람이 도를 익히는 것도 이에 비유되는 것이니 염념念念 주심住心하며, 심심心心 상속하여 잠시도 틈 없이 정념正念이 끊임없이 이어지고, 정념이 현전한다. 또 경에서[181] 이르길,

"지혜의 활로 삼해탈(空·無相·無願[無作])의 화살을 쏘아 화살 끝이 서로 이어져 버티며 땅에 떨어지지 않도록 한다."

고 하였다. 또 찬화(鑽火: 나무에 구멍을 내고 비벼서 불을 일으키는 것)를 일으킬 때와 같이 아직 뜨거워지지 않았는데 멈추어버리면 비록 불을 얻고자 하나 불을 얻기 어려움과 같다. 또 집에 여의주가 있어 구하고자 하는 것을 얻지 못할 것이 없으나 홀연히 어디에 두었는가를 잊어버리면 잠시도 잊어버리지 아니하고 어디에 두었던가를 생각하는 것과 같다. 또 독화살이 살 속에 박혀 있다가 화살을 빼어내도 아직

---

181 『마하반야바라밀경』 권18의 구절.

있는 듯하여, 이와 같이 고통이 이어지니 또한 잠시도 아픔을 잊지 못하는 것과 같다. 염념念念마다 항상 마음에 이어지니 그 모습이 마땅히 이와 같다. 이 법은 비요秘要한 것이라 받아들일 수 없는 자에게는 전할 수 없는 것이다. 법을 아까워하여 전하지 않는 것이 아니라 단지 앞사람을 믿지 못하여 법을 비방한 죄에 빠지지 않을까 두려워하는 까닭이다. 반드시 사람을 가려서 전하여야 할 것이며, 경솔하게 자주 말해서는 안 된다. 신중하고 신중히 하라. 법의 바다는 비록 한량없으나 이를 행하는 것은 일언一言에 있다. 뜻을 얻으면(得意) 곧 말을 잊으니 일언 또한 쓸 데 없다. 이와 같이 뚜렷이 아는 것, 이것이 불의佛意를 얻음이다.

若初學坐禪時, 於一靜處, 直觀身心; 四大五陰, 眼耳鼻舌身意, 及貪瞋癡, 若善若惡, 若怨若親, 若凡若聖, 及至一切諸法, 應當觀察; 從本以來空寂, 不生不滅, 平等無二, 從本以來, 無所有, 究竟寂滅, 從本以來, 清淨解脫. 不問晝夜, 行住坐臥, 常作此觀, 即知自身猶如水中月, 如鏡中像, 如熱時炎, 如空容響. 若言是有, 處處求之不可見. 若言是無, 了了恒在眼前. 諸佛法身皆亦如是. 即知自身從無量劫已來, 畢竟未曾生, 從今已去, 亦畢竟無人死. 若能常作如是觀者, 即是眞實懺悔. 千劫萬劫, 極重惡業, 即自消滅. 唯除疑惑不能生信. 此人不能悟入. 若生信依此行者, 無不得入無生正理.

만약 처음 좌선을 배우게 된 때에는 고요한 곳에서 몸과 마음을 직관해야 하나니, 안이비설신의眼耳鼻舌身意와 탐진치(貪瞋痴: 탐욕·성냄·어리석음), 선이든 악이든, 원수이든 친근한 자이든, 범부이든 성인이든, 그리고 일체 모든 것에 이르기까지 본래로 텅 비어 고요하고, 불생불멸이며, 평등하여 무이無二이고, 본래로 있을 것이 없어서〔無所有〕구경(究竟: 궁극)으로 적멸寂滅한 것이며, 본래로 청정 해탈되어 있다고 응당 관찰하여야 한다. 낮과 밤을 가리지 아니하고 행주좌와에 항상 이 관을 하게 되면 곧 자신이 물속의 달〔水中月〕과 같고, 거울 속의 모습과 같으며, 뜨거운 날의 아지랑이와 같고, 허공이 메아리를 수용함과 같음을 알게 된다. 있다고 하더라도 어느 곳을 찾아보아도 볼 수 없다. 없다고 하더라도 항상 뚜렷이 눈앞에 있다. 제불諸佛 법신이 모두 또한 이와 같다. 곧 자신이 무량겁 이래로부터 필경에 일찍이 생함이 없었고, 지금으로부터 또한 필경에 죽음이 없다. 만약 능히 항상 이와 같이 관한다면 곧 이것이 진실한 참회이다. 천겁만겁 동안 쌓아온 극히 무거운 악업이 곧바로 스스로 소멸한다. 오직 의혹하여 믿음을 내지 못하는 것을 제거하라. 이러한 자는 깨달아 들 수 없다. 만약 믿음을 내어 이에 의거하여 행하는 자는 무생無生의 정리正理에 들어가지 못함이 없을 것이다.

復次若心緣異境覺起時, 卽觀起處畢竟不起. 此心緣生時, 不從十方來, 去亦無所至. 常觀攀緣, 覺觀妄識, 思想雜念, 亂心不起, 卽得麤住. 若得住心, 更無緣慮, 隨分寂定, 亦得隨分息諸煩惱畢. 故不造新, 名爲解脫. 看心緖煩熱, 悶亂昏沈, 亦卽旦從散適, 徐徐安置, 令其得便, 心自安淨. 唯須猛利, 如救頭然, 不得懈怠, 努力努力.

또한 마음이 어떤 다른 경계에 끌리어 생각이 일어날 때에는 곧바로 그 일어난 곳이 필경에 일어난 바가 없음을 관찰하라. 이 마음이 끌리어 생각이 일어난 때 (그 생각이) 시방十方 어디로부터도 온 바가 없으며, 사라져도 또한 간 바가 없다. 마음이 대상에 끌리어 가는 것(攀緣)과 각관(覺觀: 생각하여 관찰하는 것)하는 망식妄識과 사상思想의 잡념과 어지러운 마음이 일어난 바가 없음을 항상 관하면 곧 거친 마음의 동요가 안정을 이루게 된다. 만약 마음이 안정을 이루게 되면, 다시는 대상에 끌리어 생각을 일으킴이 없게 되고, 그것을 이룬 부분에 비례하여(隨分) 고요한 선정이 이루어지고, 또한 그 부분에 비례하여 모든 번뇌를 소멸시킬 수 있다. 까닭에 새로 생각을 짓지 않음을 이름하여 해탈이라 한다.

심정이 번열煩熱하고, 번민하며 산란하고 혼침하는 것을 관하면 또한 곧바로 그러함으로부터 벗어나게 되는 것이니, 서서히 평안하게 마음을 두며 편안해지도록 하면 마음이 스스로 안정되고 맑아진다. (이와 같이 하는 데는) 오직 반드시 맹렬하고 예리한 마음으로 머리에 붙은 불을 끄듯 해야 하며, 게을러서는 안 되나니 노력하고 노력하라!

❀

初學坐禪看心, 獨坐一處, 先端身正坐. 寬衣解帶, 放身縱體, 自按摩七八翻, 令腹中嗌氣出盡, 卽滔然得性, 淸虛恬靜. 身心調適, 能安心神, 則窈窈冥冥, 氣息淸冷, 徐徐斂心, 神道淸利, 心地明淨. 觀察分明, 內外空淨, 卽心性寂滅; 如其寂滅, 則聖心顯矣. 性雖無形, 志節恒在. 然幽靈不竭, 常存朗然, 是名佛性. 見佛性者, 永離生死, 名出世人. 是故〈維摩經〉云,「豁然還得本心」. 信其言也. 悟佛性者, 是名菩薩人, 亦名悟道人, 亦名識理人, 亦名達士, 亦名得性人. 是故經云,「一句深[182]神, 歷劫不朽」.
初學者前方便也. 故知修道有方便, 此卽聖心之所會.

처음 좌선 간심看心을 배울 때에는 홀로 한곳에 앉아 먼저 몸을 단정히 정좌正坐한다. 옷과 허리띠를 느슨하게 풀고 나서 몸의 긴장을 풀어 자연스럽게 두고 스스로 안마를 7~8번 하여 뱃속의 탁기를 모두 토해내면 몸과 마음이 물 흐르듯 하며 본래의 고요한 심성을 얻게 되어 청허淸虛하고 편안하며 고요하게 된다. 몸과 마음이 조화를 이루어 편안해지면 능히 마음을 안정케 하여 그윽하고 유현幽玄하게 되고, 호흡이 맑고 시원해지며 서서히 마음이 거두어지고, 정신이 맑아 예리하게 되며, 심지心地가 밝고 맑아진다. 관찰함이 분명해지고, 내외가 텅 비어 맑아지면 곧 심성인 적멸이다. 그렇게 적멸하게 되면 성심聖心이 드러난다. 심성은 비록 형상이 없으나 지절志節은 항상 있다. 그리하여 유현한 마음은 다하지 아니하고 항상 있어 뚜렷이 밝으니 이를 이름하여 불성佛性이라 한다. 불성을 본 자는 영원히 생사를 떠나니 이름하여 출세인出世人이라 한다. 이 까닭에 『유마경』에서[183] 이르길,

"훤히 트여 다시 본심을 얻었다."[184]

---

182 '深神'이 '染神'으로 된 本도 있는데 柳田聖山은 후자를 택하고 있으나, 『대정장』은 전자를 취하고 있다. 뜻으로 보아 '深神'이 옳다고 본다.
183 『유마경』 제자품 제3의 구절.
184 인용문 앞 단락의 경문을 인용한다. 제자품의 부루나미다라니자의 條에

고 하였다. 이 말씀을 믿어야 한다. 불성을 깨달은 이를 이름하여 보살인이라 하고, 또한 오도인悟道人이라 하며, 또한 식리인(識理人: 궁극의 理, 眞理를 깨달아 아는 人)이라 하며, 또한 달사達士라 하고, 또한 불성을 얻은 사람이라 한다. 이 까닭에 경에서[185] 이른다.

"일구一句의 심묘한 불성(佛性: 深神),[186] 역겁歷劫토록 불후不朽하네."

"부처님께서 부루나미다리니자에게 말씀하셨다.
'네가 유마힐에게 가서 病문안을 하여라.'
부루나가 부처님께 말하였다.
'세존이시어! 저는 그곳에 병문안하는 일을 감당할 수 없습니다. 왜냐하면 (옛일을) 생각하건대, 제가 옛날에 큰 숲의 한 나무 아래에서 여러 초학의 비구들에게 설법을 할 때에 유마힐이 저에게 와서 말하기를, '부루나여! 먼저 마땅히 선정에 들어 이 사람의 마음을 관찰한 연후에 설법해야 할 것이니 …… 너는 중생의 근원을 알 수 없나니 소승법으로 발기시켜서는 안 된다. …… 부루나여! 이 비구는 오래 전에 대승심을 발하였으나 도중에 이 뜻을 망각하였거늘 어찌 소승법으로 敎導해야 하리오. …… 그때 유마힐이 곧바로 삼매에 들어 이 비구로 하여금 스스로 숙명(과거 전생의 일)을 알게 하니, 일찍이 五百佛所에서 수많은 공덕의 뿌리를 심고 아뇩다라삼먁삼보리에 회향하였었는지라, 즉시에 훤히 트여 다시 본심을 얻게 되었습니다. ……'"

185 어느 경인지 不明.
186 이 '深神'의 神은 바로 앞 문장의 뜻에 직결하면 곧 佛性을 가리킨다고 보아야 할 것이다.
한편 '深神'이 아니라 '染神' 쪽을 택하고 있는 유전성산의 해석은 '히니의 근원적인 말이 정신을 오염시키면 영원히 사라지지 않는다.'이다. 그러나 이 해석은 전후의 문맥에도 어울리지 아니할 뿐 아니라 이 말 자체의 뜻이 사실에 어긋난다. 말에 오염되었다 하더라도 언젠가는 정화될 수 있다는 것이 불교이기 때문이다.

(이 단락의 내용은) 초학자의 전방편前方便에 해당하는 글이다. 까닭에 수도에는 방편이 있음을 알 것이니, 이렇게 방편에 따라 하여야 성심聖心에 합치하게 되는 것이다.

※

凡捨身之法, 先定空空心, 使心境寂靜, 鑄想玄寂, 令心不移. 心性寂定, 卽斷攀緣, 窈窈冥冥, 凝淨心虛, 則夷泊恬乎, 泯然氣盡, 住淸淨法身, 不受後有. 若起心失念, 不免受生也. 此是前定心境, 法應如是. 此是作法, 法本無法, 無法之法, 始名爲法. 法則無作, 夫無作之法, 眞實法也. 是以經云, 「空無作無願無相, 則眞解脫.」. 以是義故, 實法無作. 捨身法者, 卽假想身根, 看心境明地, 卽用神明推策.

무릇 사신捨身의[187] 법은 먼저 공空에 안정하여 마음을 비워 마음과 경계를 적정寂靜하게 하고, 상념을 깊이 고요하게 하여 마음이 움직이

---

[187] 사신捨身은 보살이 중생을 위해 身命을 헌신, 희생하여 구해주고 그 공덕을 일체 중생의 아뇩다라삼먁삼보리(무상정등각) 성취에 회향하는 것이다(『화엄경』회향품). 또한 설산동자가 半句의 가르침을 마저 듣기 위해 나무에서 몸을 던져 법을 구한 故事(『대반열반경』성행품)와 같이 보통 절실한 구법의 의지나 어떠한 悲願으로 행하기도 하고, 불보살을 찬양하고 공양하는 뜻으로 자신의 몸을 태우거나 자신의 몸을 던져 희생하거나 노력 봉사하는 것 등을 말하는데, 여기서 말하는 捨身은 문맥의 내용상 그러한 뜻이 아니다. 즉 여기서 말하는 捨身은 후의 구절에서 말한 바와 같이 身根을 假有, 幻과 같은 것으로 보고 집착을 버리는 것을 뜻한다고 하겠다. 그 방법이 마음을 비우는 것이라 하였다. 이 구절의 끝 글에 '(이렇게 함으로써) 청정법신에 住하여 後有(다음 생의 몸)를 받지 않게 된다.' 한 것은 곧 오음(五陰: 색수상행식)에 구속된 데서 벗어나 청정법신에 住하니 오음을 다시는 받지 않게 된다는 뜻이다.

지 않도록 해야 한다. 심성이 고요하여 안정하게 되면 곧 대상에 끌리는 생각이 끊어지고, 아득히 깊고 깊으며, 마음이 한데 모아져 맑고 텅 비게 되니 항상 담박淡泊하고 평안하며, 적멸寂滅하여 호흡의 움직임이 다하고, 청정법신에 머물러 후유(後有: 다음 생의 몸)를 받지 않게 된다. 만약 잘못하여 마음을 일으켜 상념하게 되면 생을 받는 것을 면하지 못한다. 이것이 먼저 마음과 경계를 안정하게 하는 법이니, 마땅히 이와 같이 따라 행해야 한다. 이것이 수행하는 법인데 법法이 본래 무법無法이라 무법無法의 법法이 되어야 비로소 이름하여 법이라 한다.[188] 법이란 곧 무작(無作: 無願)이니[189] 무릇 무작의 법이어야 진실의 법이다. 따라서 경에[190] 이른다.

"공空·무작無作·무원無願·무상無相이면[191] 곧 진실한 해탈이다."

---

[188] 法이란 상념의 대상이 되어서는 안 된다. 본래 상념의 대상이 아니어서 無法인 까닭이다. 법이든 청정법신이든 모두 無相인지라 어떠한 법이든 어디에 따로 있는 것이 아니다(無法). 법 자체가 얻을 바 없다는 뜻을 말하고 있다. 그런데 얻을 바, 취할 바, 향할 바 법이 있다면 이는 그 법의 뜻을 모르는 것이다. 따로 있음을 벗어나지 못하였다면 그 법이 대상으로서 아직 있는 것이 되어 청정법신에 까마득히 이르지 못한 것이다. 그래서 그 법이 따로 대상으로서 취하거나 얻을 바 없는 것이 되어야(즉 法이 無法이 되었을 때), 진실한 법이 되는 것이다.
[189] 삼해탈 가운데 하나인 無作은 곧 無願이라고도 한다. '억지로 생각 내어 하지 않음', '무엇을 얻거나 이루고자 마음을 어떻게 하려 하지 않음'의 뜻이다. 마음을 어디에 향하거나 취착함이 없는 행이다. 무작의無作意라고도 한다.
[190] 어느 경인지 불명. 단지 이러한 뜻의 문구는 여러 대승경전에 보인다.
[191] 無願과 無作은 같은 범어의 異譯이다. 그래서 이 네 가지는 곧 앞에 설명한 세 가지의 법, 즉 三解脫(三三昧, 三空)이다.

이러한 뜻이 있는 까닭에 진실한 법은 무작이다. 사신捨身의 법은 곧 신근身根을[192] 가유假有의 것으로 보고, 마음과 경계의 밝고 맑은 자리를 보는 것이니, 곧 신명神明을 써서 추정推定함과 같다.[193]

❀

大師云,〈莊子〉說,「天地一指, 萬物一馬.」〈法句經〉云,「一亦不爲一, 爲欲破諸數. 淺智之所聞, 謂一以爲一.」. 故莊子猶滯一也.〈老子〉云,「窈兮冥兮, 其中有精.」, 外雖亡想, 內尙存心.〈華嚴經〉云,「不著不二法, 以無一二故.」.〈維摩經〉云,「心不在內, 不在外, 不在中間」, 卽是證. 故知老子滯於精識也.〈涅槃經〉云,「一切衆生有佛性.」. 容可說'牆壁瓦石而非佛性 云何能說法.'又〈天親論〉云,「應化非眞佛, 亦非說法者.」

대사께서 설하였다.

『장자莊子』에 이르길,

---

192 원본은 '身橫'인데 유전성산은 '身根'으로 정정하였고, 이에 따른다.
193 '神明推策'은 점이나 기도 등으로 神明을 빌려 推定함을 말하는데, 여기서는 마음과 경계의 볼 수 없는 적멸 明淨한 자리를 보게 되는 것, 즉 볼 수 없는 理에 따라 마음 수행해 나가는 것이, 마치 未知의 일을 神明을 통하여 추정하는 것과 같아 이에 빗대어 말한 것이다. 이와 같이 理는 볼 수 없는 것이나 이법에 의해 自心에서 그러함을 추정하여 나아가는 것이니 이것이 곧 理入이다. 즉 이 구절은 理入을 설명하고 있다. 진여를 아직 親證하지 못하였으나 이법에 의하여 그러함을 알고(推定하고) 나아가는 것이 佛法 수행의 요체이다.

"천지도 다만 하나의 손가락일 뿐이요, 만물도 다만 하나의 마馬일 뿐이다."[194]

고 하였다. 『법구경』에[195] 이르길,

"일一 또한 일一이 아니나니, (一이라고 한 것은 다만) 여러 가지 법(존재)이 있다는 생각을 부수게 하고자 함이다. 얕은 지혜밖에 없는 자에게 설하길 일一이라고 하면 일一이라고밖에 생각하지 않는다."

고 하였다. 까닭에 장자莊子는 오히려 일一에 걸려(정체되어) 있다. 『노자老子』에[196] 이르길,

"그윽하고 아득하도다. 그 가운데 정精이 있나니."

라 한 것은, 밖으로는 비록 상념을 떠났으나, 안으로는 아직 마음이 있는 경계이다.[197] 『화엄경』에[198] 이르길,

---

194 『장자』 제물론에 나온다. 모든 다양한 존재도 도의 자리에서 보면 단지 한 가지일 뿐이라는 뜻이다. 이를 인용한 것은, 莊子는 이렇게 모든 것을 '하나'라고만 보아 한쪽에 치우쳐 있다는 점을 지적하기 위함이다.

195 『佛說法句經』 보광문여래자게답품 제11에 나오는 게송.

196 『老子道德經』 제21장.

197 老子는 밖으로 대상에 대한 想은 떠났으나 아직 안으로 인식의 주체로서의 心은 떠나지 못하였음을 말한 것.

198 60권본 『화엄경』 권33 보현보살행품의 게송. 원문은 '不二法'의 '不'字가 빠져

"불이不二의 법에도 집착하지 않나니 일一과 이二가 없는 까닭이다."

라 하였다. 『유마경』에[199] 이르길,

"마음이 안에도 있지 아니하고, 밖에도 있지 아니하며, 중간에도 있지 아니하다."

고 하였으니, 곧 이것이 (진여를) 증證함이다. 까닭에 노자는 정식(精識: 정밀한 식)에 걸려 있음을 알 수 있다. 『열반경』에[200] 이르길,

"일체 중생에게 불성이 있다."

고 하였으니, '담벽의 와석瓦石에 불성이 없는데 어찌 설법할 수 있겠는가' 하고 말할 수 있을 것인가. 또 『천친론天親論』에[201] 이르길,

"응화불應化佛은 진불眞佛이 아니며, 또한 설법자도 아니다."[202]

있는데, 경문에 의거하여 정정함.
199 『유마경』 제자품에 나오는 구절.
200 『대반열반경』 권27 사자후보살품 제1 및 권35 가섭보살품. 경문은 '一切衆生悉有佛性'이다.
201 天親(世親; 바수반두)이 『금강반야경』을 주석한 논(『金剛般若經論』).
202 法은 언어를 초월하여 있고, 언어로 설해질 수 있는 것이 아니다. 그래서 법을 설함도, 설해짐도, 설하는 자도 없다. 즉 법은 이미 대상이 아닌 까닭이다. 유정중생에게 모습으로 보이는 부처님이 응화불(應化佛: 化身)이다. 『능가경』

6) 홍인대사

第六, 唐朝蘄州雙峰山幽居寺大師諱弘忍, 承信禪師後. 忍傳法妙法, 人尊時號爲東山淨門. 又緣京洛道俗稱歎,"蘄州東山多有得果人", 故曰東山法門也.

人問,

"學道何故不向城邑聚落, 要在山居."

答曰,

"大廈之材, 本出幽谷, 不向人間有也. 以遠離人故, 不被刀斧損斫, 一一長成大物後, 乃堪爲棟樑之用. 故知栖神幽谷, 遠避囂塵, 養性山中, 長辭俗事. 目前無物, 心自安寧, 從此道樹花開, 禪林菓出也." 其忍大師蕭然淨坐, 不出文記. 口說玄理, 默授與人. 在人間有禪法一本, 云是忍禪師說者, 謬言也.

제6, 당조唐朝 기주蘄州 쌍봉산²⁰³ 유거사幽居寺의 대사 휘諱 홍인(弘

권7 게송품에 설한다.

"법신불이 眞佛이고, 그 나머지는 모두 化身佛이나니,
중생의 종자 따라 佛의 화현한 몸 보는 것이니라."

또 『능가경』 권2 집일체법품에 "法身佛이 報身佛과 化身佛을 단번에 나타내듯이……"라고 하였다. 그래서 설법자의 실제는 법신불이다.

203 現 호북성 황매현.

忍, 602~674)선사는 도신道信선사의 뒤를 계승하였다. 홍인선사께서 묘법을 전함에 당시에 사람들이 존숭하여 받들며 '동산정문東山淨門'이라 칭하였다. 또 장안과 낙양 부근의 도속이 찬탄하길,

"기주蘄州 동산에는 과果를 성취한 분들이 많이 있다."

고 하였다. 까닭에 '동산법문'이라고 하였다.
　사람들이 묻기를,

"도를 배우면서 왜 성읍 취락에 향하지(가까이 하지) 아니하고 산에 거처해야 하는 것입니까?"

하니, (홍인선사가) 대답하였다.

"큰 건물의 재목은 본래 심산유곡에서 나온 것이니 인간에게서 가까이 있지 않은 것이다. 사람들에게서 멀리 떨어져 있는 까닭에 칼과 도끼에 의해 잘려지지 아니하고 차츰차츰 장성하여 큰 나무가 된 후에야 동량棟樑으로 쓰일 수 있게 되는 것이다. 까닭에 마음을 심산유곡에 두고, 소란스러운 속진俗塵을 멀리 피하여 산중에서 양성養性하며 길게 세속의 일을 버리는 것이다. 목전에 잡다한 일들이 없으니 마음이 스스로 안녕하게 되고, 이로부터 도의 나무에 꽃이 활짝 피고, 선림禪林에 과실果實이 나오게 된다."

　홍인선사는 소연蕭然히(寂寂하게) 정좌淨坐에만 힘쓰고 문기文記를

내지 않으셨다. 현리玄理를 설하며 묵연히 가르침에 임하였다. 세간에 『선법禪法』[204] 일본一本이 있어 이를 홍인선사가 설한 것이라 하나, 잘못된 말이다.

※

按安州壽山和上, 諱賾, 撰〈楞伽人法志〉云,
「大師俗姓周, 其先尋陽人, 貫黃梅縣也. 父早棄背, 養母孝彰. 七歲奉事道信禪師, 自出家處幽居寺. 住度弘愍, 懷抱貞純, 緘口於是非之場, 融心於色空之境. 役力以申供養, 法侶資其足焉. 調心唯務渾

---

[204] 돈황에서 발견된 『導凡聖悟解脫宗修心要論』(간략히 『修心要論』)을 가리킨다고 하나(『禪史1』, 272쪽), 필자는 그렇지 않다고 생각한다. 또 따로 『最上乘禪』의 이름으로 한국과 일본에 전해지는 것이 있는데 이것도 弘忍의 作으로 되어 있다. 필자가 『수심요론(최상승론)』을 홍인의 친설로 보는 이유는 다음의 두 가지 사항에 의한다.
첫째, 『수심요론』의 말미에는 편집한 제자가 다음과 같이 기술하고 있다.
"제자가 이상과 같이 이 논을 편집한 것은 바로 (스승께서 하신) 말씀 따라 본심을 믿고 글에 의거하여 (설하신) 뜻을 취한 것이다. 이렇게 설하신 것을 (제자가) 실제로 명료하게 證知한 것은 아니다."
따라서 본서는 이전에 홍인선사가 설한 법문을 청문하였던 제자가 그 들은 바를 뜻에 따라 글로 작성한 것이다. 즉 홍인선사가 직접 文記를 낸 것은 아니지만 입적 후 제자가 법문을 편집하여 작성한 것이니 친설과 다름없다.
둘째, 제자가 후에 글을 약간 변형시켜 자의로 작성하게 되는 경우가 있으니 본서의 내용은 초기 선종의 여러 법문과 일치하기 때문에 그럴 가능성은 없다고 본다. 특히 북종 신수와 현색玄賾의 제자인 정각淨覺이 지은 『능가사자기』의 여러 부분과 본서의 내용이 일치하고 있다. 더욱이 친근하고 자상하게 설명되어 있어 文記 형식이 아니다. 따라서 당시 유포되어 있었다는 『禪法』은 본서가 아닐 것이다. 돈황에서 발견된 필사본 『修心要論』은 총 8종으로 모두 『敦煌禪宗文獻集成』 卷上(新華書店北京發行所, 1998. 5)에 수록되어 있다.

儀, 師獨明其觀照, 四儀皆是道場, 三業咸爲佛事. 蓋靜亂之無二, 乃語默之恒一. 時四方請益, 九衆師模, 虛往實歸, 月逾千計. 生不屬文, 而義符玄旨.

時荊州神秀禪師, 伏膺高軌, 親受付囑.

玄賾以咸亨元年, 至雙峰山, 恭承教誨, 敢奉馳驅, 首尾五年, 往還三觀. 道俗齊會, 仿身供養. 蒙示楞伽義云,

"此經唯心證了知, 非文疏能解."

咸亨五年二月, 命玄賾等起塔. 與門人運天然方石, 累構嚴麗. 月十四日間, "塔成未." 奉答, "已了". 便云,

"不可同佛涅槃之日. 乃將宅爲寺."

又曰,

"如吾一生, 敎人無數, 好者並亡. 後傳吾道者, 只可十耳. 我與神秀論〈楞伽經〉, 玄理通快, 必多利益. 資州智詵, 白松山劉主簿, 兼有文性. 華州惠藏, 隨州玄約, 憶不見之. 嵩山老安, 深有道行. 潞州法如, 韶州慧能, 揚州高麗僧智德, 此並堪爲人師, 但一方人物. 越州義方, 仍便講說."

살피건대 안주(安州: 여기서는 호북성) 수산사壽山寺의 화상 휘諱 색적賾선사께서 『능가인법지楞伽人法志』를[205] 찬술하여 이르셨다.

(홍인)대사의 속성은 주周이며, 그 선조는 심양尋陽[206]인이고, 본관은

---

[205] 이곳과 다음의 神秀 條 외에는 보이지 아니한다. 본 홍인선사 章 이후의 글은 모두 이 『능가인법지』에서 轉引한 것으로 본다.
[206] 호북성 황매현 북부에 있다.

황매현(黃梅縣: 호북성 동남)이다. 일찍이 부친을 여의고 모친을 부양하여 효자로 표창되었다.[207] 7세에 도신선사를 받들어 모시고 스스로 출가하여 유거사幽居寺에서 지냈다. 널리 연민하며 정순貞順한 마음으로 지냈으며,[208] 시비하는 곳에서는 입을 다물었고, 색(色: 물질)이 공空한 경계에 마음을 융회融會하였다. 친히 노역하여 공양하니 법우들의 생활비가 충족되었다. 오직 모든 행동거지에[209] 힘써 조심調心하였으며, 사師께서는 오직 행동거지 하나하나를 놓치지 아니하고 밝게 관조하셨으니, 사의(四儀: 행주좌와)가 모두 도량이었고, 삼업(身口意의 업)이 모두 불사佛事가 되었다. 고요함과 산란함이 둘이 아니어서 말함과 묵묵히 있는 것이 항상 여일如一하였다.

때에 사방에서 법문을 청함이 갈수록 더해가고, 구중九衆이[210] 스승으로 모시고 따르며,[211] 빈 채로 왔다가 가득 채워 가지고 돌아가는[212]

---

207 원문들은 모두 '部'이나, 뜻으로 보아 '彰'으로 정정하였다(『禪史1』, 278쪽).
208 원문 '住度'와 '懷抱'는 같은 뜻이겠다.
209 원문의 '渾儀'는 곧 全儀이고, 행주좌와의 모든 행동거지를 말한다.
210 卵生·胎生·濕生·化生·有色·無色·有想·無想·非有想非無想의 중생을 가리킨다.
211 원문은 '師橫'인데 뜻이 통하지 않아 '師模'로 정정하였다(『禪史1』, 279쪽).
212 『장자』덕충부 제5에 나오는 고사에서 유래한 말이다. 해당 부분을 인용한다. 魯에 足이 잘린 형벌을 받은 王駘라는 인물이 있었는데 이를 따르는 이들이 중니(仲尼: 공자)에 버금갈 정도였다. 常季가 중니에게 물었다. "왕태는 足이 잘린 형벌을 받은 자인데도 이를 따르는 이들이 夫子(孔子)와 함께 魯의 제자집단을 양분하고 있으며, 敎를 세우지도 아니하고, 앉아서 의론하지도 아니하는 데도 (찾아온 사람들이) 빈 채로 왔다가 채워 가지고 돌아가니, 진실로 말하지 않는 가르침이며, 모습 없이 마음의 도를 성취한 자라 하겠습니까?" 중니가 말하였다. "그 사람은 聖人이다. 丘(공자)는 바로 그 뒤에 있어 아직 그 경지에 이르지 못하였다. 丘도 그분을 스승으로 삼고자 하는데 하물며 丘와 같지 않은 이들이야 말할 나위 있겠는가……."

도중들이 매달 천 명을 넘었다. 본래 글을 짓지 않으셨으나 의義는 현지玄旨에 합치하였다.

때에 형주荊州의 신수선사神秀禪師가 스승의 가르침을 따름에 가장 뛰어나고 모범을 보여 친히 부촉을 받았다.

나 현색玄賾은 함형원년(670년)에 쌍봉산에 이르러 공경히 가르침을 받고 감히 분주히 받들어 모시길 전후 5년[213] 동안 왕래하며 참근參覲하였다. 도속이 함께 모여 힘써 공양하였다. 『능가경』의 의義에 대해 가르침을 받았는데 이르시길,

"이 경은 오직 마음으로 증득하여 깨달아 아는 것이어서 문장의 해설로써 능히 이해할 수 있는 것이 아니다."

고 하셨다. 함형 5년 2월, 현색 등에게 명하여 탑을 세우게 하였다. 문인과 함께 천연의 방석方石을 운반하여 장엄하고 수려하게 쌓아 올렸다. 그달 14일에 (홍인선사께서 물었다)

"탑이 다 되었는가?"

봉답하였다.

"다 되었습니다."

(홍인선사께서) 바로 말씀하셨다.

"부처님 열반하신 날(2월 15일)과 같은 날에 열반할 수는 없다. 그리고 나의 생가의 집을 사찰로 하라."[214]

---

213 홍인선사는 함형 5년에 입적하였기 때문에 현색이 奉事한 기간은 5년이 된다.
214 생가를 사찰로 만든 예는 이 밖에 神秀의 生家를 報恩寺로, 慧能의 新州 生家를

또 말씀하셨다.

"내 일생 동안 수많은 사람을 가르쳤으나 뛰어난 이들은 모두 죽고, 나의 도를 후대에 전할 사람은 단지 열 명이 될 뿐이다. 내가 신수神秀와 더불어 『능가경』에 대해 논하였는데 이리를 말함이 통쾌하여[215] 반드시 많은 이익을 얻었음을 알 수 있다. 자주지선資州智詵과[216] 백송산白松山 유주부劉主簿는[217] 문성(文性: 文筆 文章 文學의 재능)을 겸비하고 있다. 화주혜장華州惠藏과[218] 수주현약隨州玄約은[219] 상념하는 것이 보이지 않는다.[220] 숭산노안嵩山老安은[221] 도행이 깊다. 노주법여潞州法如와[222] 소

國恩寺로 만든 사례 등이 있다.

215 柳田聖山은 원문 '云理通快'를 '玄理通快'로 고쳐 해석하였으나, 오히려 앞의 내용이 『능가경』에 대해 대담하였다는 것이므로 원문 '云'이 옳은 것으로 생각된다.

216 『역대법보기』에 의하면 속성은 周氏이고, 汝南(현 하남성 여남현)人인데 三代祖 때 蜀에 들어온 까닭에 이곳에서 태어났다. 처음에는 長安에 나와 玄奘에게서 배우고 나중에 쌍봉산 弘忍선사에게 귀의하였다. 資州(현 사천성 자주현 북부)의 德純寺를 중심으로 활약하였다. 후에 제자 處寂으로부터 淨衆無相 — 淨衆神會 — 保唐無住로 이어지는 사천계통 선맥의 祖가 된다. 則天武后 長安 2년(702년) 7월 6일 94세로 입적하였다. 저술에 『虛融觀』三卷·『緣起』一卷·『반야심경소』 1권 등이 있었다고 전해지는데, 이 가운데 『반야심경소』는 근래 발견된 돈황문서 중에서 그 전문이 발견되었다.

217 地名과 人名 모두 不明.

218 어떠한 인물인지 불명 華州는 지금의 섬서성 화현이다.

219 어떠한 인물인지 불명. 宗密은 玄約을 十代弟子로부터 제외시키고 있다. 隨州는 지금의 호북성 북부이다. 『역대법보기』에 의하면 玄約은 이 지역의 大雲寺에 있었다고 한다.

220 원문 '憶不見之'에 대해 유전성산은 '기억하고 있지만 그 소식을 알지 못한다'로 해석하였으나(『禪史1』, 276쪽), 大弟子들의 특장과 경지를 말하고 있는 자리에는 어울리지 않는다. 그래서 憶은 '想念하는 것', '생각하는 것'으로 보아 항상 無念無想

주혜능韶州慧能과[223] 양주고려승揚州高麗僧 지덕智德,[224] 이들은 모두 사람의 스승이 될 수 있으나 단지 일방一方의 인물이다. 월주의방越州義方은[225] 곧잘 강설을 잘한다."

又於玄賾曰,

"汝之兼行, 善自保愛, 吾涅槃後, 汝與神秀, 當以佛日再暉, 心燈重照."

其月十六日, 問曰,

의 자리에 있기에 상념하는 것을 볼 수 없다는 뜻으로 해석하였다.

221 惠安 또는 道安이 바른데, 장수한 까닭에 老安으로도 불린다. 荊州枝江(현 호북성 枝江縣)人으로, 속성은 衛氏(一說은 李氏)이며, 개황 2년(582)에 출생하였다. 大業 年間(605~617)에 각지를 遊行하고, 대운하공사로 신음하던 굶주린 백성을 돕는 행을 하였다. 中年에 홍인의 법에 나아가 종남산의 석벽에서 수도하였고, 晩年에는 신수와 함께 측천무후에 초빙되어 國師가 되었으며, 嵩山 會善寺에 들어가 山神에게 보살계를 주었다. 장안에서 갖가지 神通으로 유명하였다. 신룡 3년(707)에 128세로 입적하였다.

근본자료로 宋儋의 「嵩山會善寺大德道安禪師碑銘」(『全唐文』396)이 있고, 『역대법보기』, 『송고승전』(권18 및 19), 『조당집』 권3, 『전등록』 권4 등에도 전기가 보인다.

222 노주潞州는 산서성 장치현의 동부이다. 法如의 전기는 『傳法寶記』에 자세히 나와 있고, 이밖에 『唐嵩山少林寺法如禪師行狀』도 전한다. 장안과 낙양에 처음 弘忍의 법을 전한 인물로 알려지고 있다.

223 六朝慧能을 말한다. 韶州는 지금의 광동성 曲江縣 서부이다.

224 고구려 승일 것이나 어떠한 인물인지 불명. 宗密은 智德을 十代弟子에서 제외시키고 있다. 揚州는 지금의 강소성 강도현을 가리킨다.

225 어떠한 인물인지 不明. 越州는 지금의 절강성 소흥현.

"汝今知我心不."

玄賾奉答, "不知."

大師乃將手搞十方, 一一述所證心. 已十六中, 面南宴坐, 閉目便終. 春秋七十四. 禮葬於馮茂山, 塔中至今, 宛如平昔. 范陽盧子產, 於安州寺壁畵像.

또 현색에게 말씀하셨다.

"너는 선禪과 교敎를 겸행하며 자신을 잘 보애하고, 내가 열반한 후에 너와 신수神秀가 불일佛日이 다시 찬란히 빛나 마음의 등불이 거듭 비추어지도록 힘쓰라."

그달 16일에 물으셨다.

"너는 지금 나의 마음을 알겠느냐?"

현색이 받들어 답하였다.

"모르겠습니다."

대사께서 이에 손으로 시방十方을 이리저리 가리키면서 하나하나 증심證心한 바를 설명하셨다. 16일 정오가 됨에 남쪽을 향하여 연좌宴坐하고, 눈을 감으며 곧바로 입적하셨다. 춘추 74세였다. 예를 갖추어 풍무산馮茂山에[226] 장장葬하였다. 탑이 지금도 있는데 완연히 예전의 모습 그대로이다. 범양范陽의 노자산盧子產이[227] 인주 수산사의 벽에 (선사의) 화상을 그렸다.

---

226 호북성 황매현 동북에 있음. 산정에 연못이 있어 백련이 자란다고 함.(『禪史1』, 285쪽).

227 전해지는 기록이 없다. 범양은 지금의 하북성 북부의 涿縣.

前兵部尙書隴西李逈秀, 爲讚曰,
猗歟上人, 冥契道眞
攝心絶智, 高悟通神
無生證果, 現滅同塵
今玆變易, 何歲有隣.

전 병부상서 농서隴西 이형수李逈秀가 찬탄하여 말하였다.

아! 상인上人이시어!
구극의 도에 계합하시었고
섭심攝心하여 알음알이 끊으셨으며
높은 깨달음 신통에 이르셨나이다.

무생無生의 진리 깨달으시어 증과證果하시고
이제 적멸함 나투시어
이제 이렇게 변역생사變易生死하셨으니[228]

---

[228] 不思議變易生死에 대해서는 『능가경』의 여러 곳에 자세히 설해져 있다. 생사에는 범부중생의 分段生死와 三界를 벗어난 菩薩地에서의 부사의변역생사가 있다. 변역생사는 삼계에 生死하는 몸을 벗어난 후에 성불하기까지 성자가 받는 삼계 밖의 생사이다. 이 성자들은 無漏의 悲願力으로 분단생사하는 거칠고 열등한 몸을 변하여 細妙無限한 몸을 받으며, 무루의 定願力의 도움으로 妙用이 헤아릴 수 없으므로 부사의변역생사라 한다.
『대승입능가경』 권제3 집일체법품에 "(성문과 연각은) 法無我를 아직 깨우치지 못하여 不思議變易生死라 이름하지 못한다." 하였다. 그러나 아직 佛地는 아니어서

2. 『능가사자기』 역주

언제 다시 가까이 뵐 수 있겠습니까!

§

大師云, "有一口屋, 滿中惣是糞穢草土, 是何物."
又云, "掃除却糞穢草土, 併當盡一物亦無, 是何物. 你坐時, 平面端身正坐, 寬放身心, 盡空際遠看一字, 自有次第. 若初心人攀緣多, 且向心中看一字. 澄後坐時, 狀若曠野澤中, 逈處獨一高山, 山上露地坐, 四顧遠看, 無有邊畔. 坐時, 滿世界寬放身心, 住佛境界. 淸淨法身, 無有邊畔; 其狀亦如是."
又云. "你正證大法身時, 阿誰見證."
又云, "佛有三十二相, 甁亦有三十二相不, 柱亦有三十二相不, 乃至土木瓦石亦有三十二相不."
又將火筋一長一短並著, 問, "若箇長若箇短也."
又見人然燈, 及造作萬物, 皆云, "此人作夢作術也."
或云, "不造不作, 物物皆是大般涅槃也."

대사께서 말씀하셨다.
"출구가 하나인 집이 있어 집안 가득히 분예糞穢와 초토草土가 가득 차 있다. 이것이 무엇인가?"
또 말씀하셨다.
"분예와 초토를 모두 소제掃除하여 한 물건도 없이 다 제거되었을 때, 이것은 무엇인가? 네가 앉을 때에는 고른 바닥에 몸을 단정히

同권6 게송품에는 "不思議變易生死는 아직 習氣를 지니고 있으나, 변역생사를 영원히 다할 때, 번뇌의 그물 모두 끊어지네."라 하였다.

하여 정좌하고, 몸과 마음을 여유롭게 풀어놓으며 허공 끝의 저 멀리에 일자(一字: '佛'字, 혹은 '一' 등 어느 하나의 글자)를 간看하면 자연히 진전이 있을 것이다. 초심자로서 경계에 쉽게 끌리는 경우에는 또한 마음을 향하여 일자一字를 보라. 마음이 맑아져 증證하게[229] 된 후에 좌坐하면 마치 광야의 연못 가운데 있는 듯하고, 아득히 홀로 우뚝 솟아 있는 높은 산의 산상 노지露地에 앉아 있어 사방을 멀리 둘러보아도 주변에 아무런 땅도 보이지 않는 듯하다. 좌선시에 온 세계에 가득히 몸과 마음을 여유롭게 풀고 있으면 불경계佛境界에 안주함이 되느니라. 청정법신은 주변에 걸리는 것이 없나니 그렇게 좌선하는 형상이 또한 이와 같다."

또 말씀하셨다.

"네가 대법신大法身을 정증正證하였을 때 누가 증득한 것인가?"

또 말씀하셨다.

"불佛에 32상相이 있는데, 물병에도 또한 32상이 있는가. 기둥에도 또한 32상이 있는가. 내지 토목과 기와, 돌에도 또한 32상이 있는가."

또 부젓가락 한 가지는 길고 한 가지는 짧은 것을 함께 들고,

"어떤 것이 긴 것이고, 어떤 것이 짧은 것인가?"

하고 물었다.

또 사람들이 등불을 켜서 달고, 갖가지 사물을 만드는 것을 보면 항상 말하기를,

"이 사람들은 꿈을 꾸고 환술을 부리고 있다."

고 하였다. 혹은 말하기를,

---

229 '澄'이 '證'으로 쓰인 사본도 있다. 澄心內證으로 함께 쓰인다.

"조작함이 없어 물물이 모두 대반열반이다."
고 하였다.

又云, "了生卽是無生法, 非離生法有無生. 龍樹云, 「諸法不自生, 亦不從他生. 不共不無因, 是故知無生. 若法從緣生, 是則無自性. 若無自性者, 云何有是法.」"
又云, "虛空無中邊, 諸佛身亦然. 我印可汝了了見佛性處是也."
又云, "汝正在寺中坐禪時, 山林樹下, 亦有汝身坐禪不. 一切土木瓦石, 亦能坐禪不. 土木瓦石, 亦能見色聞聲, 著衣持鉢不. 楞伽經云, 「境界法身」, 是也."

또 말씀하셨다.

"생생生이 곧 무생無生인 법을 깨닫는다는 것이니, 생법生法을 떠나서 무생이 있는 것이 아니다.[230] 용수보살이 설하길,

'모든 존재는 스스로 생기는 것이 아니며, 또한 다른 것으로부터 생기는 것도 아니고, 스스로 생김과 다른 것으로부터 생김이 함께 연유하여 생기는 것도 아니며(不共), 인因이 없이 생기는 것도 아니다. 이 때문에 무생임을 안다. 존재하는 것이 인연으로 생긴 것이라면 이는 곧 자성自性이 없다는 것이 되니, 자성이 없다면 어떻게 존재하는 것이 있을 수 있겠는가.'[231]

---

230 이 구절은 『능가경』의 要義 가운데 하나이며 『능가경』에 나오는 구절이다.

또 말씀하셨다.

"허공에는 중앙과 변邊이 없나니, 모든 불신佛身 또한 그러하다. 너희들이 뚜렷하게 불성처佛性處가 이러함을 보면 나는 인가할 것이다."

또 말씀하셨다.

"너희들이 바로 절에서 좌선할 때에 산림의 나무 아래에서도 또한 너희들의 몸이 좌선하고 있는가, 그렇지 않은가? 모든 토목과 기와, 돌도 또한 능히 좌선할 수 있는가, 그렇지 않은가? 토목과 기와, 돌 또한 사물을 보고 소리를 들을 수 있고, 옷을 입고 발우鉢盂를 지닐 수 있는가, 그렇지 않은가? 『능가경』에 이르길,

'경계법신(境界法身: 모든 境界가 그대로 法身이다. 法身의 境界이다)'

라[232] 한 것이 바로 이것이다."

---

231 『中論』 권1 觀因緣品.
232 (4권본)『능가아발다라보경』 권1에 나오는 구절이다. (7권본)『대승입능가경』 卷第二 集一切法品은 '法身境界'로 되어 있다. 대혜보살이 부처님께 請法한 내용인데 양 경문을 인용한다.
  4권본: "……여래께서 歎하신 바 바다의 파도와 같은 장식(藏識: 아뢰야식)의 境界法身에 대해 설하여 주소서."
  7권본: "藏識 海浪의 法身境界를 설하여 주소서."
  법신이 경계를 떠나 어디에 따로 있는 것이 아니다. 그래서 깨달은 눈으로 보면 處處萬物이 바로 法身의 경계이다. 그리고 경계는 곧 藏識의 海浪이다.

7) 신수대사

第七唐朝荊州玉泉寺大師諱秀・安州壽山寺大師諱賾・洛州嵩山會善寺大師諱安. 此三大師是則天大聖皇后 應天神龍皇帝 太上皇前後爲三主國師也. 並忍大師授記云, "後傳吾道者, 只可十耳." 俱承忍禪師後.

제7, 당조唐朝 형주荊州 옥천사玉泉寺의 대사 휘諱 수(秀: 神秀大師)・안주安州 수산사壽山寺의 대사 휘諱 색(賾: 玄賾大師)・낙주洛州 숭산嵩山 회선사會善寺의 대사 휘諱 안(安: 老安大師), 이 세 분의 대사는 측천대성황후(則天大聖皇后: 측천무후)와 응천신룡황제(應天神龍皇帝: 唐中宗)와 태상황(太上皇: 睿宗)²³³을 전후하여 세 주군(황제)의 국사國師였던 분들이다. 아울러 홍인대사께서 이르시길,

"나의 도를 후세에 전할 이는 단지 십인十人이 있을 뿐이다."

고 하였다. (이분들이) 모두 홍인선사의 뒤를 계승하였다.

---

233 당 제5대 황제 예종睿宗: 太上皇이란 황제의 父에 대한 칭호. 第三代 高宗의 第八子이고, 母는 측천무후. 中宗이 폐위된 후 繼位하였다. 武后에게 폐위되었다가, 武后가 죽은 후 中宗이 韋后에 의해 살해되고 韋氏세력이 전횡함에 뒤에 玄宗이 되는 임치왕臨緇王 융기隆基가 韋氏세력을 제거하고 父 예종을 복위시켰다. 예종은 재위 3년에 子 융기에게 양위하였다. 개원 4년(716)에 死去할 때까지 太上皇으로 불리어졌다.

按安州壽山和上撰〈楞伽人法志〉云,
「其秀禪師俗姓李, 汴州尉氏人. 遠涉江上, 尋師慕道, 行至蘄州雙峰山忍禪師所, 受得禪法. 傳燈默照 言語道斷 心行處滅, 不出文記. 後居荊州玉泉寺. 大足元年, 召入東都, 隨駕往來, 兩京教授, 躬爲帝師. 則天大聖皇后問神秀禪師曰, "所傳之法, 誰家宗旨." 答曰, "稟蘄州東山法門." 問, "依何典誥." 答曰, "依〈文殊說般若經〉一行三昧." 則天曰, "若論修道, 更不過東山法門." 以秀是忍門人, 便成口實也.」

생각하건대, 안주 수산사 화상(현색대사)이 지으신 『능가인법지楞伽人法志』에 이른다.

"신수神秀선사의 속성은 이李이고, 변주汴州 위씨尉氏인이다. 멀리 강상江上을 돌아다니며 스승을 찾아 도를 구하던 중, 기주蘄州 쌍봉산 홍인선사가 계신 곳에 이르러 선법을 받았다. 묵조默照와 언어도단(言語道斷: 말의 길이 끊어짐)·심행처멸(心行處滅: 마음 갈 곳이 멸함)의 법을 전등(傳燈: 전법)하고, 문기文記를 짓지 않았다. 후에 형주荊州의 옥천사에 주석하였다. 대족원년(大足元年: 701년)에 (측천무후의) 초빙을 받아 동도(東都: 洛陽)에 들어가셨고, 어가御駕의 왕래에 따라 양경(兩京: 장안과 낙양)에서 (측천무후를) 가르치며 친히 제사帝師가 되셨다.
측천대성황후則天大聖皇后가 신수선사께 물었다.
'전하시는 법은 어느 가家의 종지입니까?'

(신수선사가) 대답하였다.

'기주蘄州의 동산법문東山法門을 받은 것입니다.'

(측천무후가) 물었다.

'어느 경전에 의거한 가르침입니까?'

(신수선사가) 대답하였다.

'『문수설반야경』의 일행삼매一行三昧234에 의거한 것입니다.'

측천무후가 말하였다.

'수도에 대해 논하건대 더 이상 동산법문을 넘어서는 것이 없겠습니다.'

신수선사가 홍인선사의 문인이었던 까닭에 바로 화제가 되었던 것이다."

應天神龍皇帝神龍元年三月十三日 勅,

「禪師迹遠俗塵, 神遊物外, 契無相之妙理, 化有結之迷途. 定水內澄, 戒珠外徹. 弟子歸心釋敎, 載佇津梁. 冀啓法門, 思逢道首; 禪師昨欲歸本州者不須. 幸副翹仰之懷, 勿滯枌楡之戀. 遺書示意, 指不多云.」

禪師三帝欽承, 兩京開化. 朝野蒙益, 度人無數. 勅於本生大李村, 爲置報恩寺. 以神龍二年二月二十八日, 不疾宴坐, 遺囑三字云, "屈曲直." 便終東都天宮寺. 春秋一百餘歲. 合城四衆, 廣飾宮幢, 禮葬龍門山, 駙馬都尉公主, 咸設祭文.

---

234 앞의 道信禪師의 條에 설명.

응천신룡황제(應天神龍皇帝: 中宗)가 신룡원년(神龍元年, 705) 3월 13일에 다음과 같이 칙어勅語를 내렸다.[235]

"선사의 행적行迹은 속진俗塵을 멀리하고, 물외物外에 신유神遊하며, 무상無相의 묘리妙理에 계합契合하고, 번뇌에 결박된 미혹한 중생들을 교화하셨습니다. 선정禪定의 수水로 내심內心을 맑히시며, 지계持戒의 보주寶珠로 외행外行을 관철하셨습니다. 제자가(中宗 자신을 가리킴) 부처님의 가르침에 귀심(歸心: 귀의)하니 나루터에서 기다리시다 배에 태워주셨습니다. 법문 열어주실 것을 원하옵고 최상의 도 만나길 바라온데, 선사께서 어제 본주(本州: 荊州)에 돌아가고자 하신다 하오니 아니 될 일입니다. 부디 발돋움하고 기다리는 마음을 생각해주시어 고향 그리워하는 마음에[236] 걸리지 마시길 바라나이다. 글로써 뜻을 적어 말씀 다 드리지 못하고 간략히 전합니다."

선사께서는 세 분 황제의 흠앙欽仰을 받으시고 양경兩京을 개화開化하시었다. 조야朝野가 모두 이익과 은혜를 입었으며, 제도 받은 이들이 무수히 많았다. 황제가 칙어를 내려 (선사의) 출생지 대리촌大李村에 보은사報恩寺를 설치하도록 하였다. 신룡 2년(706) 2월 28일에 아픈 곳이 없는 가운데 연좌宴坐하시고, 삼자三字의 유촉遺囑을 내려 이르시길,

---

235 中宗이 복위한 해에 神秀대사에게 내린 칙어이다. 이전에 신수대사가 형주 玉泉寺에 돌아갈 것을 청하였기 때문에 이를 만류하고자 한 것이다.

236 분유지연枌榆之戀: 枌榆는 漢高祖의 향리 社에 있던 나무인데, 황제가 된 후 이를 帝都에 옮겨 고향을 그리는 동향 출신의 父老를 위안케 하였다는 고사에서 나온 말이다.

"굴곡屈曲을 직直하게 하라."[237]

고 하셨다. 곧바로 동도東都 천궁사天宮寺에서[238] 입적하셨다. 춘추는 1백여 세이셨다. 성내의 모든 사부대중이 궁과 당幢을 광대하게 장식하고, 예를 갖추어 용문산에[239] 장葬하였으며, 부마도위駙馬都尉와 공주들

---

[237] 원문 '屈曲直'은 여러 해석이 나올 수 있는 句이다. 柳田聖山은 이 뜻을 명확히 알 수 없다 하고, 古來의 敎判에서 屈曲敎와 平等敎 등이 있는 것을 참고하면, 屈曲은 方便의 敎, 平等은 眞實의 敎이고, 이것으로 一代佛敎가 總攝되는 까닭에 神秀의 경우도 이 三字로 자신의 생애를 요약한 것으로 보인다고 해설하였으나(『禪史1』, 305쪽), 그러한 뜻이라면 굳이 이러한 용어를 썼을까 하는 의문점이 있다. 또한 방편과 진실의 敎를 함께 쓰는 것은 위대한 선사들에게 공통인데 특별히 이를 유촉의 말로 할 필요가 있었을까 하는 점도 고려해보아야 할 것이다. 그보다는 屈曲은 直心에 대칭되는 屈曲心으로 경계에 끌리어 染着된 妄心을 가리키고, 直心은 內外의 경계에 흔들리거나 머무름 없어 屈曲되지 아니하며, 영향 받지 아니하고, 물들지 아니하는 마음을 뜻한다고 보아야 하지 않을까 한다. 즉 본서 앞에서 비유하고 있는 바와 같이 거울이 경계를 비추되 물들거나 동요함이 없는 것과 같은 마음이다. 道信이 말한 知함이 없다는 것을 아는 것이다. 본서의 승찬선사의 章에 인용된 『智度論』의 "뱀이 기어가는 성질은 구부러진 것이나 통 속에 넣으면 곧 반듯이 펴지게 된다. 三昧로 마음을 제어함도 또한 이와 같다." 함도 곧 이 뜻이다. 망념은 구부러지는 성질이니 좌선 삼매로 마음의 움직임을 바르게 펴야 한다는 말이다. 또한 좌선하며 마음이 어느 곳에나 머무르지 아니하고, 內와 外와 中에도 있지 아니하며, 言語道斷, 心行處滅에 있게 되면 자동으로 놈(적주, 허리)이 屈曲에서 直(곧추세워짐)하게 되는 것을 형용한 것이라고도 할 수 있다. 그래서 좌선行의 부지런한 실천을 강조한 말씀이라 하겠다. 초기 선사들의 어록에서 성취를 위해서는 좌선의 功이 있어야 한다는 말이 자주 보인다. 여기서는 이 두 가지 뜻을 함께 뜻한 것으로 본다.

[238] 『전법보기』에 의하면, 이곳은 이전에 神秀대사가 受戒한 곳이다. 낙양성 내의 觀善坊에 있다.

[239] 지금의 하남성 낙양현 서남에 있다.

은 함께 제문祭文을 지었다.

※

勅,「故秀禪師, 妙識外融, 靈氣內徹. 探不二之奧, 獨得髻珠. 守眞一之門, 孤懸心鏡. 至虛應物, 色會神明, 無爲自居, 塵淸累遣. 期頤轉慕, 精爽日聰, 方將洞前識之玄微, 導群生之耳目. 不意大悲同體, 委化從權. 一傷泥曰之論, 長想意傳之敎. 雖理絶名相, 無待於追崇, 而念切師資, 願存於榮飾. 可贈爲大通禪師.」
又勅,「宣差太子洗馬盧正權充使, 送至荊州, 安置度門寺, 額亦付正權. 將廻日奏聞.」
門人讚曰,
"至矣我師, 道窮眞諦. 淸淨解脫, 圓明實際. 演無上道, 開無上惠. 迹泯一如, 心忘三世. 假言顯理, 順物而契. 長爲法舟, 濟何所濟."

(中宗이 다음과 같이) 칙어를 내렸다.

"고故 신수선사께서는 묘식妙識이 모든 바깥 경계를 융섭融攝하고, 영기靈氣는 내심內心을 통철通徹하셨다. 불이不二의 심오한 법 탐구하시어 홀로 계주(髻珠: 최상의 보배, 최상의 깨달음)를 얻으셨다. 진일(眞一: 一心)의 문門 수수守하시어 홀로 마음의 거울〔心鏡〕을 게시揭示하셨다. 지허(至虛: 지극한 빈자리, 진공, 진여)에서 모든 사물에 응하시며, 색(色: 물질)이 신명에 융회融會하고, 무위無爲에 자재하시어 속진俗塵의 번뇌 맑게 버리시었다. 춘추 백 세가[240] 되셨으나 더욱 존앙尊仰을 받으시고, 정신은 날로 총명하셨으니, 바야흐로 식識이 생기기 이전의 현미玄微에241 통하시었고, 군생群生의 이목耳目을 지도하시었다. 무위無爲의 동체대비同體大悲로242 방편에 따라 교화하셨다. 부처님께서 열반하신243 뜻에 대한 의론을 생각하니 비감悲感이 어리고, 부처님의 뜻을 전한 가르침을 한없이 생각하게 된다. 비록 이理는 명상名相을 단절하였으니 추숭追崇해야 할 것도 없겠으나 사제師弟의 심정이 간절한지라, 스승께 영광의 찬사를 드리고자 합니다. 대통선사大通禪師의 시호諡號를 추증追贈합니다."

또 (다음과 같이) 칙어를244 내렸다.

"태자세마太子洗馬245 노정권盧正權을 칙사勅使로 형주荊州에 파견하여 (선사의 유체를) 도문사度門寺에246 안치케 하고, 사액寺額도 노정권에

---

240 원문 期頤는 『예기』 曲禮上에 '百年日期頤'라 하였으니 연세 百歲를 가리킨다.
241 일체의 識(前五識에서 제8識)이란 能(주관, 인식주체)과 所(객관, 인식대상)가 함께 있는 것이고, 見分과 相分으로 되어 있다. 그러나 본래는 一心이어서 能과 所, 見分과 相分이 따로 있는 것이 아니었다. 여기에 無明의 바람이 홀연히 불어 見分을 세우니 相分이 동시에 생기게 되었다. 이때부터 識의 전변이 일어나며 꿈속을 헤매게 된 것이 중생이다. 따라서 본문에서 前識(識 以前)이라 함은 곧 識이 생기기 이전인 본래의 一心을 말하고, 玄微는 곧 一心을 형용한 말이다.
242 원문 '不意'는 의도(의식)하는 바 없다는 뜻이니 無爲와 같은 뜻으로 해석된다. 본원력에 의해 無爲로 同體大悲心이 빌린되는 것을 설한다.
243 본문 '泥曰'은 니르바나(열반)의 音譯으로 '泥洹'·'涅槃'과 같다.
244 앞의 칙어와 함께 別勅으로 내린 것이다.
245 황태자가 출행 시에 앞에서 威儀를 갖추어 인도하는 관식이다.
246 원본은 度門人寺인데 人은 잘못 들어간 것이다. 신수대사의 생가를 사찰로 하고, 황제가 사액을 내렸다. 度門寺라는 이름은 『大通禪師碑銘』과 『전법보기』 神秀條에 의하면, 신수대사가 出京하기 이전에 스스로 선정한 이름으로, 자세한 이름은

게 가져가게 하라. 돌아오는 날 바로 상주하여 보고하라."

문인이 찬탄하여 말하였다.

지인至人이시여! 우리 스승님!
그 깨달음은 진제眞諦에 지극하셨네.
청정 해탈하시고,
실제實際에 원명圓明하셨네.
무상도無上道 펴시고
무상無上의 지혜 열어 보이셨네.
행적은 일여一如에 적멸寂滅하시고,
마음은 삼세를 벗어나셨네.
말을 빌려 이치를 드러내시고,
사물에 따라 계합契合하셨네.
항상 진리(가르침)로 중생 건네주는 나룻배 되셨으나
제도하심에 어찌 제도한다는 생각과 제도 받는 중생 있다고 생각하셨 겠나이까.

❦

大師云, "〈涅槃經〉說,「善解一字, 名曰律師」. 文出經中, 證在心內. 又云, "此心有心不, 心是何心."

'楞伽孤峰度門蘭若'인데, 이는 (4권본)『능가경』권1 一切佛語心品 第一에 '無量한 度門(바라밀의 法門)이 생류에 따라 두루 나타난다.'라 한 데서 인용한 것이라 한다.

又云, "見色有色不, 色是何色."

又云, "汝聞打鐘聲. 打時有, 未打時有. 聲是何聲."

又云, "打鐘聲只在寺內有, 十方世界亦有鐘聲不."

又云, "身滅影不滅. 橋流水不流. 我之道法, 惣會歸體用兩字. 亦云 重玄門; 亦曰轉法輪; 亦曰道果."

又云, "未見時見, 見時見更見."

(신수)대사께서 설하셨다.

"『열반경』에서 설하길, '일자(一字: 律字)를 잘 이해하는 것을 이름하여 율사律師라 한다.'[247]고 하였다. 글은 경에서 나온 것이나 증證은 마음에서 하는 것이다."

또 말씀하셨다.

"이 마음이 있는가, 없는가. 마음이 왜 마음인가."

또 말씀하셨다.

"보이는 색(色: 물질 경계)이 있는 것인가, 없는 것인가. 색이 왜 색인가."

또 말씀하셨다.

"너희가 종 치는 소리를 듣는가. 그 소리가 종을 칠 때 있는가,

---

247 『대반열반경』(南本) 권3 金剛身品의 구절인데 본문과 약간 다르다. 경문은 다음과 같다. "계율을 잘 배우고, 파계한 사람을 가까이하지 않으며, 그 행위가 계율에 따르고 있는 사람을 보면 마음에 기쁨을 느끼는 사람, 이와 같이 佛法의 생활을 알고, 타인을 위해 잘 설명해줄 수 있는 사람, 이를 律師라고 부른다. 一字를 잘 이해하고, 경전을 잘 受持하는 사람도 또한 마찬가지이다."
그리고 '一字'는 관정灌頂의 『대반열반경소』 권제8(『대정장』 38권, 85쪽)에 의하면 '律'字를 가리킨다. 즉 持戒를 가리킨다.

아직 치지 않을 때 있는가. 소리가 왜 소리인가."

또 말씀하셨다.

"종 치는 소리는 단지 사찰 내에만 있는 것인가. 시방十方세계에도 또한 종소리가 있는가."

또 말씀하셨다.

"몸은 멸하나 그림자는 멸하지 않는다. 다리[橋]가 흐르고 물은 흐르지 않는다.[248] 나의 도법道法은 모두 체體와 용用 두 글자로 회귀會歸된다. 또한 '중현문重玄門'[249]이라 하고, 또한 '전법륜(轉法輪: 법륜을 굴림)'[250]

---

[248] 이 句는 부대사(傅大士, 497~569)가 지은 것으로 『善慧大士錄』 권3 "頌二首"라고 題한 頌 가운데 일부이다. 이 頌을 후인들은 傅大士의 '法身頌'이라 칭하며 설하거나 기록하고 있다(『續傳燈錄』 권24, 『嘉泰普燈錄』 권13, 『撫州曹山元證禪師語錄』, 『禪林僧寶傳』 권1, 「杭州曹山本寂禪師」, 『五家語錄』 권4, 「杭州曹山本寂禪師」 등). 전체의 頌은 다음과 같다.

"空手把鋤頭, 步行騎水牛, 牛從橋上過, 橋流水不流.
有物先天地, 無形本寂寥, 能爲萬象主, 不逐四時凋."

"빈손에 호미 들고
물소 타고 가는데
물소가 다리 위를 지나감에
다리는 흐르고 물은 흐르지 않네.
天地에 앞서 한 물건 있었으니
형상 없고 본래 적료(寂寥: 空寂)하며
능히 만상의 주인 되고
四時 어느 때나 쇠잔됨이 없네."

張勇, 『傅大士研究』(成都, 巴蜀書社, 2000. 7), 391쪽 참조.

[249] 重玄門: 『보살영락본업경』 권상 현성학관품에 대승의 수행자가 나아가야 할 단계를 42位로 나누고, 그 제41位를 入法界心이라 이름하는데, 여기에서 닦아야 할 十法을 설명한 가운데 第六法이 곧 重玄門이다. 즉 "第五는 無明의 父母를 떠나고, 第六은 重玄門에 들어가고, 第七은 佛과 같이 일체의 형상을 나타내고, 第八은 二種의

이라 하며, 또한 도과道果라고 한다."

또 말씀하셨다.

"아직 보지 않았을 때 본 것이니, 볼 때 보는 것은 재차 보는 것이다."

※

又云, "〈瓔珞經〉云,「菩薩照寂, 佛寂照.」"

又云, "芥子入須彌, 須彌入芥子也."

又見飛鳥過, 問云, "是何物."

又云, "汝向了丿(조)樹枝頭坐禪去時, 得不."

又云, "汝直入壁中過, 得不."

又云, "〈涅槃經〉說,「有無邊身菩薩, 從東方來.」菩薩身量旣無邊

법신을 具足하며……."라 하였다. 이 位에서는 지금까지 배운 40心을 거듭하여 총 복습한다.(『禪史1』, 317~8쪽).

250 '轉法輪'은 『보살영락본업경』 卷下 釋義品에서 무구지(無坵地: 等覺位)를 설명한 가운데 나온다. 이 부분을 인용한다.
"佛子여! 보살이 이때에 大寂門 中品忍觀에 머물러 功行이 만족되면 大山의 臺에 오르고, 百千三昧에 들며, 佛儀를 모아 쓴다. 오직 累果가 있지만, 無常의 生滅心이 心無爲라, 行이 보살十地를 넘어서 있고, 解는 佛과 더불어 佛坐處에 자리한다. 그 智는 二法인 常·無常 등의 일체법의 경계를 보는 智이다. 마땅히 알지니, 佛에 如한지라 이름하여 學佛이라 한다. 下地의 일체보살은 이 보살의 경계를 구별하여 알지 못한다. 佛에 대해서는 보살이리 이름하고, 아래의 보살에 대해서는 佛이라 이름한다. 왜 그러한가. 이 보살은 대변화력으로 백겁만겁 동안 머무르며 佛로 화현하고, 처음 생함에 득도하여 '轉法輪'하고, 無餘열반에 들어 八法輪을 설한다. 佛과 비슷하되 佛이 아니니 一切의 佛과 等한 까닭이다. 威儀의 나아가고 멈춤이 일체법과 함께하며 백천삼매 가운데 住한다. 이와 같은 佛의 行을 하는 까닭에 金剛三昧에 들어가 一相, 無相, 寂滅, 無爲한다. 까닭에 이름하여 無垢地라 한다."

際. 云何更從東方來. 何故不從西方南方北方來. 可卽不得也."

또 말씀하셨다.

"『영락경瓔珞經』에[251] 이르길, '보살은 적멸寂滅을 조照하고(照寂), 불佛은 적멸에서 조照한다(寂照).'[252]라 하였다."

또 말씀하셨다.

"개자(芥子: 겨자씨)가 수미산須彌山에 들어가고, 수미산이 개자에 들어간다."

또 나는 새가 지나가는 것을 보고 물으셨다.

"이것이 어떤 것인가."

또 말씀하셨다.

"네가 나뭇가지에 거꾸로 매달려서[253] 좌선을 한다면 할 수 있겠는가."

---

[251] 『보살영락본업경』이다. 5호16국시대의 요진(姚秦: 後秦) 때에 竺佛念이 역하였다. 42位說과 空假中 三觀, 三聚淨戒 등의 주요 교법은 隋唐代의 여러 종파에 큰 영향을 주었다. 원효대사도 『금강삼매경론』 등에서 자주 인용하고 있다.

[252] 『보살영락본업경』 卷下 釋義品에 나오는 구절인데, 보살지의 位를 환희지에서부터 법운지 내지 무구지(無垢地: 等覺)까지 설한 후, 끝으로 佛地를 설명한 부분이다. 佛地 부분을 모두 인용한다.
"佛子여! 妙觀上忍의 大寂無相에서는 오직 일체 중생을 緣으로 하여 善法을 生하며, 또한 일체의 공덕을 스스로 지니는 까닭에 이름하여 佛藏이라 하고 일체법을 寂照하며, 佛 이하의 일체 보살은 照寂하느니라. 이 까닭에 佛子여! 내가 이전에 第四禪 중에서 8억의 범천왕을 위해 寂照를 설하였나니, 如來는 無心 無色이면서 일체법을 寂照하느니라."
또 원효대사의 『금강삼매경론』 卷下 眞性空品에서는 "또 이 智用(圓智의 自用)은 等覺位에서는 照寂慧라 이름하니, 아직 생멸의 動相을 떠나지 못한 까닭이다. 妙覺位에 이르러서는 寂照慧라 이름하니……"라 하였다.

[253] 원문 '了」(조)'는 거꾸로 매달려 있는 모습을 가리킨다. 鳥의 本字가 」(조)이고,

또 말씀하셨다.

"네가 벽 속에 바로 들어가 통과할 수 있겠는가."

또 말씀하셨다.

"『열반경』에[254] 설하길, '무변신無邊身보살이 동방으로부터 왔다.'고 하였다. 보살의 몸이 이미 변제邊際가 없다 하였는데 어떻게 동방으로부터 왔다는 것인가. 왜 서방이나 남방, 북방으로부터 온 것이라고는 하지 않았는가. (서방, 남방, 북방으로부터는) 올 수 없다는 것인가."

8) 보적·경현·의복·혜복

第八唐朝洛州嵩高山普寂禪師·嵩山敬賢禪師·長安蘭山義福禪師·藍田玉山惠福禪師, 並同一師學, 法侶雁行, 俱承大通和上後. 少小出家, 淸淨戒行, 尋師問道, 遠訪禪門. 行至荊州玉泉寺, 遇大通和上諱秀, 蒙授禪法. 諸師等奉事大師十有餘年, 豁然自證, 禪珠獨照. 大師付囑普寂·敬賢·義福·惠福 等, 照世炬燈, 傳頗梨大鏡. 天下坐禪人歎四箇禪師曰,"法山淨, 法海淸, 法鏡朗, 法燈明."宴坐名山, 澄神邃谷, 德冥性海, 行茂禪林. 淸淨無爲, 蕭然獨步. 禪燈默照, 學者皆證佛心也.

自宋朝以來, 大德禪師代代相承, 起自朱求那跋陀羅三藏, 歷代傳

매달려 있다는 뜻인데, 쓰기에 불편하여 鳥字로 대체하여 쓴다고 하였다. 『辭源』(商務印書館, 1987), 65쪽 '了鳥'의 條.

254 南本『대반열반경』序品 第一에 나오는 구절이다. "무변신보살의 몸은 한없이 광대하여 그 모습은 허공과 같은 까닭에 부처님을 제외하고는 누구도 그 몸의 邊際를 볼 수가 없다."라 하였다.

燈, 至于唐朝, 惣當八代, 得道獲果, 有二十四人也.

제8, 당조唐朝 낙주洛州 숭고산(嵩高山: 숭산) 보적선사普寂禪師,²⁵⁵ 숭산 경현선사敬賢禪師,²⁵⁶ 장안 난산蘭山 의복義福선사,²⁵⁷ 남전藍田 옥

---

255 普寂禪師에 대한 주요 자료로 이옹李邕의 『大照禪師塔銘』(『전당문』 권263)과 『송고승전』 권9의 京師興唐寺普寂傳이 있다. 속성은 馮氏, 長樂信都(지금의 하북성 冀縣 동북)人이다. 大梁의 壁, 東都의 端, 玉泉의 景 등에 나아가 불교학을 배우고, 永昌元年(689년)에 少林寺 法如를 찾아가려 하다가, (법여가) 입적하셨다 함에 玉泉神秀에 나아가 『사익경』과 『능가경』을 가르침 받았다고 한다. 玄宗의 개원연간에 동도(낙양)에 들어가 숭악에 머물렀다. 얼마 후 서경(장안)의 敬愛寺 및 興唐寺에 머무르며 神秀의 법을 크게 펼쳤다. 師에 이어 兩京의 法主, 세 황제의 國師가 되었다. 개원 27년(739)에 89세로 입적하였다. 시호는 大照禪師라 하였다.(『禪史1』, 323쪽 참조.)

256 敬賢禪師에 대한 자료로는 羊諭의 『唐嵩山會善寺故景賢大師身塔石記』(『全唐文』 권362)가 있다. 景賢으로도 쓴다. 속성은 薛氏, 汾陰人이다. 어려서 출가하여 옥천사에 나아가 神秀의 법을 이었다. 師와 함께 長安에 들어가 있다가 師가 입적한 후에는 中宗으로부터 자주 초빙되어 입궐하였으나 산림을 좋아하여 대부분 會善寺에서 지냈다고 한다. 개원 11년(723)에 64세로 입적하였다. 또 善無畏三藏으로부터 밀교와 보살계를 받았다. 그가 전한 『無畏三藏禪要』 一卷이 현존한다.(『禪史1』, 323쪽 참조)

257 義福선사에 대해서는 嚴挺之의 『大智禪師碑銘幷序』(『全唐文』 권280) 및 陽伯成의 『大智禪師碑陰記』(『全唐文』 권331), 杜昱의 『大智禪師塔銘』(『唐文拾遺』 권19), 『송고승전』 권9 京兆慈恩寺義福傳, 『구당서』 권191 方伎傳에 수록된 神秀傳의 말미에 붙은 기사 등이 있다. 속성은 姜氏, 上黨銅鞮(지금의 산서성 沁縣 西南)人이다. 처음 장안의 福先寺에서 비脚선사로부터 경론을 배우고, 숭산의 法如를 찾아가고자 하였으나 바로 입적하심에 형주 옥천사의 神秀선사를 찾아가 입문하였다. 얼마 후 師를 따라 동도에 들어갔고, 신룡 2년에 신수선사가 天宮寺에서 입적할 때 그 좌우에서 시종하며 密傳을 받았다고 한다. 이후 숭산 및 京師의 慈恩寺, 終南山 化感寺에 머무르며 크게 도속을 교화하였다. 개원 24년(736)에 79세로

산玉山 혜복惠福선사는[258] 모두 같은 스승으로부터 배워, 동문의 법형제로서 모두 대통화상(大通和上: 神秀)의 뒤를 계승하였다. 어려서 출가하여 청정한 계행을 지키며 스승을 찾아 도를 묻고, 멀리 선문을 심방하였다. 형주荊州 옥천사에 이르러 대통화상 휘諱 수선사秀禪師을 만나뵙고 선법을 가르침 받았다. 여러 선사들은 대사를 받들어 모시길 10여 년에 활연豁然 자증自證하여 선의 보배구슬이 독조獨照하게 되었다. 대사께서는 보적普寂·경현敬賢·의복義福·혜복惠福 등에게 세상을 밝게 비추는 등불이 될 것을 부촉付囑하시고, 파리경(頗梨鏡: 水精鏡)을 전하셨다.

천하의 좌선인들이 네 분의 선사를 찬탄하여 말하길,

"법法의 산은 청정하고, 법의 바다는 맑으며, 법의 거울은 밝고, 법의 등불은 밝았다."

고 하였다.

입적하였다. 시호는 大智禪師라 한다.(『禪史1』, 324쪽 참조.)

258 자세한 전기가 전하지 않는다. 『전등록』 권4의 목차에 神秀의 제자 19인의 이름 가운데 京兆小福禪師가 있는데 바로 앞의 義福선사와 구별하여 惠福을 小福이라 칭한 것으로 생각된다. 그 밖에 다음의 자료가 참고 된다. 약 50년 후에 중국의 頓悟禪을 대표하여 티베트의 수도 라싸에서 인도측의 대표 蓮華戒 등과 對論한 마하연이 자신의 法系를 설하길, "依止하는 和上은 법호가 降魔인 小福和上이며, 아울러 大福六和上을 앙모하여 두 분에게서 대승의 禪門을 가르침 받고 있다."고 하였다. 藍田은 지금의 섬서성 남전현으로 장안의 동남에 해당한다. 『漢書』 地理志에 "藍田山은 美玉을 낸다." 하였고, 『元和郡縣志』에는 一名 玉山이라 한다고 하였다.(『禪史1』, 324쪽 참조.)

명산에서 연좌宴坐하시며, 심산유곡에서 마음을 맑게 하니 덕이 성해性海에[259] 그윽이 합치하였고, 행은 선림禪林을[260] 무성하게 하였다. 청정 무위의 행으로 소연蕭然히(寂寂하게) 독보獨步하셨다. 선의 전등傳燈이 묵조默照하니 배우는 자가 모두 불심佛心을[261] 증證하게 되었다.

송조(宋朝: 南朝의 劉宋, 420~479년) 이래 대덕선사께서 대대로 상승相承하였으니, 송조의 구나발타라 삼장으로부터 역대로 전등傳燈되어 당조에 이르기까지 총합하여 팔대八代가 되며, 득도하여 과果를 얻은 분들이 24인이다.[262]

---

259 바닷물이 性(본성, 본체)이라면 생멸하는 파도의 모습은 相이다. 그래서 性은 海에 비유된다.
260 선은 功德叢林이라 禪林이라 한다.
261 佛心은 전술한 바와 같이 (4권본)『능가경』卷第一의 '諸佛心第一'에 의거한 것이다.
262 이 24人이 구체적으로 누구인지 명확하지는 않다. 柳田聖山은 짐작하길, 구나발타라로부터 홍인에 이르기까지 代로 한 분씩 들어 6인이고, 여기에 홍인의 十大弟子와 현색을 보태어 17인, 신수의 四弟子를 합하여 21인, 또 달마대사의 제자로서 혜가 이외에 본서에 기술된 道育과 曇林이 있기 때문에 이 2인을 합하여 23인이 되고, 나머지 1인은 본서의 저자인 淨覺이 아닐까 하였다.(『禪史1』, 326쪽 참조.)

제2장 『출삼장기집』과 『속고승전』의 능가사 전기

1. 『출삼장기집』

『능가사자기』는 그간 중국선사상中國禪史上 잘 알려지지 않았던 구나발타라 삼장의 중요성을 크게 부각시켜 주었다. 그러나 구나발타라 삼장의 가르침을 소개하는 내용 위주여서 개인의 행적에 대한 내용은 간략하다. 가장 자세한 그의 행적은 양조梁朝의 승우僧祐가 지은 『출삼장기집出三藏記集』 권제14 구나발타라전과, 같은 시기의 혜교慧皎가 지은 『고승전高僧傳』 권제3 역경하譯經下의 구나발타라전에 전하는데 양자의 내용은 거의 똑같다. 『능가사자기』가 그의 행적을 간략히 기술한 것은 아마 이미 이 양자의 기록이 있었기 때문이 아닌가 한다. 여기서는 『출삼장기집』의 전기를 택하여 싣는다. 『출삼장기집』의 편찬 시기는 구나발타라가 중국에서 활동하던 시기와 대략 삼사십 년 정도의 차이밖에 나지 않는 거의 동시대이므로 그 실재성이 매우 높은 자료이다. 『능가사자기』에서 능가선楞伽禪의 첫 조사로 올라 있는 구나발타라 삼장에 대해서는 그간 너무 알려지지 않았다. 그래서 『출삼장기집』에 수록된 삼장의 전기 전문을 번역하여 싣는다.

1) 『출삼장기집』 해제

『출삼장기집』은 남조 제齊·양대梁代의 승우(僧祐, 445~518)가 저술하였다. 후한 이래 수많은 경전들이 전역傳譯되었고, 그 목록을 정리한 목록집의 저술 또한 여러 가지가 이루어졌으나 새로 보완 정비할 필요가 있었다. 승우는 저술 배경을 다음과 같이 말하고 있다.

"그러나 (傳譯의) 연대와 인명이 일관되게 설명되어 있지 못하고, 세월이 점점 멀어져 가니 (경전 전역의) 본원에 대한 사실이 장차 사라질 것이고 후생들은 의혹할 것인데 어디에서 분명한 사실을 알 수 있을 것인가. …… 이에 연약한 힘이나마 끌어서 하나하나 그 내원來源을 궁구하고 견문한 바를 편집하여, 이름을 『출삼장기집出三藏記集』이라 한다."[1]

그는 도안道安법사의 『종리중경목록綜理衆經目錄』을 일면 계승하면서 먼저 삼장 출현의 연기緣起와 과정 및 분류 등에 관한 기사를 수록하고, 시대별로 역자와 역경, 각지의 실역경失譯經, 의경疑經과 주경注經의 4종 유형類型의 목록을 근간으로 기술하였으며, 여기에 역본이 다른 이역경異譯經, 다권본多卷本과 단권본單卷本, 실역경失譯經, 초경抄經, 위경僞經 등의 목록을 추가하였다. 아울러 현존하는가, 실전하였는가에 대해 명기하였다. 이 밖에 또 대량의 경전 서문과 제기題記를 수집하여 수록하였으며, 일부 고승의 열전을 저술하여 함께 수록하였다. 따라서 본서는 불전목록과 역경관련 문헌 및 전기가 함께 수록되어 있는 종합적인 사전史傳 문헌이라 할 수 있다.

---

[1] 『出三藏記集』 序

본서는 총 15권이며, 크게 네 부분으로 구성되어 있다. 권1은 경이 나온 연기와 과정 및 분류에 대한 글을 수록하였고, 권2에서 권5까지는 경명의 목록, 권6에서 권12까지는 경의 서문을 집록하였고, 권13에서 권15까지는 고승의 열전을 기술하였다.

본서의 저술 시기는 제齊의 건무建武연간(494~498)이라는 글도 있으나(『長房錄』권15), 후대인 양대梁代의 일이 기술된 내용도 상당수 있고, 양梁 천감 14년(515)에는 이미 세간에 전해지고 있음이 입증되는데, 가장 늦은 기사로는 양 천감 16년(517)의 작품도 들어 있어 저자가 입적(518년) 직전까지 계속 내용을 증보하였음을 알 수 있다.[2]

저자 승우僧祐는 송 문제文帝 원가 22년(445) 건업(지금의 남경)에서 태어났다. 본성은 유씨兪氏이다. 양대의 혜교慧皎가 지은 『고승전』권제11 명률明律의 조에 그의 전기가 있다. 어렸을 때 건초사建初寺에 가서 예배하다가 환희용약하며 낙도樂道하고 집에 돌아가지 않았다. 14세에 종산鍾山의 정림사定林寺에 들어가 계행이 엄밀한 법달法達법사를 스승으로 받들며 경율을 배웠다. 20세에 구족계를 받고 법영法穎율사로부터 수업하였다. 법영율사는 도읍의 승정僧正과 승주僧主를 역임한 명승이었다. 이어 법헌法獻에게 배웠는데 그는 당시 율학의 종사였다. 승우僧祐는 율학을 각고 연마하였으며, 황제와 왕들의 청으로 70여 차례 강설하였고, 『의기義記』10권 등의 율서를 저술하였다. 양무제梁武帝는 그를 존숭하여 왕속과 귀족과 고관들로 하여금 계를 받도록 하니, 승우율사에게서 계를 받은 이가 1만 1천 인에 이르렀다. 이어 그는 광범한 전적을 수집 섭렵하여 실로 방대한 여러 가지 불교사서史書를

---

2 이에 대해서는 蘇晉仁·蕭鍊子 點校, 『出三藏記集』, 中華書局, 1995. 11, 9~11쪽 참조.

저술하였다. 『석가보釋迦譜』, 『홍명집弘明集』, 『법원잡록원시집法苑雜緣原始集』, 『살바다사자전薩婆多師資傳』, 『출삼장기집』, 『세계기世界記』, 『집제사비문集諸寺碑文』, 『제법집잡기전명諸法集雜記傳銘』 등이 그것이다. 이 밖에 율의집律儀集인 『중승행의衆僧行儀』 30권이 있고, 경장經藏 보관의 건물을 세웠으며, 조상공예造像工藝를 정심하게 연구하여 당시 몇몇 거대한 조상造像은 그의 엄밀한 감독하에 이루어졌다.

승우僧祐는 양 천감 17년(518) 건초사에서 입적하였다. 향년 74세였다. 종산 정림사定林寺에 예장禮葬하였다. 정도正度가 비碑를 세웠으며, 유협劉勰이 비문을 지었다. 제자에 보창寶唱・지장智藏・혜곽慧廓・명철明徹・정도正度・유협劉勰 등이 있다.

일러두기

1. 『출삼장기집』은 여러 대장경에 수록되어 있다. 여기서는 근래 여러 본을 대조하고 교감 및 표점 정리하여 단행본으로 출간된 蘇晉仁・蕭鍊子 點校, 『出三藏記集』(中華書局, 北京, 1995)을 저본으로 하였다.
2. 구두句讀는 일부 새로 하였다.

2) 『출삼장기집』 제14 구나발타라전傳

求那跋陀羅, 齊言功德賢, 中天竺人也. 以大乘學, 故世號摩訶衍. 本婆羅門宗. 幼學五明諸論, 天文書算, 醫方呪術, 靡不博貫. 後遇見〈阿毗曇雜心〉, 尋讀驚悟, 乃深崇佛法焉. 其家世外道, 禁絕沙門, 乃捨家潛遁, 遠求師匠, 卽落髮改服, 專志學業. 及受具戒, 博通三藏. 爲人慈和恭順, 事師盡勤. 頃之, 辭小乘師, 進學大乘. 大乘師試令探取經匣, 卽得〈大品〉〈華嚴〉, 師喜而歎曰,

"汝於大乘有重緣矣!"
於是讀誦講義, 莫能酬抗. 進受菩薩戒法, 乃奉書父母, 勸歸正法曰,
"若專守外道, 則雖還無益. 若歸依三寶, 則長得相見."
其父感其至言, 遂棄邪從正. 跋陀前到師子諸國, 皆傳送資供.

　구나발타라求那跋陀羅는 제(齊: 南朝의 齊)의 말로 공덕현功德賢이란 뜻이며, 중천축국(중인도)인이다. 대승으로 수학한 까닭에 세상에서는 '마하연'[3]으로 불렸다. 본래 바라문종波羅門種 출신이다. 어려서 오명五明[4]의 여러 논, 천문, 서산書算, 의방醫方, 주술을 배워 널리 통달하지 않은 것이 없었다. 후에 『아비담잡심론阿毗曇雜心論』을 보게 되었는데, 읽고는 놀라 깨닫고는 이에 불법佛法을 깊이 숭상하게 되었다. 그 집안은 대대로 외도로서 사문을 금절하니 이에 집을 버리고 몰래 숨어 지내다가 멀리 스승을 구하고는 곧바로 삭발한 후 승복으로 갈아입고 오로지 학업에 열중하였다. 이어 구족계를 받고 삼장에 박통博通하게 되었다. 사람됨이 자애롭고 온화하며 공순하였고, 스승을 정성을 다해 부지런히 모셨다. 그 무렵 소승의 스승을 떠나 대승에 나아가 수학하게 되었다. 대승의 스승은 경전을 넣어둔 상자에서 시험 삼아 경전을 집어내도록 하였는데 곧 『대품경(大品經. 마하반야바라밀경)』과 『화엄경』이 나오니, 스승이 기뻐하며 찬탄하여 말하였다.

3　마하연은 대승을 뜻하는 Mahāyāna의 음역이다.
4　명은 학문을 말한다. 五明은 ① 聲明: 언어문자학, ② 工巧明: 공예 기술 算曆, ③ 醫方明: 의술, ④ 因明: 논리학, ⑤ 內明: 自家의 宗旨를 闡明함이니, 바라문교에서는 4베다를 內明으로 하고, 불교에서는 삼장 12부경을 內明으로 한다.

"너는 대승에 깊은 인연이 있도다!"

(경을 배운 후) 이에 독송하며 강의를 하는데 아무도 그에게 대적할 수 없었다. 나아가 보살계법을 받고 부모님께 글을 올려 정법에 귀의하길 권하여 말하였다.

"만약 오로지 외도만 지키고 계신다면 전혀 아무런 이로움이 없게 될 것이고, 만약 삼보에 귀의하신다면 오래도록 서로 볼 수 있을 것입니다."

부친께서 그 지언至言에 감동하여 마침내 사邪를 버리고 정법을 따르게 되었다. 구나발타라가 이전에 여러 사자국師子國[5]에 도착하였을 때 모두들 전송하며 여비를 공양하였었다.

❁

既有緣東方, 乃隨舶汎海. 中塗風止, 淡水復竭, 擧舶憂惶. 跋陀曰,
"可同心幷力念十方佛, 稱觀世音, 何往不感?"
乃密誦呪經, 懇到禮懺. 俄而信風暴至, 密雲降雨, 一舶蒙濟. 其誠感如此.

이미 동방에 인연이 있는지라 배를 타고 바다를 항해하였다. 중도에 바람이 멈추고, 담수淡水가 다시 다 떨어짐에 배에 탄 모든 사람들이 두려워하고 당황해하였다. 구나발타라가 말하였다.

"마음을 함께 하여 힘을 합해 시방불十方佛을 염念하고, 관세음보살을 칭념하면 어찌 감응이 없을 것인가."

---

5 지금의 스리랑카에 있던 국가이다.

이에 주경呪經을 밀송密誦하며 간절히 예참禮懺하였다. 갑자기 신풍(信風: 믿음의 바람)이 크게 일어나며 밀운密雲이 비를 내림에 배에 탄 모든 이들이 살게 되었다. 그 정성에 감응함이 이와 같았다.

元嘉十二年至廣州. 時刺史車朗表聞, 宋文帝遣師迎接. 既至京都, 勅名僧慧嚴 慧觀於新亭郊勞. 見其神情朗徹, 莫不虔敬. 雖因譯交言, 而欣若傾蓋. 初住祇洹寺, 俄而文帝延請, 深加崇敬. 瑯琊顏延之通才碩學, 束帶造門. 於是京師遠近, 冠蓋相望, 宋彭城王義康, 譙王義宣並師事焉. 頃之, 衆僧共請出經, 於祇洹寺集義學諸僧譯出〈雜阿含經〉, 東安寺出〈法鼓經〉. 後於丹陽郡譯出〈勝鬘〉〈楞伽經〉. 徒衆七百餘人, 寶雲傳譯, 慧觀執筆. 往復諮析, 妙得本旨.

원가元嘉 12년(劉宋 435년)에 광주廣州에 왔다. 때에 자사刺史 거랑車朗이 표表를 올려 보고하니 송 문제(424~452 재위)가 사신을 보내어 영접하였다. 경도에 도달함에 칙령을 내려 명승 혜엄慧嚴과 혜관慧觀을 신정新亭의 근교에 보내어 노고를 치하하였다. 그 정신의 명철함을 보고 존경하지 않은 사람이 없었고, 비록 역관의 통역으로 대화하였지만 마치 오래 전부터 친교가 있었던 듯 기뻐하였다. 처음에 기원사祇洹寺에 머무르고 있었는데 갑자기 문제가 궁정에 초청하여 더욱 깊이 숭경하였다. 낭야瑯琊의 안연지顏延之는 통재通才의 석학이었는데 의관을 단정히 하고 방문하였다. 이에 경사(서울)와 원근시역에서 찾아오는 귀족 관료들이 줄을 이었으며, (남조의) 송 팽성왕 의강義康과 (승상) 초왕譙王 의선義宣이 함께 스승으로 받들었다. 이 무렵 여러 승려들이 함께 경전의 출간을 청하니 기원사祇洹寺에서 의학義學의 여러 승려들을 모아 『잡아함경』을 역출하고, 동안사東安寺에서 『법고경法鼓經』을 역출하였다. 후에 단양군에서 『승만경』과 『능가경』(4권본, 능가아발타라보경)을 역출하였다. (역경에 참여한) 도중徒衆이 7백여 인이었고, 보운寶雲이 전역傳譯을, 혜관慧觀이 집필을 맡았다. (구나발타라삼장이) 왕복하면서 자문을 받고 해석해주니 (도중이) 본지本旨를 묘득妙得하였다.

※

後譙王鎭荊州, 請與俱行, 安止辛寺, 更創殿房. 卽於辛寺出〈無憂王〉〈過去現在因果〉及一卷〈無量壽〉·一卷〈泥洹〉〈央掘魔〉〈相續解脫〉〈波羅蜜了義〉〈第一義五相略〉,〈八吉祥〉等諸經, 凡一百餘卷. 譙王欲請講〈華嚴〉等經, 而跋陀自忖未善宋語, 愧歎積旬, 卽旦夕禮懺, 請乞冥應. 遂夢有人白服持劍, 擎一人首, 來至其前曰, "何故憂也?" 跋陀具以事對. 答曰,
"無所多憂." 卽以劍易首, 更安新頭. 語令廻轉, 曰,
"得無痛耶?" 答曰, "不痛."
豁然便覺, 心神喜悅. 旦起言義, 皆備領宋語, 於是就講. 弟子法勇傳譯, 僧念爲都講. 雖因譯人, 而玄解往復.

후에 초왕이 형주의 군사령관으로 나아가게 되어 함께 갈 것을 청하고 신사(辛寺: 新寺)에서⁶ 안거하도록 하였으며, 여기에 다시 전각과 방을 지어 모셨다. 곧 신사辛寺에서 『무우왕경無憂王經』과 『과거현재

---

6 辛寺는 여타의 本에서는 新寺로 되어 있다.

인과경』및 1권의 『무량수경』, 1권의 『니원경泥洹經』, 『앙굴마경央掘魔經』, 『상속해탈경相續解脫經』, 『바라밀료의경波羅蜜了義經』, 『제일의오상약경第一義五相略經』, 『팔길상경八吉祥經』 등의 여러 경전 일백여 권을 역출하였다. 초왕이 『화엄경』 등의 경전을 강의해 줄 것을 청하고 싶어 하였는데, 구나발타라삼장은 송어(남조의 송: 중국어)를 잘하지 못하는 것을 스스로 부끄럽게 생각하고 한탄하면서 수십 일 동안 아침저녁으로 예참禮懺하며 바람이 이루어지길 청원하였다. 마침내 꿈속에서 어떤 사람이 흰옷에 검을 잡고 한 사람의 머리를 쥔 채로 삼장의 앞에 다가와서 말하였다.

"무슨 까닭에 걱정하십니까?"

구나발타라삼장이 자세히 사실을 말하였다. (그 사람이) 답하여 설하길,

"크게 걱정할 것 없습니다."

하고, 곧바로 검으로 머리를 바꾸어 다시 새로운 머리를 안치하였다. (머리를) 돌려보도록 하고 말하였다.

"아프지 않습니까."

(삼장이) 대답하였다.

"아프지 않습니다."

활연豁然히 곧바로 깨달아 마음이 희열喜悅하였다. 이침에 일어나니 말의 늣이 모두 갖추어져 송어(중국어)를 알아듣게 되었고, 이에 강의에 나아가게 되었다. 제자 법용法勇이 전역傳譯하였고, 승념僧念이 도강都講하였다. 비록 역인에 의지하긴 하였으나 (삼장은) 깊은 경의經義에 대해 왕복하며 해설하였다.

元嘉將末, 譙王屢有怪夢, 跋陀答以京都將有禍亂. 未及一年, 而二凶構逆. 及孝建之初, 譙王陰謀逆節, 跋陀顏容憂慘, 而未及發言. 譙王問其故. 跋陀諫爭懇切, 乃流涕而言曰,
"必無所冀, 貧道不容扈從."
譙王以其物情所信, 乃逼與俱下. 梁山之敗, 火艦轉迫, 去岸懸遠, 判無濟理. 唯一心稱觀世音, 手捉筇竹杖, 投身江中. 水齊至膝, 以杖刺水, 水深流駛. 見一童子尋後而至, 以手牽之, 顧謂童子, "汝小兒何能度我?" 悅惚之間, 覺行十餘步, 仍得上岸. 即脫衲衣欲賞童子, 顧覓不見, 擧身毛竪, 方知神力焉.

원가(元嘉, 424~453년) 말년에 초왕이 자주 괴이한 꿈을 꾸게 되었는데, 구나발타라삼장이 경도에 장차 화란禍亂이 있게 될 것이라고 답하였다. 일 년이 못 되어 두 번의 흉측한 반역사건이 일어났다. 효건(454~456년) 초에는 초왕이 반역의 음모를 꾸미려 함에 구나발타라삼장은 얼굴에 근심이 가득한 채로 차마 발언하지를 못하였다. 초왕이 그 까닭을 물었다. 구나발타라삼장이 간절히 간언諫言하고 눈물을 흘리며 말하였다.

"반드시 기대하는 바대로 되지 못할 것이니, 빈도는 따르지 않을 것입니다."

초왕은 그 나름대로 사정에 자신이 있어서 (삼장을) 핍박하여 함께 나가게 하였다. (결국) 양산에서 패하여 (적의) 화함火艦이 돌아서다가 오는데, 강안江岸까지는 멀리 떨어져 있어 살아날 방도가 없다고 판단

되었다. 오직 일심으로 관세음보살을 칭하며 손에 죽장을 잡고 강물 속으로 뛰어들었다. 물이 무릎에 차고 죽장으로 물을 헤치는데 물은 깊고 급류였다. (이때) 한 동자가 뒤로부터 다가와서 손으로 잡아끌었다. 고개를 돌리고 동자에게 말하였다.

"너 같은 어린아이가 어떻게 나를 건네줄 수 있겠느냐?"

황망한 사이에 십여 보 정도 갔다고 생각하였는데 곧 강안江岸에 오를 수 있게 되었다. 곧바로 옷을 벗고 동자에게 상을 주려고 뒤돌아보니 보이지 않아 온몸의 털이 곤두서고, 그때서야 신력神力의 보우保佑였음을 알았다.

時王玄謨督軍梁山, 孝武勅軍中, 得摩訶衍, 善加料理, 驛信送臺. 俄而尋得, 令舸送都. 孝武卽時引見, 顧問委曲, 曰,
"企望日久, 今始相遇." 跋陀對曰,
"旣染塵戾, 分爲灰粉. 今得接見, 重荷生造."
勅問並誰爲賊, 答曰,
"出家之人不預戎事. 然張暢 宗靈秀等並是驅逼, 貧道所明. 但不圖, 宿緣乃逢此事."
孝武曰, "無所懼也."
是日勅仕後室, 供施衣物, 給以人乘.

때에 왕현모王玄謨가 양산梁山의 독군督軍이었는데 효무제(孝武帝, 452~464 재위)가 군중에 명하여 마하연(구나발타라)을 찾아서 좋은 요리로 대접하고 역전驛傳을 통하여 경도에 보내라고 하였다. 곧 (삼장을) 찾게 되어 배로 경도에 보내었다. 효무제는 즉시에 모시어 뵙고, 자세한 사정을 물어본 후 말하였다.

"뵙고자 갈망한 것이 오래인데 이제야 만나 뵙게 되었습니다."

구나발타라삼장이 대답하였다.

"이미 잘못 물들여져 회분灰粉으로 칠해졌습니다. 이제 뵙게 되니 무거운 짐이 새로 생깁니다."

황제가 물었다.

"누가 함께 반역하였습니까?"

(삼장이) 대답하였다.

"출가인은 군사의 일에 간여하지 않습니다. 그런데 장창張暢과 종영수宗靈秀 등이 함께 핍박하니, 빈도貧道는 (이 일이 잘못임을) 잘 알고 있었습니다만 의도하지 않고 숙연宿緣으로 이 일을 만나게 되었습니다."

효무제가 말하였다.

"두려워하지 마십시오."

이날 명하여 후당後堂에 머무르시도록 하고 의복과 물건들을 공양하고, 사람과 수레를 보내었다.

初跋陀在荊州十載, 每與譙王書疏, 無不記錄. 及軍敗檢簡, 無片言及軍事者. 孝武明其純謹, 益加禮遇. 後因閑談, 聊戲問曰, "念丞相不?" 答曰, "受供十年, 何可忘德!" 今從陛下乞願, 願爲丞相三年燒香. 帝凄然動容, 義而許焉.

이전에 구나발타라삼장이 형주에 10년 동안 있을 때 매번 초왕에게

소疏의 글을 보내었는데 이를 기록해두지 않은 것이 없었다. 군사가 패한 후 검사를 받게 되었는데 군사에 대해 언급한 것은 한 편도 나오지 않았다. 효무제가 삼장의 순수함과 근면함을 분명히 알게 되어 더욱 예우하였다. 후에 한담하던 중에 장난삼아 물었다.

"승상(丞相: 초왕)을 생각하고 계십니까?"

(삼장이) 대답하였다.

"승상(초왕)의 공양을 10년 동안 받았는데 어찌 은덕을 잊을 수 있겠습니까. 이제 폐하께 청하옵건대 승상을 위해 삼 년간 소향燒香하게 하여 주십시오."

황제가 처연히 얼굴색을 변하며 의롭다고 생각하여 허용하였다.

及中興寺成, 勅令移住, 令開三間房. 後於東府讌會, 王公畢集, 勅見跋陀. 時未及淨髮, 白首皓然. 孝武遙望, 顧語尙書謝莊曰, "摩訶衍聰明機解, 但老期已至. 朕試問之, 其必悟人意也."
跋陀上階, 因迎謂之曰, "摩訶衍不負遠來之意, 但有一在."
卽應聲答曰, "貧道遠歸帝京, 垂四十年, 天子恩遇, 銜愧罔極. 但七十老病, 唯一死在."
帝嘉其機辯, 勅近御而坐, 擧朝屬目.

중흥사中興寺가 지어짐에 황제가 칙령으로 (삼장을 이곳으로) 이주케 하고, 세 칸의 방을 개설하였다. 후에 동부東府의 연회에 왕공이 모두 모였을 때 칙명으로 구나발타라삼장을 모시게 하였다. 그때 아직 머리를 씻지 않아서 하얀 머리가 환하였다. 효무제가 멀리서 바라보고는 상서 사장謝莊을 돌아보고 말하였다.

"마하연은 총명하고 해解가 기민한데 이제 노년에 이르렀다. 짐이 시험 삼아 묻고자 하는데, 반드시 남의 생각을 알 것이다."

구나발타라삼장이 계단으로 올라오자 맞이하며 말하였다.

"마하연(구나발타라)은 멀리서 여기까지 오면서 지니지 아니하고 온 뜻이 단 한 가지 있습니다. (무엇이겠습니까?)"

(삼장이) 곧바로 응대하여 대답하였다.

"빈도는 멀리서 황제의 수도에 온 지 40년 동안 천자의 은혜로운 대접을 받아 망극할 따름입니다. 단지 나이 70에 늙고 병들어 오직 한 가지 죽는 일만 있을 뿐입니다."

황제가 그 기민한 응답을 가상嘉賞하고 어좌 가까이 앉도록 하여 조정의 모든 이들이 주목케 하였다.

後於秣陵界鳳凰樓西起寺, 每至夜半, 輒有推戶而喚, 視不見人, 衆屢厭夢. 跋陀燒香呪曰,

"汝宿緣居此, 我今起寺, 行道禮懺, 常爲汝等. 若住者, 爲護寺善神. 若不能居, 各隨所安."

旣而道俗十餘人同夕夢見鬼神千數, 皆荷擔移去, 寺衆遂安.

후에 말릉계秣陵界 봉황루 서편에 사찰을 세우는데 매일 야반이 되면 자주 문을 밀며 소리를 지르는데, 나가보면 사람이 보이지 아니하고 대중들이 자주 좋지 않은 꿈에 시달렸다. 구나발타라삼장이 향을 사르고 주문을 외우며 말하였다.

"너희들은 여기에 거주한 숙연宿緣이 있는데 내가 이제 사찰을 세우고 행도예참行道禮懺하여 항상 너희들을 위하도록 하겠다. 만약 여기에 머무르고자 한다면 사찰을 지키는 선신善神이 되고, 여기에 거처할 수 없으면 각자 편한 바대로 하라."

이에 도속 10여 인이 똑같이 저녁에 꿈속에서 천수千數의 귀신이 모두 짐을 지고 옮겨가는 것을 보았다. 사찰의 대중이 마침내 평안하게 되었다.

大明七年, 天下亢旱, 祈禱山川, 累月無驗. 孝武請令祈雨, 必使有感. 如其無效, 不須相見. 跋陀答曰,
"仰憑三寶, 陛下天威, 冀必降澤. 如其不獲, 不復重見."
即往北湖釣臺, 燒香祈請, 不復飲食. 默而誦經, 密加秘呪. 明日晡時, 西北角雲起如車蓋, 日在桑楡, 風震雲合, 連日降雨. 明旦, 公卿入賀, 勅見慰勞, 嚫施相續.

대명 7년(463)에 천하에 큰 한해旱害가 들어 산천에 기도하길 몇 개월이었으나 효험이 없었다. 효무제가 기우祈雨를 청하며 반드시 감응이 있도록 하고, 만약 효험이 없으면 만나지 않겠다고 하였다. 구나발타라삼장이 대답하였다.

"삼보에 우러러 의지하고, 폐하의 천위天威가 있으니 반드시 비가 내릴 것입니다. 만약 효험을 얻지 못한다면 다시는 뵙지 않겠습니다."

곧 북호北湖 조대釣臺에 가서 소향燒香 기청祈請하며 음식을 들지 않았다. 묵묵히 송경하며 비밀주秘密呪를 하였다. 다음날 해질 무렵에서북쪽에서 구름이 수레(車)의 덮개처럼 일어나고, 해가 저물어 가는데 바람과 구름이 합해지며 연일 비가 내렸다. 다음날 아침 공경이 들어와 경하하고, 황제가 칙령으로 오시게 하여 위로하였으며 공양이 이어졌다.

跋陀自幼以來, 蔬食終身, 常執持香爐, 未嘗輟手. 每食竟, 輒分食飛鳥, 乃集手取食. 至明帝之世, 禮供彌盛. 到泰始四年正月, 覺體不平, 便預與明帝公卿告辭. 臨終之日, 延佇而望, 云見天華聖像. 禺中遂卒. 春秋七十有五. 明帝深加痛惜, 慰賵甚厚, 公卿會葬, 榮哀備焉.

구나발타라삼장은 어렸을 때부터 채식菜食하여 종신토록 계속하였다. 항상 향로를 들고 다니며 일찍이 손에서 놓은 적이 없었다. 식사를 마칠 때마다 곧 새들에게 음식을 나누어주었는데 손에 새들이 모여들어 음식을 취하였다. 명제(465~472 在位)의 치세에 이르러서는 예공禮供함이 더욱 성盛하였다. 태시 4년(468) 정월에 (삼장의) 각체覺體가 평안하지 못하심에 곧 명제와 공경에게 고별의 말씀을 하셨다. 임종일에 오랫동안 서서 기다리듯 바라보면서 천화성상天華聖像을 보고 있다고 말하고, 정오에 가까워진 시각에 마침내 입적하였다. 춘추 75세였다. 명제가 심히 통석痛惜해 하며 부의賻儀로 위로함이 매우 두터웠고, 공경이 함께 모여 장사지내며 애통의 뜻을 크게 표하였다.

2. 『속고승전』의 능가사 전기

1) 『속고승전』 해제

『능가경』에 의거하여 수지修持하고 심인상전心印相傳한 초기 선종의 능가사楞伽師들에 대한 어록과 전기는 앞에 역주한 『능가사자기』에 수록된 분들 외에도 『속고승전續高僧傳』에 몇 분 더 실려 있다. 『속고승전』은 도선(道宣, 596~667)에 의해 『능가사자기』의 저술보다 대략 60년 내지 70년 이전인 당태종 정관 19년(645)에 초고가 완성된 후, 그가 입적한 건봉 2년(667)까지 전후 23년에 걸쳐 증보가 이루어졌다. 『속고승전』은 전술한 바와 같이 『능가사자기』가 주로 의거한 전적이다. 여기에 수록된 고승들의 활동 시기는 대부분 바로 저자의 생존 시기이거나 수십 년 앞의 분들인 까닭에 그 사실성이 매우 클 뿐 아니라, 열성을 다한 자료수집, 그리고 계행戒行과 교선敎禪을 함께 깊이 닦은 바탕에서 이루어진 평론의 내용 등으로, 종래 가장 믿을 만하고 훌륭한 불교사서佛敎史書로 칭찬되어 왔다. 남조의 양梁이 건국한 해인 502년부터 그가 입적한 667년까지의 고승 석덕碩德들의 전기와 어록을 싣고 곳곳에 자신의 논평을 기술하였다.『대정장』에 수록된『속고승전』에는 그가 만년에 증보한 내용까지 포함하여 정전正傳 485인과 부전附傳 209인이 들어 있다. 권수는 모두 30권이고, 역경譯經・해의解義・습선習禪・명률明律・호법護法・감통感通・유신遺身・독송讀誦・흥복興福・잡과雜科의 10대十大 조목으로 구성되어 있다.

저자 도선道宣의 전기는『송고승전宋高僧傳』권제14 명률의 조에 있다. 그는 단도丹徒 혹은 장성인長城人으로 성은 전씨錢氏이다. 모친이 사師를 임신하였을 때 범승梵僧이 나타나 설하길, "네가 임신한 아이는 바로 양조梁朝의 승우율사(僧祐律師, 445~518)이다."[7]고 하였다. 16세에 출가하여 지수율사智首律師에게서 비구계를 받고, 율전律典을 배웠다. 624년에 종남산 방장곡에 들어가 백천사白泉寺를 짓고, 계율을 엄하게 지키며 수선修禪함에 그를 남산율사南山律師라 칭하였다. 645년 현장玄奘이 인도에서 돌아와 역경의 큰 장을 열었을 때 여기에서 감문勘文에 종사하였다. 그리고 율전을 편찬 정리하고 선양하여 이른바 남산율종南山律宗의 개조가 되었다. 그는 남조 양의 승우僧祐와 더불어 가장 다양하고 많은 불교사서를 저술한 2대二大 인물로 손꼽힌다. 그는 667년 72세로 입적하였다. 그의 저술에는『속고승전』외에『광홍명집廣弘明集』,『대당내전록大唐內典錄』,『속대당내전록續大唐內典錄』,『사분율행사초四分律行事鈔』,『집고금불도논형集古今佛道論衡』,『집신주삼보감

---

[7] 僧祐律師(445~518)의 저술 가운데 史傳類에『弘明集』・『釋迦譜』・『出三藏記集』 등이 있고, 道宣(596~667)은 이를 이어『廣弘明集』・『續高僧傳』・『釋迦氏報』・『釋迦方志』 등을 저술하였다. 律師로서의 생애와 여러 저술을 대비하면 양자는 너무나 닮은 모습이다.

통록集神州三寶感通錄』,『율상감통전律相感通傳』『석가씨보釋迦氏報』, 『계단도경戒壇圖經』,『기원도경祇洹圖經』,『석가방지釋迦方志』 등 20여 종, 220여 권이 있다.

일러두기
1. 『대정장』 권제50에 수록된 『속고승전』을 저본으로 하였다.
2. 『대정장』본에 구두句讀가 잘못된 곳이 많아 새로 하였다.

2) 달마대사의 전법제자 혜가선사

『속고승전』 권제16 習禪初 僧可(惠可)傳

釋僧可, 一名慧可. 俗姓姬氏, 虎牢人. 外覽墳素, 內通藏典. 末懷道京輦, 默觀時尙, 獨蘊大照, 解悟絶群. 雖成道非新, 而物貴師受. 一時令望, 咸共非之. 但權道無謀, 顯會非遠. 自結斯要, 誰能繫之. 年登四十, 遇天竺沙門菩提達摩遊化嵩洛. 可懷寶知道, 一見悅之, 奉以爲師. 畢命承旨, 從學六載, 精究一乘, 理事兼融, 苦樂無滯, 而解非方便, 慧出神心. 可乃就境, 陶硏淨穢, 埏埴方知, 力用堅固, 不爲緣陵.

　　석승가釋僧可는 일명 혜가慧可이다. 속성은 희씨姬氏이며 호뢰虎牢[8]

---

[8] 전술한 『능가사자기』에는 武牢로 되어 있다. 唐代에는 高祖 李淵의 선조인 李虎의 名을 피하여 武牢로 불렀다고 한다. 지금의 하남성 滎陽郡 汜水縣의 西部이다. 숭산 소림사에서 가까운 지역이다.

인이다. 외전外典을 널리 섭렵하였고, 내전(內典: 佛典)의 장경藏經에 통달하였다. 경련(京輦: 京師, 首都, 세속 정치)에 대한 미련을 품거나 말하지 않았으며[9] 시속時俗의 풍조에 끌림 없이 묵연히 관행하며, 오로지 수행을 쌓아 크게 비추니 해오解悟함이 단연 가장 뛰어났다. 비록 도를 성취한 것이 새로운 것은 아니었으나 당시의 물정(物情: 時俗)이 스승으로부터 전수傳受함이 있는 것을 중시하던 터여서, 당시의 명성 있는 인물들이[10] 모두 함께 (스승이 없는) 혜가를 비판하였다. 그러나 권도(權道: 방편도)를 도모하지 아니하면[11] 증도證道함이 멀지 않은 것이다. 스스로 묶인 것이라는 사실, 이것이 요의要義인지라, 누가 묶을 수 있겠는가.

나이 40이 되어 천축(인도)의 사문 보리달마가 숭산嵩山과 낙양지역에서 유화遊化하고 있는 것을 만나게 되었다. 혜가는 (달마대사가) 보배의 진리를 품고 있음을 알고는 일견에 기뻐하며 스승으로 받들었다. 온 목숨 다하여 가르침 따르며 배우길 6년 동안 일승一乘을 정구精究하여 이리理와 사事가 함께 융회融會되고, 고苦와 낙樂에 걸리지 않게 되었다. 그가 해解한 바는 방편의 법이 아니었고, 그 혜慧는 마음에서 나온 것이었다. 혜가는 이제 경계에 나아가서 연마하여 더러움을 청정하게 하는 것이 진흙으로 도기陶器를 만드는 것과 같음을 바야흐로

---

9 원문 '未懷道京輦'에서 '未'은 '無'와 같음.
10 원문 '令望'은 명성과 명망이 있는 인물을 가리킨다.
11 權道(방편법문)는 어디까지나 임시방편으로 그때그때 사정과 근기에 따라 세속의 언어문자로 설한 법문이다. 즉 달을 가리킨 손가락과 같다. 그 뜻을 구현하려면 달을 가리킨 손가락을 버려야 한다. 즉 法相을 버려야 한다. 그래야 궁극의 자리에 이를 수 있다.

알게 되었으며,[12] 힘과 공용功用이 견고하게 되어 경계에 의해 퇴보됨이 없었다.

達摩滅化洛濱, 可亦埋形河涘. 而昔懷嘉譽, 傳檄邦畿使, 夫道俗來儀請從師範. 可乃奮其奇辯, 呈其心要. 故得言滿天下. 意非建立, 玄籍遐覽, 未始經心. 後以天平之初, 北就新鄴, 盛開秘苑.

달마대사가 낙수洛水[13] 연변沿邊에서 입멸함에, 혜가 또한 황하 연변에 몸을 숨겼다. 그리하여 예전에 (달마대사의) 뛰어난 행화를 기리던 이들이 경기京畿지역을 비롯하여 전 지역에 격문을 써서 보내고, 무릇 도속이 예의를 갖추고 찾아와서 이제부터 스승이 되어 주실 것을 청하였다. 혜가대사가 이에 분발하여 뛰어난 설법으로 그 심요心要법문을 드러내었다. 까닭에 그 법문이 천하에 가득하게 되었다. 그 뜻은 새로

---

12 이 말은 곧 '땅으로 인해 넘어진 자, 땅에 의지하여 일어선다.'는 법문과 같은 뜻이다. 여기서 말하는 땅은 곧 意識이다. 또한 진흙은 곧 망념이며 第六識인 意識이다. 이 의식이라는 진흙밭에서 이 의식을 넘는 것이니 이것이 곧 도기를 만드는 것이다. 도기를 만드는 것이 바로 이 의식의 장에서 이루어진다는 말이다. 단지 이 의식의 장에서 어떻게 닦느냐에 따라 方便道(3승과 2승)와 一乘道 등의 차이가 있을 뿐이다.
『능가경』에 이르길 "의식이 소멸되면(정화되면) 일체의 識(前五識에서 第八識까지 모든 識)이 모두 함께 소멸된다(정화된다)'고 하였다.
13 洛水에는 둘이 있는데 하나는 섬서성 서북에서 동남으로 흘러와 華山 부근에서 渭水 및 황하 본류와 만나는 강이고, 다른 하나는 섬서성 서남부에서 동북쪽으로 흘러 낙양 부근에서 황하의 본류와 만나는 강이다. 여기서 말하는 洛水는 주변에 숭산과 소림사가 있는 후자일 것이다.

건립한 것이 아니었고,[14] 심오한 경전을 두루 다 섭렵하여 설한지라 그러한 심법心法이 처음 설해진 것도 아니었다.

그 후 천평(534~537년) 초에 북쪽으로 신업新鄴에[15] 나아가 비원秘苑의 도량을 크게 열었다.

滯文之徒, 是非紛擧. 時有道恒禪師. 先有定學, 王宗鄴下, 徒侶千計. 承可說法, 情事無寄, 謂是魔語. 乃遣衆中通明者, 來殄可門. 旣至聞法, 泰然心服, 悲感盈懷, 無心返告. 恒又重喚, 亦不聞命, 相從多使, 皆無返者. 他日遇恒. 恒曰,
"我用爾許, 功夫開汝眼目. 何因致此諸使."
答曰,
"眼本自正, 因師故邪耳."
恒遂深恨, 謗惱於可. 貨賕俗府, 非理屠害. 初無一恨, 幾其至死. 恒衆慶快. 遂使了本者絶學, 浮華謗黷者操刀, 自擬始悟, 一音所演, 欣怖交懷. 海迹蹄瀅, 淺深斯在. 可乃縱容順俗.

문자에 매인 무리들이 (혜가대사에 대해) 시비를 분분히 일으켰다. 그때 도항道恒선사가 있었는데, 이전부터 정학定學을[16] 닦아 황제의

---

14 달마대사의 법을 그대로 이어 설한 것일 뿐, 어떠한 다른 법을 새로 설한 것이 아니라는 뜻임. 또한 달마대사의 가르침도 '敎에 의거하여 宗(심성)을 깨닫는다(藉敎悟宗)'를 바탕으로 하는 것이어서 대승경론의 깊은 뜻에 통하면 바로 달마의 心地법문, 禪旨, 禪理가 되는 것이었다. 특히 『능가경』의 禪理가 바탕이 되었다.
15 당시 鄴은 동위와 북제의 수도였다. 지금의 하북성 臨漳縣 북쪽이다.
16 定學은 선정의 성취를 위주로 닦는 선법을 설한다. 道宣은 여러 곳에서 달마

수도 업鄴에서 그를 따르는 도중이 천인에 이르렀다. (그는) 혜가가 '정情을 부치지 말라(情으로 경계를 대하지 말라. 情事無寄)'고[17] 설법하는 것에 대해 이를 '마어魔語'라고 하였다. 이어 대중 가운데 통명한 자(밝게 통달한 자)를 보내어 혜가의 도중을 굴복시키라고 하였다. (그런데 오히려) 이들은 혜가에게 와서 법문을 듣고는 태연히 심복하고 비감어린 심정이 되어 돌아가 고할 마음이 없게 되어버렸다. 도항이 다시 대중을 불러 모아 보내었으나 또한 보고를 받지 못하였고, 이어 보내졌던 많은 사람들이 모두 돌아오지 않았다. 다음에 (혜가가) 도항을 만나게 되었는데 도항이 말하였다.

"내가 이러한 공부로 당신의 안목을 열어주고자 하였는데 무슨 까닭에 이렇게 보낸 사람들을 모두 거두는 것이요?"

(혜가가) 대답하였다.

"(당신 제자들의) 안목은 본래 스스로 올바른데 (잘못된) 스승 때문에 잘못된 것이지요."

도항이 마침내 깊은 원한을 품고 혜가를 비방하고 괴롭혔다. 세속의 관부에 뇌물을 주고 비리非理로 (혜가를) 해치게 하였다. (혜가는) 처음부터 하나의 한도 품지 아니한 채로 거의 죽음에 이르게 되었다.[18]

이래의 선법과 대비하여 定學을 말하고 있다.

17 惠可가 '情을 부치지 말라'고 한 것은 경계에 대해 知함도 없고, 見함도 없어야 한다는 것이니 곧 마음을 경계에 두지 않아 無心함이고, 앞에서 말한 바 '般若無知'를 말함이다. 知함이 있고, 見함이 있으면 바로 情의 事가 生起하게 되는 까닭이다. 情이 없이 知하여야 한다는 것이니, 곧 이것이 知함이 없이 知함이다. 定學에서는 선정에 대한 애착이 있다. 대승을 행한다고 하면서 자칫 그 法相에 애착하고 지향하는 마음이 생기게 되기 쉽다. 이러한 것은 모두 情에 염착된 것이다.

18 이때 惠可가 입적하지는 않았다는 것은, 문장으로 보아도 그렇지만('幾……'), 본문의

도항의 무리들이 경사慶事라고 좋아하였다. 이리하여 마침내 근본을 요달了達한 분은 학學을 단절하게 되었고, 부화浮華하며 비방하고 업신여기던 자는 칼을 잡고 자신들이 깨달은 자인 듯이 흉내 내었다. 일음(一音: 佛音)이[19] 울려 퍼지니 기쁨과 두려움이 교회交懷하였다. 바닷물의 자취가 맑되 얕고 깊음이 여기에 있는 것이다. 혜가는 이렇게 태연히 세속의 뜻에 따랐다.

· · ·

時惠淸猷, 乍託吟謠, 或因情事, 澄汰恒抱, 寫割煩蕪, 故正道遠而

바로 뒤에 천보연간(550~559)과 北周 武帝의 폐불시기(574~578)의 행적이 기술되어 있는 것으로부터 알 수 있다. 이 사건은 혜가가 鄴에 있을 때의 일이고, 天平(534~537년) 초에 鄴에 와서 行化하다가 이러한 일을 당하게 된 것을 말하고 있으니 대체로 540년 무렵의 일이라고 생각된다. 이때 혜가는 거의 죽음에 이르는 큰 고초를 당하고 鄴에서 쫓겨난 것으로 보인다.

단지 훨씬 후인 宋代에 나온 『경덕전등록』 권제3 혜가전에는 鄴에서 行化하길 34년이라 하고, 이어 위와 같은 사건을 기술하고 있으며(단 가해자의 이름은 다르다), 바로 이 사건으로 입적하였는데 그때의 연세가 107세로서 隋文帝 개황 13년(593년)의 일이었다고 한다. 이에 따른다면 혜가는 입적하기 34년 전인 559년부터 鄴都에서 활발한 行化를 한 후 이러한 사건을 맞게 되었다는 것이 되는데, 이 기간에는 앞의 폐불 기간(574~578)이 들어 있어 납득이 되지 않는 설이다. 또한 보다 신빙성이 큰 『속고승전』에서는 天平(534~537) 초에서부터 鄴에 머물게 되었다고 하였으니, 『경덕전등록』의 559년설은 신뢰하기 어렵다. 그리고 바로 뒤이어 『속고승전』에서 마지막으로 기술한 林法師와의 사적은 분명히 혜가의 말년의 사정을 기술한 것으로 보이며, 따라서 입적 전까지 업도에서 크게 행화를 펼치고 있는 모습을 담은 『경덕전등록』의 기사를 따르기 어렵다.

19 부처님의 음성은 一音이나 듣는 이의 생류와 근기에 따라 각양각색으로 다르게 듣는다고 한다. 여기서는 깨달은 혜가의 설법을 높여 칭하였다.

難希, 封滯近而易結, 斯有由矣. 遂流離鄴衛, 亟展寒溫. 道覺幽而且玄, 故末緒卒無榮嗣, 有向居士者, 幽遁林野木食.

때로는 맑은 뜻을 지닌 덕택으로 잠시 기쁨의 노래 읊조리기도 하나, 혹은 항상 품고 있는 정을 맑히어 없애고자 하고, 무성한 번뇌의 숲을 베어 제거하고자 하는 까닭에 정도正道는 멀고 이루기 어렵게 되는 것이며, 얽매이고 걸리는 것은 가까워 쉽게 결박되는 것이니 여기에 그러한 연유가 있는 것이다.[20] (혜가대사의 제자들은) 마침내 업鄴, 위衛 지역을 떠나 이리저리 흩어져 다니며 곧바로 추위와 더위 속에 놓이게 되었으며, 도각(道覺: 道인 覺)은 그윽하고 또 현묘한지라 결국에는[21] 마침내 후계자의 번영이 없게 되었으니, 거사가 되거나 숲속에 깊이 은둔하며 초근목피로 지냈다.

於天保之初, 道味相師, 致書通好曰,
"影由形起, 響逐聲來, 弄影勞形, 不知形之是影. 揚聲止響, 不識聲是響根. 除煩惱而求涅槃者, 喩去形而覓影. 離衆生而求佛, 喩默聲而尋響. 故迷悟一途, 愚智非別. 無名作名, 因其名則是非生矣. 無理作理, 因其理則諍論起矣. 幻化非眞, 誰是誰非. 虛妄無實, 何空

---

20 情이나 번뇌를 일부러 버리거나 없애고자 하는 것은 억지 수행이며 正道에 이르지 못한 것이다. 正道는 본래 버리거나 없애고자 할 것이 따로 없고, 얻을 바도 따로 없음을 알고(正見) 가는 것이다. 여기에서 任運하는 無修之修가 행해지는 것이고, 이 법이 곧 楞伽禪의 요체이다.
21 원문 '末緒'에서 '緒'는 '餘'이다. '末餘'는 곧 '결국', '종극', '끝내는'의 뜻이다.

何有. 將知得無所得, 失無所失. 未及造談, 聊伸此意. 想爲答之."

천보(天保: 北齊 550~559) 초에 도미상사道味相師가 글을 보내 친분을 맺으며 말하였다.

"그림자는 형체로 인하여 생기고, 메아리는 소리를 좇아 생기는데, 그림자를 가지고 놀다 형체를 수고롭게 하니 형체가 곧 그림자임을 모릅니다. 소리를 내어 메아리를 멈추게 하고자 하니 소리가 메아리의 뿌리(근본)임을 모릅니다. 번뇌를 제거하여 열반을 구한다고 하는 이들은, 비유컨대 형체를 버리고 그림자를 찾는 것과 같습니다. 중생을 떠나 불佛을 구한다는 것은, 비유컨대 소리를 내지 아니하고 메아리를 찾는 것과 같습니다. 까닭에 미(迷: 미혹)와 오悟는 하나의 길이며, 우매함과 지혜는 별개의 것이 아닙니다. 본래 이름이 없는데 이름을 만들고, 그 이름으로 인해 시비함이 생깁니다. 본래 이理가 따로 없는데 이理를 만들고 그 이理로 인해 쟁론이 일어납니다. 환화幻化여서 진실한 것이 아니거늘 어떤 것이 옳고, 어떤 것이 그르겠습니까. 허망하여 진실하지 않거늘 어떤 것이 공空이고, 어떤 것이 유有이겠습니까. 얻어도 얻은 바 없으며, 잃어도 잃은 바 없는 것임을 마땅히 알아야 할 것입니다. 직접 뵙고 대화를 나누지 못하고 우선 이러한 뜻을 전합니다. 어떻게 생각하시는지 답해주시길 바랍니다."

可命筆述意曰,

"說此眞法, 皆如實. 與眞幽理, 竟不殊. 本迷摩尼謂瓦礫, 豁然自覺是眞珠, 無明智慧等無異. 當知萬法卽皆如. 愍此二見之徒輩, 申詞措筆作斯書. 觀身與佛不差別, 何須更覓彼無餘."
其發言入理未加鉛墨, 時或纘之, 乃成部類. 具如別卷.

혜가대사가 말을 받아쓰게 하고 생각을 말하였다.
"이와 같이 진실한 법을 설하신 것은[22] 모두 여실如實합니다. 진실하고 유현幽玄한 이리와 결국 다르지 않습니다. 본래 미혹하여 마니보주摩尼寶珠를 기와조각이나 돌덩이라 하다가 활연히 진주眞珠임을 자각하는 것과 같아, 무명無明과 지혜는 같아서 다르지 않습니다. 만법(萬法: 모든 것)이 곧 모두 이러함을 마땅히 알아야 할 것입니다. 이 이견二見에[23] 빠진 무리들을 불쌍히 여겨 뜻을 펴시고자 붓을 들어 이러한 글을 지으셨습니다. 이 몸과 불佛이 차별 없다고 보거늘 어찌 그 밖의 다른 데서 불佛을 찾아야겠습니까."
이 발언에서 이법理法에 들어가는 법문에 대해서는 필기하지 않는데 때로 어떤 이들이 이 글을 이어 일부의 서책을 만들기도 하였다. 이에 대해서는 별권別卷에서 기술한다.

時復有化公彦公和禪師等, 各通冠玄奧, 吐言清迥, 托事寄懷. 聞諸口實, 而人世非遠, 碑記罕聞, 微言不傳, 清德誰序. 深可痛矣. 時有

---

22 원문 '說此眞法 皆如實'은 자칫 잘못 해석할 수도 있는데 宮本(宮內省圖書寮本; 舊宋本)에서는 '備觀來意 皆如實(보내 주신 뜻을 잘 보았는데 모두 如實합니다)'이므로 전자와 후자 모두 道味相師의 말을 모두 진실한 것으로 긍정한 뜻이다.
23 二見이란 有와 無, 번뇌와 보리(覺, 열반), 생과 멸, 常과 斷 등 각각 상대의 법이 따로 있다고 보는 지견이다.

林法師, 在鄴盛講勝鬘, 幷制文義. 每講人聚, 乃選通三部經者得七百人, 預在其席. 及周滅法與可同學, 共護經像.

당시에 또 화공化公·언공彦公·화선사和禪師 등이 있었는데 각기 현묘하고 깊은 이법理法에 통달하여 맑고 심원한 진리를 입으로 토해내고 사사에 의탁하여 품은 뜻을 전하였다. 입으로 설한 여러 진실한 법문을 들었고, 세간에 전해진 지 오래되지 않았으나 비기碑記의 글조차 보기 어렵고, 미언微言[24]이 전해지지 않게 되었으니 청정한 덕을 누가 기술할 것인가. 심히 통탄스러운 일이로다.

당시에 임법사林法師란 분이 있었는데 업도鄴都에서 『승만경勝鬘經』을 성대하게 강설하였고, 아울러 경문의 뜻에 대한 글도 지었다. 매번 강설할 때마다 사람들이 모여들었는데 이에 삼부경三部經에 통달한 자 7백 인을 선발하여 그 법석에 두었다. 북주北周의 폐불시(廢佛時: 武帝 574~578)에 혜가대사와 동학하며 함께 경전과 불상을 수호하였다.

初達摩禪師以四卷楞伽授可曰,
"我觀漢地, 惟有此經. 仁者依行, 自得度世."
可專附玄理, 如前所陳. 遭賊斫臂, 以法御心, 不覺痛苦. 火燒斫處, 血斷帛裹, 乞食如故. 曾不告人. 後林又彼賊斫其臂, 叫號通夕. 可爲治裹, 乞食供林. 林怪可手不便, 怒之. 可曰,
"餠食在前, 何不自裹."

---

24 微言은 곧 『춘추』의 微言大義에서 나온 말로 몇 자 안 되는 글에 큰 뜻을 지닌 것을 말함.

林曰,

"我無臂也. 可不知也."

可曰,

"我亦無臂, 復何可怒."

因相委問, 方知有功. 故世云, '無臂林矣.'

이전에 달마선사가 4권본 『능가경』(능가아발다라보경)을 혜가에게 주면서 말하였다.

"내가 한지(漢地: 중국)를 보건대 오직 이 경만이 있을 뿐이다. 인자仁者가 이 경에 의거하여 수행한다면 스스로 세상을 제도할 수 있을 것이다."

혜가가 오로지 이 경의 현리玄理에 의거하였음은 앞에서 기술한 바와 같다. (혜가는) 도적을 만나 팔이 잘렸는데 법으로 마음을 제어하여 통증을 느끼지 않았다. 불로 잘린 곳을 태우고, 피가 그침에 옷으로 잘린 팔 부위를 가린 후 예전과 같이 걸식하였다. (팔이 잘린 사실을) 아무에게도 말하지 않았다. 후에 임법사林法師도 도적에게 팔을 잘리어 밤새도록 아파 소리 질렀다. 혜가가 치료하여 싸매주고 걸식하여 임법사에게 가져다주었다. 임법사가 혜가의 손놀림이 불편한 것을 이상하게 여기고 화를 내었다. 혜가가 말하였다.

"음식이 앞에 있는데 왜 들지 않습니까."

임법사가 말하였다.

"나는 팔이 없습니다. 혜가는 그것을 모르십니까?"

혜가가 말하였다.

"저도 역시 팔이 없습니다. 어찌 또 화를 내시겠습니까?"

서로 자세한 사정을 물어보고 나서야 비로소 공功이 있음을 알게 되었다. 이로 인하여 세상에서는 '팔 없는 임법사!'라고 하였다.

❧

每可說法竟曰,
"此經四世之後, 變成名相, 一何可悲."
有那禪師者, 俗姓馬氏. 年二十一, 居東海講禮易, 行學四百, 南至相州, 遇可說法. 乃與學士十人出家受道. 諸門人於相州東設齋辭別, 哭聲動邑. 那自出俗, 手不執筆及俗書, 惟服一衣一盆, 一坐一食, 以可常行. 兼奉頭陀, 故其所住, 不參邑落.

혜가대사는 매번 설법을 마치고 나면 말하였다.

"이 경이 4세世가 지나면 변하여 명상名相이[25] 되어버릴 것이니 이 얼마나 비통한 일인가!"

나선사那禪師란 분이 계셨는데 속성은 마씨馬氏이다. 21세 되던 해에 동해군東海郡에서[26] 『예기禮記』와 『역易』을 강의하였고, 동학 4백 인과[27]

---

[25] 여기서 말한 名相은 '겉으로 드러난 모습', '이름만 남은 모습'을 뜻한다. 즉 경전의 진실한 뜻을 수학하고 이해하는 모습은 없게 되고 단지 경의 이름만 있게 된다는 뜻이다.

[26] 지금의 강소성 북부 東海이다. 산동성과 경계지역이다.

[27] 원문 '行學四百'은 '行學한 지 4백 일'을 뜻하는지, '함께 行學한 同學 4백 인'을 말하는지, 아니면 이 밖에 다른 사항인지 분명치 않다. 단지 四百이 日數라면 그냥 '1년'으로 표기하였지 않았을까. 그리고 那禪師를 비롯한 10여 명이 출가를 선언함에 나머지 동학들의 통곡소리가 성읍을 진동하였다는 것으로 보아 그 수가 상당히 많았을 것이다. 따라서 이 '四百'을 人數로 본다.

여기저기 행학行學하다가 남으로 상주相州에 이르러 혜가대사의 설법을 만나게 되었다. 이에 학사學士 10인과 함께 출가하여 도를 받았다. 여러 문인들이 상주의 동편에 재齋를 설설設하고 고별의 글을 읊으니 곡哭哭하는 소리가 읍에 진동하였다. 나선사는 세속을 떠난 후로는 손에 붓과 속서를 잡지 않았고, 오직 옷 한 벌과 사발 한 그릇에 일좌일식一坐一食[28]함을 상행常行으로 하였다. 아울러 두타행頭陀行을 봉행하였던 까닭에 그 머무는 곳이 읍락에 섞임이 없었다.

有慧滿者, 滎陽人, 姓張. 舊住相州隆化寺, 遇那說法, 便受其道, 專務無著. 一衣一食, 但畜二針. 冬則乞補, 夏便通捨, 覆赤而已. 自述一生無有怯怖. 身無蚤虱, 睡而不夢. 住無再宿, 到寺則破柴造履, 常行乞食. 貞觀十六年, 於洛州南會善寺側宿栢墓中, 遇雪深三尺. 其旦入寺見曇曠法師, 怪所從來, 滿曰, "法又來耶." 遣尋坐處, 四邊五尺許雪自積聚不可測也.

혜만慧滿이란 분이 있었는데 형양滎陽[29]인이고 성은 장張이다. 예전에 상주相州 융화사隆化寺에 머무르던 중 나선사那禪師의 설법을 만나게 되어 곧 그 도를 받아들이고 오로지 집착을 떠난[無著·無住] 행에 힘썼다. 옷 한 벌에 하루 일식만 하며 바늘 두 개만 지니고 다녔다. 겨울에는 걸식으로 보급하고, 여름에는 두루 사신捨身의 행을 하며 맨몸을 가릴 정도의 차림으로 다녔다. 스스로 실하길 일생 동안 두려움

---

28 하루에 一食하고, 나머지 시간을 1번의 좌선으로 행하는 것.
29 지금의 하남성 鄭州에서 동쪽으로 약간 떨어진 지역이다.

이 없었다 하였고, 몸에 벼룩이 없었으며 잠잘 때 꿈을 꾸지 않았다. 한 번 머문 곳에 다시 머물지 않았고, 사찰에 이르면 조그마한 잡목을 쪼개어 신발을 만들고 항상 걸식하였다. 정관 16년(642)에 낙주洛州의[30] 남쪽 회선사會善寺 옆의 백묘栢墓에서 숙박하던 중에 눈이 내려 깊이 3척까지 쌓였다. 그 다음날 새벽에 절에 들어가 담광曇曠법사를 만났는데 어디서 오는 것인지 괴이하게 생각하였다. 혜만에게 말하길, "법우님, 어서 오십시오." 하고는 사람을 보내어 (혜만이 밤새) 앉아 있던 곳을 찾아보았더니 사변四邊이 깊이 5척으로 눈이 쌓여 있어 (어떻게 이런 곳에서 밤을 지새웠는지) 알 수 없었다.

故其聞有括訪諸僧逃隱. 滿便持衣盋, 周行聚落, 無可滯碍. 隨施隨散, 索爾虛閑. 有請宿齋者, 告云,
"天下無人, 方受爾請."
故滿每說法云,
"諸佛說心, 令知心相是虛妄法. 今乃重加心相, 深違佛意. 又增論議, 殊乖大理."
故使那滿等師常齋四卷楞伽以爲心要, 隨說隨行, 不爽遺委.
後於洛陶('陶'는 '陽' 또는 '都'의 誤字)中, 無疾坐化. 年可七十. 斯徒並可之宗系, 故可('可'는 '不'의 誤字)別敍.

그 전에 (도첩을 받지 못하고 출가하여) 도망쳐 숨어 지내는 모든

---

30 지금의 낙양 일대 지역이다.

승려들을 검거한다는 말을 듣고도 혜만은 그대로 의발을 지니고 여러 마을을 두루 돌아다니며 걸림이 없었다. 수시로 보시하고 베풀면서 홀로 허한虛閑하게 지내었다. 숙재자(宿齋者: 청결하게 지내는 자. 혜만을 가리킴)를 청하는 자가 있으면 말하였다.

"천하에 아무도 없다면 이 청을 받아주겠다."

까닭에 혜만은 설법할 때마다 말하길,

"모든 부처님께서 마음을 설하심은 심상心相이 허망하다는 법을 알게 하고자 함인데 지금은 오히려 심상心相을 더욱더 가중시키고 있으니 부처님의 뜻에 심히 어긋난다. 또한 논의를 더욱 일으키니 대리大理에 어긋난다."

고 하였다. 까닭에 나선사那禪師와 혜만慧滿 등의 사師는 항상 4권 『능가경』(능가아발다라보경)을 지니고 심요心要로 삼아 수시로 설하고 행하였으며, 어긋남 없이 자세히 설명하였다.

후에 낙양에서 질병이 없이 좌화(坐化: 앉은 채로 입적)하였다. 연세가 70세쯤이었다. 이들은 모두 혜가의 종계宗系이다. 까닭에 이들에 대해 따로 (傳을 두어) 기술하지 않았다.[31]

3) 달마대사의 제자 승부

『속고승전』 권제16 習禪初 釋僧副傳

---

31 원문은 '故可別敍'이나 '故不別敍'로 되어 있는 본이 있고, 뜻으로 보아 당연히 후자가 옳다.

[해설]

종래 달마대사의 제자 가운데 승부僧副에 대해서는 거의 언급되지 않았다. 그러나 본 『속고승전』의 습선편초의 첫 번째 전기가 바로 승부의 전傳이고, 암혈巖穴에 있던 달마선사를 만나 출가하고 가르침을 받아 성취한 후 큰 행화를 하였다는 사실을 명기하고 있다. 『경덕전등록』 권제3의 제28조 보리달마菩提達摩의 조에 달마대사의 제자로서 명기된 도부道副가 곧 승부僧副일 것이다. 그러나 『경덕전등록』은 그 이름만 서두에 명기하고 그 전기는 따로 기술하고 있지 않다. 이 전傳은 승부의 입적연도와 춘추가 기재되어 있어 달마대사의 제자로서는 거의 유일하게 그 생존연대를 분명히 알 수 있기 때문에 달마대사에 관한 여러 시기 비정比定에 매우 중요한 기준이 된다. 또한 달마대사가 처음 남조南朝에 있다가 북위北魏로 올라와 암혈의 생활을 한 사실을 전해주는 중요한 자료이다.

釋僧副, 姓王氏, 太原祁縣人也. 弱而不弄, 鑑徹絶群. 年過小學, 識成景行, 鄕黨稱奇. 不仁者遠矣, 而性愛定靜. 遊無遠近, 裹糧尋師, 訪所不逮. 有達摩禪師, 善明觀行, 循擾巖穴, 言問深博. 遂從而出家. 義無再問, 一貫懷抱. 尋端極緖, 爲定學宗焉.

석승부釋僧副는 성이 왕씨王氏이고, 태원太原 기현祁縣인이다. 어려서부터 희롱하며 놀지 않았고, 성현의 밝은 가르침을 귀감으로 삼음이 단연 뛰어났다. 소학小學의 공부를 마치고는 곧 생각함이 반듯하게 되고 뛰어난 행을 하니 향리에서 기특하다고 칭찬하였다. 불인不仁한

자를 멀리하였으며, 성품이 정정定靜을 좋아하였다. 원근을 막론하고 돌아다니며 식량을 담아 들고 스승을 찾아다니길, 이르기 어려운 곳까지 방문하였다. 달마선사란 분이 계셨는데 관행觀行에 뛰어나고 밝았으며, 여기저기 암혈을 다니며 수행하고 있었는데, 질문하니 그 답변이 깊고 넓은지라 이에 따라 출가하였다. 재차 물을 것 없이 뜻을 이해하고 일관一貫하여 마음에 지니었으며, 법의 단서(端緒: 心要)를 궁극에까지 밝혀서 정학定學의[32] 종宗이 되었다.

後乃周歷講座備嘗經論. 並知學唯爲己 聖人無言. 齊建武年南遊楊輦, 止於鍾山定林下寺. 副美其林藪, 得栖心之勝壤也. 行逾氷霜, 言而有信. 三衣六物外無盈長. 應時入里, 道俗式瞻. 加以王侯請道, 頹然不作. 咫尺宮闈, 未嘗謁覲. 旣行爲物覽, 道俗攸屬.

후에 여러 강좌를 두루 거쳐 경론의 공부를 갖추었다. 아울러 수학修學이란 오직 자신이 하는 것이며 성인은 본래 설하는 바가 없음을 알았다. 북제北齊 건무연간(명제, 494~496)에 남으로 양연楊輦에 갔다가 종산鍾山의 하정림사下定林寺에 머물렀다. 승부僧副는 그곳의 숲이 좋아서 마음을 깃들 뛰어난 곳을 얻었다고 생각하였다. 그 행은 큰 고난을 넘어섰으며, 말에는 항상 믿음이 있었다. 삼의三衣와 육물六物[33]

---

[32] 선정의 성취를 중심으로 행하는 것을 定學이라 칭하고, 敎義의 연찬을 중심으로 행함을 義學이라 칭하였다. 남북조에서는 대체로 남조에서는 義學, 북조에서는 定學이 우세하였다.

[33] 비구가 항상 지니고 다닐 수 있는 세 가지 승복과 여섯 가지 用具.

외에는 더 이상 지니지 않았다. 적당한 때에 맞추어 향리에 들어가면 도속이 공경하며 우러렀다. 왕후王侯가 도의 가르침을 청하면 공손하게 물리치며 응하지 않았다. 지척에 궁궐이 있어도 일찍이 찾아간 적이 없었다. 이미 그 행이 세간에 널리 알려지게 되어 도속이 귀의하는 바가 되었다.

❁

梁高素仰淸風, 雅爲嗟貴. 乃命匠人考其室宇於開善寺以待之. 恐有山林之思故也. 副每逍遙於門, 負杖而歎曰,
"環堵之室, 蓬戶甕牖, 匡坐其間, 尙足爲樂, 寧貴廣廈, 而賤茅茨乎. 且安而能遷. 古人所尙, 何必滯此, 用賞耳目之好也."

양梁의 고조(양무제, 502~549)는 본래 청풍(淸風: 佛敎)을 숭상하였는데 (僧副를 보고) 그 청아함에 찬탄하며 귀하게 생각하였다. 이에 장인匠人에게 명하여 개선사開善寺에 실우室宇를 마련하게 하고 승부선사를 초대하였다. 산림 속에만 지내려고 할까 염려한 까닭이었다. 승부선사는 문 앞을 거닐 때마다 지팡이를 짚고 탄식하며 말하였다.
"담장으로 둘러쳐진 집에 초가지붕과 옹기로 된 집, 그곳에서 바르게 앉아 있어도 낙도樂道하길 충분하거늘, 어찌 넓은 집을 귀하게 여기고 초가집을 천하게 여길 것인가. 또한 (한곳에 머물러) 평안을 누리더라도 능히 옮겨 다니는 것을 고인古人이 숭상한 바이거든, 하필 꼭 이곳에 머물러 남의 이목耳目에만 좋게 보이게 할 것인가."

2. 『속고승전』의 능가사 전기

乃有心岷嶺, 觀彼峨眉. 會西昌侯蕭淵藻, 出鎭蜀部, 於卽拂衣附之, 爰至井絡. 雖途經九折, 無忘三念. 又以少好經籍, 執卷緘默, 動移晨昏. 遂使庸蜀禪法自此大行.

이에 마음은 민령岷嶺을 넘어³⁴ 저 아미산峨眉山에 가고자 하였다. (아미산에 가 있을 때) 마침 서창후西昌侯 소연조蕭淵藻가 군대를 이끌고 나와 촉蜀에 주둔하였는데 (僧副가 이곳에 있는 것을 알고는) 크게 기뻐하며³⁵ 곧바로 승부선사를 찾아 정락井絡³⁶에까지 왔다. 비록 험난한 시련을 겪으면서도 삼념三念³⁷을 잊지 않았다. 또 어려서부터 경적經籍 읽기를 좋아하여 묵묵히 경권經卷을 붙잡고 온종일 있었다. 마침내 용庸, 촉蜀 지역의 선법이 이로부터 크게 행해지게 하였다.

久之還返金陵, 復住開善. 先是胡翼之山有神人現, 以慧印三昧授與野人何規曰,
"可以此經與南平王, 觀爲病行齋三七日也. 若不曉此法, 問之於副."

---

34 사전성과 삼숙성 경계의 山嶺.
35 원문 '拂衣'는 반가움과 기쁨으로 인한 감정의 격동, 또는 희열을 표현하는 말이다. 때로는 완강히 거절하는 뜻으로도 쓰인다. 여기서는 전자의 뜻이다.
36 정확한 위치는 모르겠으나 아미산 부근일 것이다.
37 여기서 말하는 三念은 여래에게만 있는 三念處(三念住)를 말한 것은 아닐 것이다. 따라서 戒定慧의 三學을 잊지 않음, 또는 佛法僧 三寶를 잊지 않음, 또는 대승의 要義인 空·無相·無願(無作)의 三解脫(三三昧)를 잊지 않음을 가리킨 것으로 보인다.

時以訪之. 果是其曾所行法. 南平遂行齋祀, 疾便康復. 豈非內因外構更相起予.

　　오래 지난 후에 금릉(金陵: 梁의 수도)에 돌아와 다시 개선사에 머물렀다. 이전에 호익산胡翼山에 신인神人이 나타나『혜인삼매경慧印三昧經』을 야인野人 하규何規에게 주면서 말하였다.
　　"이 경을 남평왕南平王에게 주고 보도록 한 다음, 병의 치료를 위해 재齋를 3·7일간(21일간) 행하도록 하라. 만약 이 법문을 이해하지 못하거든 승부僧副에게 묻도록 하여라."
　　이때 (남평왕이 경의 뜻을 묻기 위해 승부를) 찾아갔는데 (승부가 보니) 과연 (자신이) 일찍이 행하던 법이었다. 남평왕이 이에 재사齋祀를 행하니 병질이 곧바로 치유되었다. 이것이 어찌 내인內因과 외구(外構: 外緣)가 서로 상응하여 베풀어진 것이 아니겠는가.

不久卒於開善寺. 春秋六十有一. 卽普通五年也. 窆於下定林之都門外. 天子哀焉, 下勅流贈. 初疾殛之時, 有勸修福者. 副力疾而起厲聲曰,
"貨財延命, 去道遠矣. 房中什物並施招提僧. 身死之後, 但棄山谷, 飽於鳥獸, 不亦善乎! 勿營棺隴, 以乖我意."
門徒涕淚 不忍從之. 將爲勒碑旌德, 而永興公主, 素有歸信, 進啓東宮, 請著其文, 有令遣湘東王繹爲之. 樹碑寺所.

　　얼마 후 개선사開善寺에서 입적하였다. 춘추 61세였다. 이때가 보통

普通 5년(524)이었다. 하정림사下定林寺의 도문都門 밖에 안장하였다. 천자가 애통해하고, 칙명을 내려 부의賻儀를 전하게 하였다.

처음 질환이 극도에 이르렀을 때 (병의 치유를 위해) 복을 닦을 것을 권한 이가 있었다. 승부僧副선사는 즉시 힘을 내 일어나 거센 목소리로 말하였다.

"재화財貨로 목숨을 연장하는 것은 도에서 먼 것이다. 방안에 있는 집물什物들을 모두 사방(四方: 招提)의[38] 승려들에게 주도록 하라. 몸이 죽은 후에는 다만 산골짜기에 버려 조수鳥獸의 먹이가 되도록 하는 것이 또한 좋지 않겠는가! 관棺이나 분묘를 만들어 나의 뜻을 어긋나게 하지 말라!"

문도들이 눈물을 흘리며 차마 이 유언에 따를 수 없었다. 이에 비碑를 세워 덕을 표하게 되었는데, 영흥永興공주는 본래 (승부선사에게) 귀의하였으며, 동궁東宮에 글을 올려 그 비문碑文을 지어 주길 청하니 (동궁에서) 상동왕湘東王 역繹을 보내어 글을 짓게 하였다. 사찰에 비를 세웠다.

4) 혜가의 재전再傳제자 법충선사

『속고승전』感通篇中[39] 釋法沖傳

---

38 원문 '초제招提'는 범어 '탁착제사拓斲提奢'의 줄인 말로 '四方'을 뜻하는 말이다. 후에 이를 줄여 '탁제拓提'로 썼는데 잘못하여 '초제招提'로 쓰이게 되었다.

39 『대정장』에 수록된 『속고승전』의 권수 가운데 21권 이하는 어긋나 있어 분류명목으로 표기한다.

釋法沖, 字孝敦, 姓李氏, 朧西成紀人. 父祖歷仕魏齊故, 又生於兗部. 沖幼而秀異傲岸時俗. 弱冠與僕射房玄齡善. 相謂曰. 丈夫年不登五品者, 則共不仕, 爲逸人矣. 沖年二十四, 果爲鷹揚郎將. 遭母憂讀涅槃經, 見居家追迋之文, 遂發出家心.
聽涅槃三十餘遍. 又至安州皓法師下, 聽〈大品〉〈三論〉〈楞伽經〉, 卽入武都山修業. 年三十行至冀州.

석법충釋法沖은[40] 자字가 효돈孝敦, 성은 이씨李氏이고, 농서朧西 성기인成紀人이다. 부친과 조부가 위(魏: 북위와 동위)와 제(齊: 북제)에서 관리를 역임한 까닭에 연부兗部에서[41] 태어났다. 법충은 어려서 준수하고 특이하여 시속時俗에 대해 자만하는 태도를 가졌다. 약관에 복야僕射[42] 방현령(房玄齡, 578~648)[43]과 친하였는데 서로 말하기를,

"장부로서 몇 년 내에 5품관에 이르지 못하면 함께 관직을 그만두고 일인逸人[44]이 되자."

---

40 法沖의 출생연도는 동 傳의 말미에 "지금 인덕(麟德: 당 高宗時의 연호, 664~665)에 연세가 79세이다."고 한 것에 의하면 585년이거나 586년이 된다. 道宣(596~667)의 글에 법충의 입적 연도는 기술되어 있지 않고, 도선은 입적하기 직전까지 본『속고승전』을 계속하여 보완한 것으로 인정되기 때문에 도선의 입적 연도인 667년까지 생존하고 있었을 가능성이 크다.

41 지금의 북경지역이다.

42 복야僕射: 관명으로 당에서는 宰相의 직이었다.

43 방현령: 唐의 齊州 臨淄人, 이름은 교喬이다. 18세에 진사에 추거되어 隋朝에서 縣尉에 재직하다 이세민(唐 태종)의 거병에 참가하였고, 당에서 중서령과 재상에 재직하며 두여회와 함께 貞觀의 治를 이루는 데 큰 역할을 하였다.

44 일인逸人은 곧 隱逸의 人이다. 벼슬을 버리고 세속에 매임 없이 은거하며 유유자적한 생활을 하는 사람을 가리킨다.

고 하였다. 법충의 나이 24세에 과연 응양군鷹揚軍 낭장郎將이 되었다. 모친 우憂씨가 『열반경』을 읽는 것을 보고 집에 있는 경문을 샅샅이 찾아 읽고는 마침내 출가의 마음을 내었다.

『열반경』 설법을 30여 차례 들었다. 또 안주安州의[45] 고률법사에게 가서 『대품반야경』, 『삼론』, 『능가경』의 설법을 듣고, 곧바로 무도산武都山에 들어와 수행하였다. 30세에 이르러 기주冀州에 오게 되었다.

貞觀初年, 下勅有私度者處以極刑. 沖誓亡身便卽剃落. 時蟬陽山多有逃僧避難, 資給告窮. 便造詣州宰曰,
"如有死事, 沖身當之. 但施道糧, 終獲福祐."
守宰等嘉其熱亮, 昌(冒)[46]網周濟. 乃分僧兩處, 各置米倉, 可十斛許. 一所徒衆四十餘人, 純學大乘幷修禪業. 經年食米如本不減. 一所有五十六人, 纔經兩日, 食米便盡. 由不修禪, 兼作外學. 沖告曰,
"不足怪也. 能行道者, 白毫之惠耳. 蓋利由道感, 還供道衆, 行殊道業, 理固屢空."
于時逃難轉多, 復弊霖雨, 無處投地. 山有大巖, 猛獸所居. 沖往詣巖穴, 告曰,
"今窮客相投, 可見容不?"
虎乃相携而去, 遂咸依之.

---

45 법충이 연부(북경 부근)에서 출생하였다 하였으므로 여기서 말한 安州는 호북성 양자강 중류의 안주가 아니라 지금의 하북성 隆化 부근의 안주일 것이다. 북경 북동쪽으로 하북성과 요령성 및 내몽고 자치구의 경계지역이다.
46 원문 '昌'은 宮本에서 '冒'인데 後者가 전후의 뜻으로 보아 옳다.

정관(627~649년) 초년에 황제가 영을 내려 사도자私度者[47]를 극형에 처하라고 하였다. 법충은 (불법을 위해) 죽을 것을 맹세하고 곧바로 삭발하였다. 그때 택양산에 도망하여 피난 온 승려가 많이 있었는데 식량공급이 끊어졌다는 소식이 왔다. 이에 (법충이) 곧 주州의 장관을 찾아가서 말하였다.

"만약 사형에 처해질 일이 벌어지게 되면 이 법충의 몸으로 당할 것입니다. 단지 수행에 필요한 양식만 보시하여 주신다면 결국 복우福祐를 얻을 것입니다."

관리들이 그 열성을 가상히 여겨 법망法網에 걸릴 것을 무릅쓰고(원문 '冒'은 '冒'의 誤字임) 두루 구제하고자 하였다. 이에 승려들을 두 곳으로 분산시키고 각각의 쌀 창고에 10곡(斛: 1斛은 10말) 정도를 두었다. 한곳은 도중이 40여 명이고 순전히 대승을 배우며 아울러 선을 닦았는데 해가 지나도록 쌀이 그대로이고 줄어들지 않았다. 다른 한곳에는 50~60명이 있었는데 겨우 경전 공부 이틀 만에 쌀이 모두 떨어지고 말았다. (이들은) 수선修禪하지도 아니하였고 아울러 외학外學을 공부한 까닭이었다. 법충이 말하였다.

"이상하게 생각할 것 없습니다. 능히 도를 행하는 이에게는 백호(白毫: 佛)[48]의 은혜가 있는 것입니다. 대저 이利란 도로 말미암아 감득感得되는 것이니 다시 도중道衆에게 돌려 베풀어야 하는 것입니다. 행이 도업과 다르다면 자주 헛일이 될 것이 뻔합니다."

---

[47] 국가의 승인 없이 몰래 승려가 된 사람을 말한다. 승려는 免役과 면세의 혜택이 있어 많은 사람이 출가하게 되고, 국가재정에 폐해가 되니 그 수를 제한하여 출가의 허가증[度牒]을 발행하였다.

[48] 백호白毫는 부처님 32相 가운데 하나인데 여기서는 부처님을 지칭하고 있다.

얼마 후 피난하여 오는 사람들이 점차 많아지고 다시 장마가 이어져 의탁할 곳이 없게 되었다. 산에 큰 동굴이 있어 맹수가 그곳에 거처하고 있었다. 법충이 동굴에 가서 말하였다.

"지금 궁색한 손님들이 서로 이곳에 몸을 의탁하고자 하는데 (우리가 너희의) 모습을 볼 수 있겠느냐?"

호랑이가 이에 서로 잇달아 나갔다. 이에 모두들 이곳에 의탁하게 되었다.

仍廳〈華嚴〉等經及雜解. 重至安州. 有道士蔡子晃者, 閑習內外 欻狎僧倫. 道俗盛集僧寺, 乃令晃開佛經, 沖曰,

"汝形同外道, 邪述纏懷, 苟講佛經, 終歸名利. 我道俗無名, 要惟釋子, 身旣在此, 畢不得行. 早可識機, 無懷於後."

晃聞默然, 逡巡而退. 爾時大衆歎曰,

"護法菩薩 斯其人哉."

거듭 『화엄경』 등의 경전과 여러 주해註解의 강설을 들었다. 다시 안주安州에 왔다. 채자황蔡子晃이라는 도사가 있었는데 내외의 경전을 한가로이 공부한 것으로 승려들을 업신여기었다. 도속이 사찰에 성대하게 모였을 때 채자황에게 불경을 펼쳐보라 하고 법충이 말하였다.

"너의 모습은 외도와 같고, 삿되게 설명하며 심회心懷를 묶고 있으니 비록 불경을 강설한다 하나 결국에는 명리名利에 떨어지고 있다. 우리 도속은 유명하지 않으나 오직 불자佛子이기만 하면 되는 것, 몸이 이미 여기에 있으니 필경에 (당신 뜻대로) 될 수 없을 것이다. 일찍

상황을 파악하도록 하여 후회 없도록 하시오."

채자황이 듣고 아무 말 없이 뒷걸음질하며 물러나갔다. 이때에 대중이 찬탄하며 말하였다.

"호법護法보살이 바로 이분이시다."

※

沖以〈楞伽〉奧典沈淪日久. 所在追訪, 無憚夷險. 會可師後裔盛習此經, 卽依師學. 屢擊大節, 便捨徒衆, 任沖轉敎, 卽相續講三十餘遍. 又遇可師親傳授者, 依南天竺一乘宗講之, 又得百遍.

법충法沖은 『능가경』의 심오한 경전 공부에 오랫동안 깊이 침잠하였다. (능가경의 뜻에 대해) 찾아가 물을 곳이 있으면 외국이든 험한 곳이든 거리끼지 않았다. 마침 혜가대사의 후예인 성선사盛禪師가 이 경전을 공부하고 있어서 곧바로 스승으로 모시고 배웠다. (법충이) 자주 요의要義를 꿰뚫으니 (성선사가) 다른 도중을 물리치고 법충에게 경전의 강설을 인계하여 맡겼다. (법충이) 곧 이어서 (능가경을) 30여 번 강설하였다.

또 혜가대사로부터 친히 (능가경을) 전수받은 분을 만나 가르침을 받고, 남천축(남인도) 일승종一乘宗에[49] 의해 이를 강설하길 또 일백 회를 하였다.

---

[49] 달마대사가 남인도 출신인 까닭에 그의 宗을 '남천축 일승종' 또는 '南宗'이라 칭한다.

其經本是宋代求那跋陀羅三藏翻, 慧觀法師筆受. 故其文理克諧 行質相貫. 專唯念惠 不在話言. 於後達摩禪師傳之南北. 忘言忘念無得正觀爲宗. 後行中原. 惠可禪師創得綱紐. 魏境文學多不齒之. 領宗得意者時能啓悟, 今以人代轉遠紕謬後學. 可公別傳略以詳之.

그 경전(능가경)은 본래 송대(남조의 劉宋)의 구나발타라삼장이 번역하고, 혜관慧觀법사가 필수筆受한 것이다. 까닭에 그 문리가 훌륭히 조화되어 있고, 행질(行質: 文과 質)은 서로 관통되어 있다. 오직 염혜念惠에 있을 뿐, 언어에 있지 않다고 한다. 후에 달마達摩선사가 남과 북에 전하였다. 망언(忘言: 言語道斷)·망념(忘念: 心行處滅)·무득(無得: 不可得의 정관正觀)을 종(宗: 근본)으로 한다. 후에 중원에서 행해지게 되었다. 혜가선사가 처음으로 그 법의 강요綱要를 세웠다. 북위의[50] 문학들이[51] (혜가를) 많이 멸시하였다.[52] 그 종의 요의를 받아들여 해득한 자는 그때는 능히 깨달을 수 있었으나 지금은 여러 대 멀리 유전되어 온 까닭에 후학이 잘못 이해하고 있다. 가공(可公: 혜가대사)의 별전別傳에서[53] 자세히 약술하였다.

---

50 혜가대사의 行化 시기는 북위 말에서 북제를 거쳐 隋初 사이이다. 여기에서 魏라 한 것은 북제까지를 모두 북위로 통칭한 것이다.
51 文學은 시문이나 유가경전 및 학술에 뛰어난 이를 말하는데, 漢代에는 관리로 천거하는 덕목(과목) 가운데 하나였다. 후에는 보통 신비·지식인의 뜻으로도 쓰이고 있다. 여기서는 당시 불교의 사부대중 가운데 지식인층을 가리킨다.
52 이에 대해서는 본 『속고승전』 권제16 僧可(惠可)傳에 자세히 기술되어 있다.
53 앞의 僧可(惠可)傳을 말한다.

今敘師承以爲承嗣, 所學歷然有據. 達摩禪師後, 有惠可惠育二人. 育師受道心行口未曾說. 可禪師後, 粲禪師·惠禪師·盛禪師·那老師·端禪師·長藏師·眞法師·玉法師. 已上並口說玄理 不出文記. 可師後, 善師 出抄四卷·豊禪師 出疏五卷·明禪師 出疏五卷·胡明師 出疏五卷. 遠承可師後, 大聰師 出疏五卷·道陰師 抄四卷·沖法師 疏五卷·岸法師 疏五卷·寵法師 疏八卷·大明師 疏十卷. 不承可師 自依攝論者, 遷禪師 出疏四卷·尙德律師 出〈入楞伽疏〉十卷. 那老師後, 實禪師·惠禪師·曠法師·弘智師 名住京師西明 身亡法絕. 明禪師後, 伽法師·寶瑜師·寶迎師·道瑩師. 並次第傳燈 于今揚化.

이제 스승을 이어 뒤를 잇게 된 일에 대해 기술하건대 스승으로부터 배운 바가 뚜렷하여 근거가 있다. 달마선사의 뒤에 혜가惠可와 혜육(惠育: 道育) 두 제자가 있다. 혜육선사는 도의 가르침을 받아 심행만 하였을 뿐 법을 설한 바가 없었다. 혜가선사의 뒤는

승찬僧粲선사·혜선사惠禪師·성선사盛禪師·나노사那老師·단선사端禪師·장장사長藏師·진법사眞法師·옥법사玉法師가 계승하였다. 이상의 여러 분들은 모두 현리玄理를 설하였을 뿐 문기를 내지 않았다. 혜가선사의 뒤를 계승한 선사善師가『능가경초楞伽經抄』4권을 저술하였고, 풍선사豊禪師는『능가경소』5권을 저술하였으며, 명선사明禪師는『능가경소』5권을 저술하였고, 호명사胡明師는『능가경소』5권을 저술하였다. 혜가선사의 뒤를 멀리 계승한 대총사大聰師는『능가경소』5권을 저술하였고, 도음사道陰師는『능가경초楞伽經抄』4권을 저술하

였으며, (법)충법사沖法師는 『능가경소』 5권을 저술하였고, 안법사岸法師는 『능가경소』 5권을 저술하였으며, 총법사寵法師는 『능가경소』 8권을 저술하였고, 대명사大明師는 『능가경소』 10권을 저술하였다.

혜가선사로부터 친전 받지는 않았으나 스스로 (능가경에 대해) 논소論疏한 분들로 천선사遷禪師는 『능가경소』 4권을 저술하였고, 상덕율사尚德律師는 『입능가소入楞伽疏』 10권을[54] 저술하였다. 나노사師那老師의 뒤를 계승한 분으로 실선사實禪師·혜선사惠禪師·광법사曠法師·홍지사弘智師가 있는데 이름은 경사京師의 서명사西明寺에 주석한 것으로 되어 있고, 입적한 후 그 법맥이 단절되었다. 명선사明禪師의 뒤를 계승한 분으로, 가법사伽法師·보유사寶瑜師·보영사寶迎師·도형사道瑩師가 있는데 모두 차례로 전등하며 지금에 이르기까지 그 법을 천양하며 행화行化하고 있다.

沖公自從經術, 專以楞伽命家. 前後敷弘將二百遍. 須便爲引, 曾未涉文, 而通變適緣, 寄勢陶誘, 得意如一. 隨言便異. 師學者苦請出義, 乃告曰,
"義者, 道理也. 言說已麤, 況舒在紙 麤中之麤矣."
事不獲已, 作疏五卷, 題爲私記. 今盛行之.

---

54 여타의 곳은 단지 '疏 몇 권'인데 여기만은 『入楞伽經疏』로 경명을 명기하고 있기 때문에 나머지 '疏 몇 권'의 경우는 모두 『능가경』 4권본인 『능가아발다라보경』을 지칭하는 것임을 알 수 있다. 달마대사가 혜가 등 제자에게 전한 『능가경』은 바로 이 『능가아발다라보경』이다.

충공(沖公: 법충)은 경술經術 방면에서는 오로지 『능가경』으로 일가를 이루었다. 전후에 걸쳐 2백 회의 강설로 널리 법을 폈다. (강설할 때마다) 모름지기 그때그때 (능가경에서) 인용할 뿐 일찍이 글로 쓴 바가 없었으나 인연의 여건에 맞게 변통하고, 시세에 따라 훈도함에 자재 여일如一하였으며, 언설을 상황에 따라 적절하게 바꾸어 임기응변하였다. 배우는 이들이 (능가경의) 뜻을 해설하여 글로 내도록 간곡히 청함에 말하였다.

"(經)의義란 도리이다. 언설이 이미 거친 것인데 하물며 종이에 글로 써 놓은 것은 거친 것 중의 거친 것이다."

(그러나) 사정이 어쩔 수 없게 되어 『능가경소楞伽經疏』 5권을 저술하여 제목을 『사기私記』라 하였다. 지금 (이 책이) 성행하고 있다.

❦

初沖周行東川, 不任官貫. 頻有度次, 高讓不受, 年將知命. 有勅度人, 兗州度 抑令入度, 隸州部法集寺雖名預公貫, 而栖泉石撫接, 遺逸爲心. 房公位居台輔, 作書召入. 沖得題背曰,
"我於三界無所須. 卿至三槐位亦極."

처음 법충이 동천東川지역을[55] 두루 행화하고 다닐 때 관청에 승려의 관적貫籍을 아직 두고 있지 않았다. 관청에서 자주 승려의 출가허가증〔度牒〕을 발급하였으나 사양하고 받지 않았으니 당시에 지명(知命: 궁극의 근원을 통달함)하였음이다. 승려가 되는 것을 허락하는(도첩을

---

55 지금의 사천성 동부지역을 설한다.

내리는) 황제의 명이 있자 연주兗州⁵⁶에서는 도첩을 내리면서 오히려 들어와서 도첩을 받아 가라고 하였고, 예주부隸州部의 법집사法集寺에 비록 공의 이름을 승려 관적貫籍에 올려놓았으나 천석(泉石: 江山)을 어루만지고 지내면서 유유자적함을 마음으로 삼았다. 방공(房公: 房玄齡)이 대보(台輔: 宰相)의 자리에 있었는데 글을 써서 (조정에) 들어오라고 하였다. 법충이 뒷면에 제題하여 설하길,

"나는 삼계(三界: 욕계, 색계, 무색계의 중생 윤회계)를 바라지 않는다오. 경이 삼괴(三槐: 三政丞)의⁵⁷ 자리에 이른 것 또한 극진한⁵⁸ 것이오."

公又重延, 不守恒度, 翩翔都邑, 即弘大法, 晟動英髦. 冠蓋雲蒸, 歎未曾有. 中書杜正倫 親位法席, 詳評玄義. 弘福閏 法師初未相識, 曰,
"何處老大德."
答,
"兗州老小僧耳."
又問,
"何爲遠至."
答曰,
"開此少一乘, 欲宣一乘敎, 網漉信地魚龍故至."
閏曰,

---

56 지금의 산동성 태산 주변지역이다.
57 周에서 外朝에 괴수(槐樹: 홰나무)를 심어 三公(三政丞)의 位라 한 것에 연유하여 三公을 三槐로도 지칭하게 되었다.
58 이제 최고위인 정승에 올라 더 이상 오를 곳이 없어 다 되었다는 뜻이다.

"斯實大心開士也."

공(법충)은 또 법을 펴서 인도함을 중시하여 일정한 법도에 얽매이지 않았으며, 여러 도읍을 펄펄 나르듯 옮겨 다니면서 대법大法을 홍포하여 젊은 인재들을 크게 감동시켰고, 고관들이 구름처럼 모여들어 미증유未曾有의 일이라고 찬탄하였다. 중서령 두정륜杜正倫이[59] 친히 법석에 자리하여 현의玄義를 자세히 평하였다. 홍복윤弘福閏은 법사와 일찍이 서로 만난 적이 없었는데, 말하였다.

"어느 곳에서 온 노대덕老大德이십니까?"

(법충이) 답하였다.

"연주兗州의 노소승老小僧입니다."

또 물었다.

"왜 멀리서 오셨습니까?"

답하였다.

"이곳은 일승一乘의 법이 적다는 말을 듣고 일승의 가르침을 펼쳐 믿음의 땅에서 어망으로 어룡(魚龍: 뛰어난 인재)을 걸러 얻고자 하여 왔습니다."

(홍복)윤이 말하였다.

"이분이야말로 정말 대심大心의 개사(開士: 보살)이시다."

---

59 杜正倫(?~658): 相州 원수(洹水: 지금의 하북성 魏縣)人. 隋에서 秀才로 발탁되어 관직에 올랐다. 문장과 불경에 깊이 명달하였다. 당 건국 이래 여러 관직을 거쳐 정관원년(627년)에 兵部員外郎에 임명된 후 給事中 겸 知起居注, 中書侍郎, 谷州刺史, 交州都督, 黃門侍郎, 현경 2년(656)에 중서령, 동 3년에 橫州刺史를 역임하였다. 『구당서』 권70과 『신당서』 권106에 그의 전기가 있다.

2.『속고승전』의 능가사 전기 237

因行至大興善寺. 萬年令鄭欽泰, 於寺打人. 沖止之曰,
"公勿於寺打人."
泰曰,
"打人罪我自當."
沖曰,
"道不自當 可遣他受. 然國家立寺, 本欲安寧社稷, 唯善行之. 公今 於寺打人, 豈名爲國祈福."
泰卽禮謝

　　인행(因行: 보살행)하며[60] 대흥선사大興善寺에 이르게 되었다. 만년현령萬年縣令 정흠태鄭欽泰가 사찰에서 사람을 때리고 있었다. 법충이 이를 제지하고 말하였다.
　　"공은 사찰에서 사람을 때리지 마시오."
　　(정흠)태가 말하였다.
　　"사람을 때린 죄는 내가 스스로 받을 것입니다."
　　법충이 말하였다.
　　"도는 자신만이 받는 것이 아니라 남에게 보내어 받게 할 수 있는 것입니다. 그런데 국가에서 사찰을 세운 것은 본래 사직을 안녕하게 하고자 함이니 오직 선행해야 할 것입니다. 공이 지금 사찰에서 사람을 때리고 있으니 어찌 나라를 위하여 복을 기원하는 것이라 하겠소?"

---

60 因行이란 果位인 妙覺의 因이 되는 行이란 뜻으로 곧 因位의 보살이 행하는 自利利他의 행을 뜻한다.

(정흠)태가 예를 갖추어 사죄하였다.

又三藏玄奘不許講舊所飜經. 沖曰,
"君依舊經出家, 若不許弘舊經者, 君可還俗, 更依新飜經出家, 方許君此意."
奘聞遂止. 斯亦命代弘經護法强禦之士, 不可及也. 然沖一生遊道爲務, 曾無栖泊. 僕射于志寧曰,
"此法師乃法界頭陀僧也. 不可名實拘之."
顯慶年言旋東夏. 至今麟德年七十九矣.

또 삼장 현장玄奘이 이전에 번역된 경전으로 강설하는 것을 허용하지 아니하였다. 법충이 말하였다.

"군君이 이전에 번역된 경전에 의거하여 출가하였는데, 만약 이전에 번역된 경전을 홍포하는 것을 허용하지 않는다면 군이 환속하고 나서 다시 새로 번역한 경에 의하여 출가해야 비로소 군의 이 뜻을 따르겠습니다."

현장이 이 말을 듣고 마침내 그렇게 하는 것을 멈추었다. 이 또한 당대當代에 경을 홍포하고 법을 수호한 강어지사强禦之士였음을 말해주고 있으니 (다른 이들은) 이에 미칠 수 없었다.

그런데 법충의 일생은 유행하며 교화하는 데 힘써 일찍이 한곳에 머물러 있지 않았다. 복야僕射 우지령于志寧이 말하였다.

"이 법사야말로 법계의 두타승頭陀僧이다. 명名과 실實에 구애받지 않는 분이다."

2. 『속고승전』의 능가사 전기 239

현경연간(656~660)에 말하길,

"이제 방향을 바꾸어 동하(東夏: 중국 동부지역) 방면으로 가겠다."
고 하였다. 지금 인덕(麟德, 664~665)의 해에 연세 79세이다.

5) 『속고승전』 습선육지여習禪六之餘[61] 석도신전

釋道信, 姓司馬, 未詳何人. 初七歲時經事一師, 戒行不純, 信每陳諫, 以不見從密懷齋檢, 經於五載而師不知. 又有二僧莫知何來, 入舒州皖公山靜修禪業, 聞而往赴便蒙授法. 隨逐依學遂經十年, 師往羅浮, 不許相逐. 但於後住必大弘益.

석도신釋道信의 성은 사마司馬이고 어디 출신인지 미상이다.[62] 처음 7세 때 어느 한 스승을 모시고 있었는데 (그 스승의) 계행이 불순한지라 도신이 자주 그 잘못을 간하며 보이지 않게 은밀히 계행을 단속하길 5년에 걸쳐 하였으나 스승이 알아채지 못하였다. 또 어디서 온지 모르는 두 승려가 서주舒州 완공산에 들어와[63] 선업禪業을 정수靜修하고 있다는

---

61 전술한 바와 같이 『대정장』의 『속고승전』은 권제21 이하의 권수가 어긋나 있어 주제별 분류편명으로 표기한다.
62 『전법보기』에는 河內 출신이라 하였다.
63 『전법보기』 승찬조에 승찬선사가 "開皇(581~600) 초에 동지 定禪師와 함께 완공산으로 피신해 있었다." 하였고, 同 道信條에는 "개황(581~600) 중에 (도신이) 완공산에 가서 승찬선사에게 귀의하여 精心하고 부지런히 수행을 원만히 갖추어 지혜를 비추어 이르지 못하는 것이 없었다." 하였으며, 『능가사자기』 승찬조에는 승찬선사가 완공산에 머물고 이곳에서 입적하였다 하였으니, 완공산에서 도신에게 가르침을 편 두 승려는 바로 승찬선사와 定禪師였음이 분명하다.

말을 듣고 찾아가서 곧바로 가르침을 받았다. 스승(승찬선사)의 가르침에 따르고 의지하며 배운 지 십 년이 됨에 스승이 나부산羅浮山에 가면서 따라오지 말라고 하였다. 단지 후에까지 여기에 머물러 있으면 반드시 크게 이로움이 있을 것이라고 하였다.

國防賢良許度出家, 因此附名住吉州寺. 被賊圍城七十餘日, 城中乏水, 人皆困弊. 信從外入, 井水還復. 刺史叩頭, 賊何時散. 信曰, "但念般若." 乃令合城同時合聲. 須臾外賊見城四角, 大人力士威猛絶倫. 思欲得見刺史. 告曰, "欲見大人, 可自入城." 群賊卽散. 旣見平定, 欲往衡岳, 路次江洲. 道俗留止廬山大林寺. 雖經賊盜, 又經十年.

 (나라에서) 국방에 공훈이 있는 자와 현량賢良의 덕목에 해당하는 자에게 출가를 허락하는 도첩을 내리니 이 기회에 이름을 승려의 명적名籍에 올리고 길주사吉州寺에 머물렀다. (그때) 적에게 성이 70여 일 포위되어 성중에 물이 부족하게 되니 사람들이 모두 곤란을 겪으며 쓰러지고 있었다. 도신이 밖에서 성에 들어오자 샘물이 다시 나왔다. 자사刺史가 머리 숙여 절하고 적이 언제 물러날 것인지를 물었다. 도신이 말하였다.

 "단지 『반야심경』(또는 『금강경』)만[64] 외우도록 하시오!"
 이에 온 성에 명하여 동시에 함께 (독경의) 소리를 내도록 하니

---

64 원문 '般若'는 성중의 모든 사람이 염송할 수 있는 것이었으니 곧 『반야심경』 또는 『금강반야바라밀경』(금강경)일 것이다.

잠시 후에 성 밖의 적이 성의 네 귀퉁이에 대인 역사力士가 위맹 절륜한 모습으로 있는 것을 보게 되었다. (적이) 자사를 만나고 싶다고 하니 (자사가) 말하였다.

"대인大人을 뵙고자 하거든 성내로 들어와도 좋다."

이에 적의 무리들이 즉시 달아나고 말았다. (난이) 평정된 것을 보고 (도신은) 형악衡岳에 가고자 하여, 가던 중에 강주江州에[65] 이르게 되었다. 도속이 머물기를 청하니 여산廬山[66] 대림사大林寺에서 머물렀다. 비록 도적의 난을 겪으면서도 또 십 년을 보내었다.

❦

蘄州道俗請度江北黃梅縣衆造寺, 依然山行, 遂見雙峰有好泉石, 卽住終志. 當夜大有猛獸來繞, 並爲授歸戒. 授已令去. 自入山來三十餘載, 諸州學道無遠不至. 刺史崔義玄, 聞而就禮.
臨終語弟子弘忍, "可爲吾造塔." 命將不久, 又催急成. 又問中未, 答欲至中. 衆人曰, "和尙可不付囑也." 曰, "生來付囑不少."
此語纔了奄爾便絶. 于時山中五百餘人, 並諸州道俗. 忽見天地闇冥. 遶住三里樹木葉白, 房側梧桐樹曲枝向房. 至今曲處皆枯. 卽永徽二年閏九月四日也. 春秋七十有二. 至三年弟子弘忍等, 至塔開看端坐如舊, 卽移仕本處, 于今若存.

기주蘄州의 도속들이 강(양자강)을 건너 북쪽의 황매현 중조사衆造寺에 오실 것을 청하니 그에 따라 산행하다가 마침내 쌍봉산에 좋은

---

65 지금의 강서성 九江 부근이다.
66 지금의 강서성 九江 인근에 있다.

천석泉石이 있는 것을 보고 곧 여기에서 입적할 때까지 머물 뜻을 갖게 되었다. 그날 밤에 많은 맹수들이 와서 둘러싸니 이들에게 모두 삼귀계三歸戒를 주었다. 수계하고 나서 가도록 하였다. 입산한 지 삼십 년 동안 여러 주州에서 도를 배우고자 하는 자가 멀리서도 찾아오지 않음이 없었다. 자사刺史 최의현崔義玄이 (이를) 듣고는 찾아와 예를 표하였다.

　임종이 가까워옴에 제자 홍인에게 말하였다.
　"나를 위해 탑을 만들어라."
　명한 후 얼마 되지 않아 또 빨리 완성하라고 재촉하였다. 또 묻기를,
　"아직 안 되었는가?"
하니, 답하길,
　"다 되어 갑니다."
고 하였다. 여러 사람들이 말하였다.
　"화상께서는 부촉付囑하시지 않으십니까?"
　(도신선사가 답하여) 말하였다.
　"지금까지 살아오면서 부촉한 일이 적지 않다."
　이 말을 마치자마자 곧바로 입적하였다. 그때 산중에는 오백여 인이 있었고, 모두 여러 주州에서 온 도속들이었는데 홀연히 천지가 컴컴해지고, 주변 3리에 있는 수목의 잎들이 하얗게 되며, 방 옆에 있는 오동나무가 가지를 구부려 방 쪽으로 향한 것을 보았다. 지금까지 구부러진 곳은 모두 말라 있다. 이때가 곧 영휘永徽 2년(당 고종, 651년) 윤9월 4일이었다. 춘추 72세였다. (도신이 입적한 지) 3년이 지나 제자 홍인 등이 탑에 가서 열어보니 이전처럼 그대로 단정히 앉아 있었다. 곧 본처에 옮겨 모셨다. 지금도 그대로 있다.

부록

부록 I
초기 선종(능가종) 승계도承系圖

전거: 『능가사자기』, 『속고승전』 卷16 習禪初 菩提達摩傳,

『속고승전』 卷16 習禪初 僧可(惠可)傳

『속고승전』 感通篇中 法沖傳

『속고승전』 習禪六之餘¹ 善伏傳

『속고승전』 卷16 習禪初 僧副傳

『전법보기傳法寶記』, 『역대법보기歷代法寶記』

*구나발타라를 초조로 한 승계의 기본 골격은 『능가사자기』에 의한 것이다.
*‥‥의 점선 표기는 直傳이 아닌 경우이다.
*숫자는 구나발타라삼장을 초조로 할 때의 대수代數임.
*大聰師에서 大明師까지의 여섯 분은 『속고승전』 法沖傳에 '혜가선사를 멀리 계승한 분'으로 되어 있고, 『속고승전』의 저자 도선과 법충은 동시대 인물이기 때문에 모두 혜가의 再傳제자 정도일 것이다. 이 가운데 沖法師는 곧 法沖이고, 法沖傳에 의하면 그는 혜가를 계승한 盛禪師로부터 『능가경』의 가르침을 받고 있다. 따라서 이 여섯 분을 모두 제5대로 넣는다.

---

1 전술한 바와 같이 『속고승전』의 권21 이하부터는 卷數 표기가 어긋나 있어 권수 대신 분류 명칭으로 표기한다.

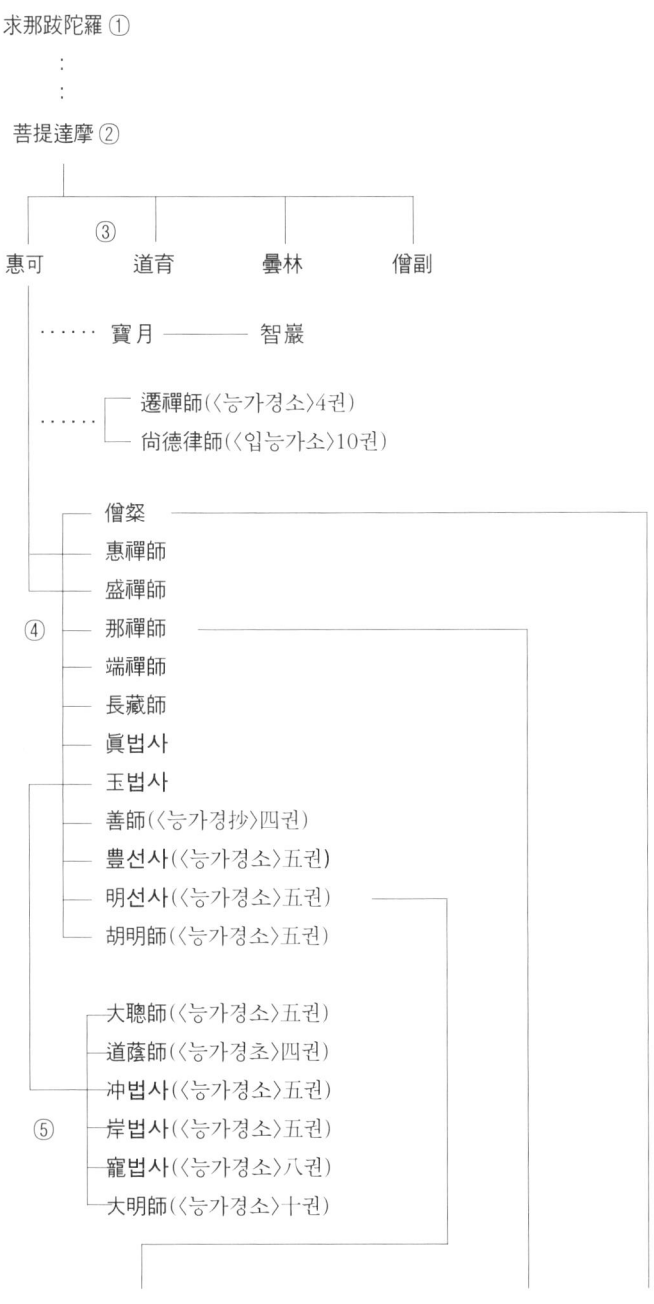

부록 247

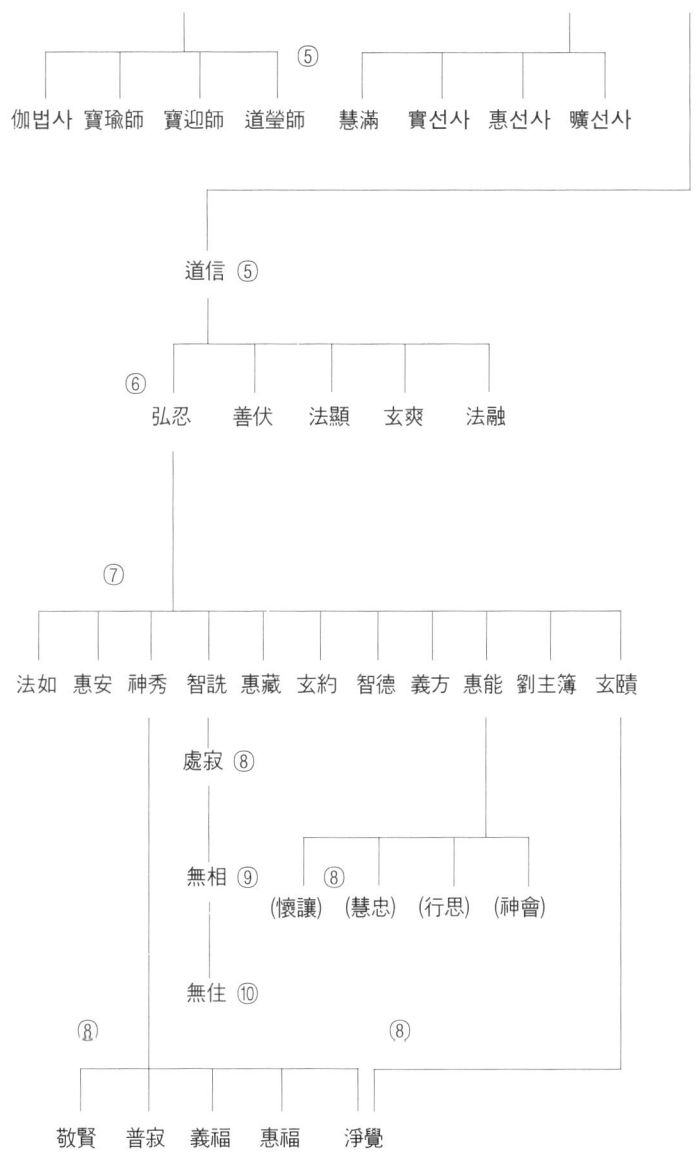

*( ) 내의 인명은 위의 전거典據 외의 자료에 의한 것임.

부록 II
위진남북조 수隋·당唐 연표

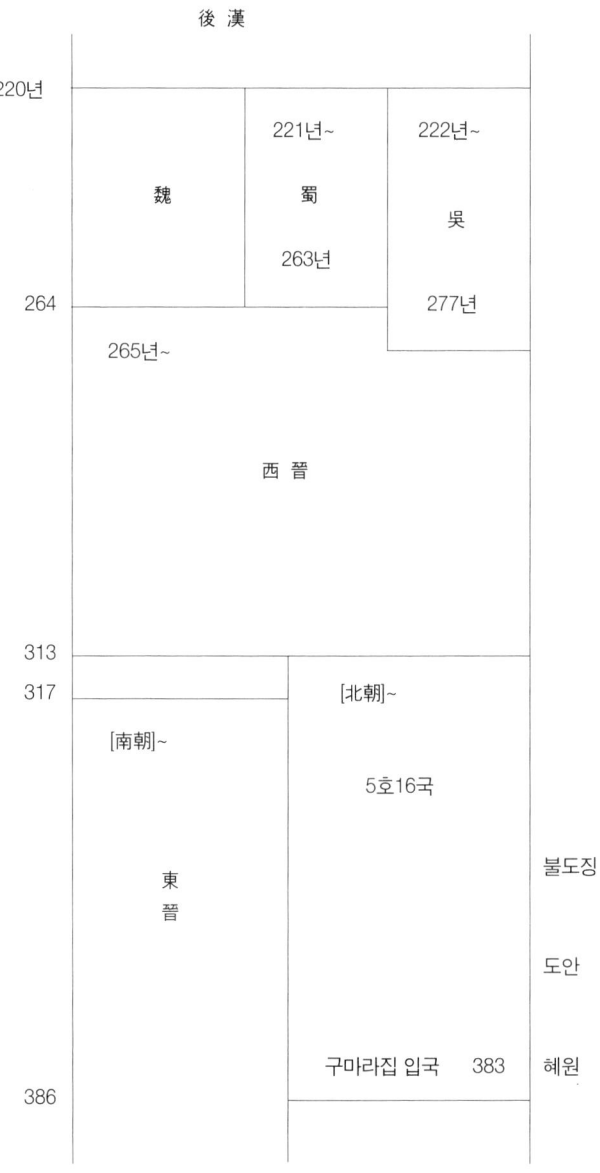

419		北魏	413	구마라집 입적
	420~ (劉)宋		435	구나발타라 도착
		〈능가아발타라보경〉 僧副 출생	463	
			468	구나발타라 입적
477				
	479~ 齊	북위	494	낙양 천도 달마 암혈생활
501			497	傅大士 출생 보리유지
	502~ 梁	〈입능가경〉		
			524	僧副 입적
534				달마 입적
543		東魏	西魏 535~554	
556				
	557~ 陳	北齊 550~577	569	부대사 입적
			北周 557~581	
577				北周 폐불
581				道信 출생
587				法冲 출생 惠可 입적
	隋			
	609 智詵 출생　602 弘忍 출생　僧粲 입적			神秀 출생
617				
	唐		638	혜능 출생
			651	道信 입적 〈속고승전〉

부록　249

	671 行思 출생		
	677 懷讓 출생	675	弘忍 입적
	684 無相 출생(新羅)　684 神會 출생		法冲 입적
684			淨覺출생 683
	측천무후 집정		
690	- -	- - - -	
	측천무후 稱帝('周')		
	700 希遷 출생　〈대승입능가경〉		
701	- -	- - - -	智詵입적 702
705	中宗 復位 - - - - - - - - - - - - - - - -	- - - -	神秀입적 706
	709 道一 출생　『능가인법지』		〈傳法寶記〉
712	현종 즉위　　　　　　713 惠能 입적		〈능가사자기〉
	738 行思 입적		
	744 懷讓 입적	750?	淨覺 입적
	758 神會 입적		
	762 無相 입적　775 慧忠 입적		
	788 道一 입적　790 希遷 입적		
904	당 멸망		

부록 251

부록 Ⅲ
주요 지명 위치도

찾아보기

【ㄱ】

가법사伽法師 233
각관심覺觀心 121
『강원쌍서薑園雙書』 54
개선사開善寺 222, 224
검남계劍南系 22
견분見分 35
경계법신境界法身 168
『경덕전등록』 220
경현선사敬賢禪師 182
『계단도경戒壇圖經』 205
『고승전高僧傳』 23, 187, 189
공적空寂 141
『과거현재인과경』 195
광법사曠法師 233
『광홍명집廣弘明集』 204
구나발타라求那跋陀羅 17, 22, 24, 26, 88, 191, 231
국사國師 169
귀신사매법鬼神邪魅法 76
귀신선鬼神禪 75
『금강경』 41
『금강반야리경金剛般若理鏡』 50
금강불성金剛佛性 100

『금광명최승왕경金光明最勝王經』 30, 117
『기원도경祇洹圖經』 205
기원사祇洹寺 193
기주蘄州 31
김구경金九經 54

【ㄴ】

나노사那老師 232
나부산羅浮山 30, 240
나선사那禪師 216, 217
남산율사南山律師 204
남천축 18, 74, 230
老安大師 169
『노자老子』 153
노정권盧正權 175
노주법여潞州法如 161
능能 33, 80
『능가경楞伽經』 16, 17, 18, 20, 25, 26, 29, 32, 41, 75, 80, 86, 89, 99, 118, 160, 161, 168, 194, 203, 215, 219, 227, 230, 234
『능가경소楞伽經疏』 232, 234
『능가경초楞伽經抄』 232

『능가(불)인법지楞伽(佛)人法志』 18, 20, 41
능가楞伽의 고봉孤峰 17
능가사楞伽師 7
『능가사자기』 187
『능가사자기교주楞伽師資記校注』 54
능가선楞伽禪 7, 36, 44
『능가아발다라보경』 16
『능가요의楞伽要義』 18, 96
『능가인법지楞伽人法志』 23, 30, 158, 170
능가종楞伽宗 7, 15
능관能觀 35, 122
『니원경泥洹經』 195

【ㄷ】
단바라밀檀波羅蜜 82
단선사端禪師 232
달마達摩 16, 18, 24, 59, 88, 99, 207, 231
『달마론達摩論』 96
담광曇曠 218
담림曇林 27, 96
담무참曇無讖 23
『대당내전록大唐內典錄』 204
「대당대안국사고대덕정각사비명大唐大安國寺故大德淨覺師碑銘」 46
대림사大林寺 241
대명사大明師 233

『대승입능가경大乘入楞伽經』 8, 23
대안국사大安國寺 50
대열반의 거울[大涅槃鏡] 103
『대지도론大智度論』 30
대총사大聰師 232
대통大通 175, 183
『대품경大品經』 84, 121, 191
『대품반야경』 26, 227
도문사度門寺 175
도미상사道味相師 212
도방道房 48
도부道副 220
도선道宣 17, 48, 204
도신道信 30, 110
도안道安 188
도육道育 89
도음사道陰師 232
도첩 240
도항道恒 208
도형사道瑩師 233
돈頓 44
돈법 44
동산법문東山法門 30, 171
동안사東安寺 194
동체대비同體大悲 175
두정륜杜正倫 236
두타승頭陀僧 238
두타행頭陀行 217

【ㅁ】

마조도일馬祖道一 17
마하연摩訶衍 74, 191
망념忘念 17, 231
망상선妄想禪 58
망언忘言 17, 231
『명사여운鳴沙餘韻』 54
명선사明禪師 232
명자상名字相 63
무념無念 25, 77
무득無得 17, 231
『무량수경無量壽經』 136, 195
무량의無量義 36
무법無法의 법法 151
무상無相 22, 33, 36
무상無相의 심心 35
무생無生 167
무소구행無所求行 28, 94
무심無心 25, 65, 77
무여無餘열반 106
『무우왕경無憂王經』 194
무작無作 151
무주無住 22
무지無知 38
묵심默心 77
묵조默照 44, 170
『문수설반야경文殊說般若經』 32, 34, 118, 171

【ㅂ】

『바라밀료의경波羅蜜了義經』 195
반야바라밀般若波羅蜜 83
반연攀緣 68
반연심攀緣心 121
『방광경放光經』 72
방현령房玄齡 226
백천사白泉寺 204
법계연기法界緣起 30, 115
『법고경法鼓經』 194
『법구경』 153
법달法達 189
법영法穎 189
법용法勇 195
법충法沖 230
법행法行 79
법헌法獻 189
『법화경』 29, 69, 105, 110, 127, 142
벽관壁觀 90, 91
보당사保唐寺 22
보리菩提 35
보리달마 206
보리유지菩提流支 23
『보살계법菩薩戒法』 118
보살심 80
보살십지菩薩十地 25
보영사寶迎師 233
보운寶雲 194
보원행報寃行 28, 92

보유사寶瑜師 233
보적선사普寂禪師 182
『보현관경普賢觀經』 121
본각本覺 38
부대사傅大士 138
불과처佛果處 25, 77
불성佛性 35
불심佛心 33, 80
불어佛語 18
불이문不二門 113
불타발타佛陀跋陀 48

【ㅅ】
사공산思空山 109
『4권본』 24
『사기私記』 234
『사분율행사초四分律行事鈔』 204
사신捨身 150
『사익경思益經』 26, 84
사자국師子國 192
사행四行 28, 90
삼공三空 95
삼독심三毒心 121
『삼론』 227
32상相 166
三乘(小乘·二乘·菩薩乘) 25
상덕율사尙德律師 233
相分 35
『상속해탈경相續解脫經』 195

『상현부詳玄賦』 30, 111
『석가방지釋迦方志』 205
『석가씨보釋迦氏報』 205
석법충釋法沖 226
『선결禪決』 85
선바라밀禪波羅蜜 83
『선법禪法』 157
선사善師 232
성문심聲聞心 80
성선사盛禪師 230, 232
소所 33, 80
소관所觀 35, 122
소동파(소식) 16
소원수웅篠原壽雄 54
소주혜능韶州慧能 162
『속고승전續高僧傳』 29, 31, 89, 203, 204
『속대당내전록續大唐內典錄』 204
『송고승전宋高僧傳』 204
수연행隨緣行 28, 93
수일守一 137, 142
수주현약隨州玄約 161
순선純禪시대 21
숭산嵩山 206
숭산노안嵩山老安 161
Stein 2054본 53
Stein 4272본 53
승념僧念 195
『승만경勝鬘經』 194, 214

승부僧副 220
승우僧祐 187, 189, 204
승조僧稠 47, 48
승찬僧粲 30, 31, 109, 232
시바라밀尸波羅蜜 82
시취경휘矢吹慶輝 54
신사辛寺 194
신수神秀 42, 59, 160, 161
실선사實禪師 233
실제實際 35
실차난타實叉難陀 23
심연상心緣相 63
심진여心眞如 63
심행처멸心行處滅 44, 170
『10권본』 24
『11권본』 24
『십지경十地經』 29, 100
쌍봉산雙峰山 118, 155, 160, 241

【ㅇ】
『아비담잡심론阿毗曇雜心論』 191
안법사岸法師 233
안심법문 90
안연지顏延之 193
『앙굴마경央掘魔經』 195
『약변대승입도사행略弁大乘入道四行』 27, 89
「약서略序」 46
양기봉楊氣峯 7

양무제梁武帝 189
언공彦公 214
언어도단言語道斷 44, 170
여래심지如來心地의 요문要門 16
『역대법보기歷代法寶記』 22
연기緣起 114
『열반경』 129, 154, 177, 227
열반의 거울[涅槃鏡] 103
염불심念佛心 33
『영락경瓔珞經』 180
영목대졸鈴木大拙 54
예종睿宗 52
예참禮懺 193, 195
오명五明 191
오법五法 64
오색사리五色舍利 60
오안五眼 84
옥법사玉法師 232
완공산 239
왕유王維 46
용수보살 167
월주의방越州義方 162
위후韋后 46
유거사幽居寺 155
『유교경遺教經』 141
『유마경』 67, 139, 142, 148, 154
유전성산柳田聖山 8
유주부劉主簿 161
육바라밀 79

율사律師 177
『율상감통전律相感通傳』 205
융화사隆化寺 217
응화불應化佛 154
의義 38
의강義康 193
『의기義記』 189
의선義宣 193
이견二見 106
이심理心 80
『이입사행론二入四行論』 27
『이입사행론장권자二入四行論長卷子』 28
이입二入 27
이입리入 28, 91
이지비李知非 45
이타행利他行 96
이형수李逈秀 164
인바라밀忍波羅蜜 82
일법一法 66
일상一相法문 37
일승종一乘宗 230
일심一心 35
일자一字 166, 177
일행삼매一行三昧 32, 119, 171
임법사林法師 214
임운任運 94, 128, 131
임운행任運行 39
『입능가경入楞伽經』 23

『입능가소入楞伽疏』 233
『입도안심요방편법문入道安心要方便法門』 31, 32, 118

【ㅈ】
자리행自利行 96
자주지선資州智詵 22, 161
『잡아함경』 194
『장자莊子』 152
장장사長藏師 232
전법륜轉法輪 178
『전법보기傳法寶記』 31, 41
전중양소田中良昭 54
점漸 44
정각淨覺 43, 45, 57
정림사定林寺 189
정법正法 35
정중사淨衆寺 22
정진바라밀精進波羅蜜 83
정토淨土 35
정학定學 208
『제법무행경諸法無行經』 26, 82
제법실상諸法實相 35
제사帝師 170
제석천帝釋天 114
『제일의오상약경第一義五相略經』 195
『조당집祖堂集』 18
『종리중경목록綜理衆經目錄』 188
『주금강반야리경注金剛般若理鏡』 47

『주반야바라밀다심경注般若波羅蜜多心經』 45
『중론中論』 41
중조사衆造寺 241
중종中宗 46, 172, 174
중천축국 191
중현문重玄門 178
중흥사中興寺 199
지덕智德 162
『지도론智度論』 117
지민智敏선사 40
지사문의指事問義 29
지수율사智首律師 204
진법사眞法師 232
진여眞如 63
『집고금불도논형集古今佛道論衡』 204
『집신주삼보감통록集神州三寶感通錄』 205

【ㅊ】
처적處寂 22
천궁사天宮寺 173
천신사遷禪師 233
『천친론天親論』 154
천화성상天華聖像 202
총법사寵法師 233
총상법문체總相法門體 63
『출삼장기집出三藏記集』 22, 187
측천대성황후則天大聖皇后 170

측천무후則天武后 23, 46
칭법행稱法行 28, 95

【ㅍ】
파리경 183
『팔길상경八吉祥經』 195
Pelio 3294본 53
Pelio 3436본 53
Pelio 3537본 53
Pelio 3703본 53
Pelio 4564본 53
풍무산馮茂山 163
풍선사豊禪師 232

【ㅎ】
하택신회荷澤神會 20
행입行入 28, 92
현색玄賾 15, 20, 49, 160, 169
현장玄奘 204, 238
현종玄宗 52
혜가慧可 89, 205, 207
혜관慧觀 17, 194, 231
혜교慧皎 187, 189
혜만慧滿 16, 217
혜명惠命 30
혜선사惠禪師 232, 233
혜육선사 232
『혜인삼매경慧印三昧經』 224
호명사胡明師 232

호적胡適 54
홍복윤弘福閏 236
홍인弘忍 17, 60, 156
홍지사弘智師 233
화공化公 214
화선사和禪師 214
『화엄경』 26, 29, 78, 84, 100, 104, 107,
　122, 132, 153, 191, 195, 229
화주혜장華州惠藏 161
활대滑臺의 종론宗論 20
회선사會善寺 218

元照 박건주

전남 목포 출생.
전남대 사학과, 동 대학원 석사.
성균관대 대학원 사학과 문학박사(동양사).
성균관대, 순천대, 목포대, 조선대에 출강하였고,
현재는 전남대 강사, 동국대 동국역경원 역경위원,
전남대 종교문화연구소와 호남불교문화연구소 연구이사.
저서에『중국 초기선종 능가선법 연구』,『달마선』,『중국고대사회의 법률』등이,
역서에『禪과 깨달음: 초기선종 법문 해설』,『풍토와 인간』,『아시아의 역사와 문화 I : 중국고대사』,『集古今佛道論衡』,『능가경 역주』,『티베트밀교무상심요법문』,『위없는 깨달음의 길, 금강경』,『하택신회선사 어록: 돈황문헌 역주1』,『북종선법문: 돈황문헌 역주2』등이,
그밖에 중국고대사와 중국불교사에 대한 여러 전공 논문이 있다.

禪典叢書❷ 능가사자기

소판 1쇄 발행 2001년 6월 30일 | 개정판 1쇄 발행 2011년 12월 9일
역주 박건주 | 펴낸이 김시열
펴낸곳 운주사 (136-034) 서울시 성북구 동소문동 4가 270 성심빌딩 3층
전화 (02) 926-8361 | 팩스 0505-115-8361
ISBN 978-89-5746-295-9 93220   값 15,000원
ISBN 978-89-5746-293-5 (총서)
http://cafe.daum.net/unjubooks (다음카페: 도서출판 운주사)